Wirtschaft und Verwaltung 9/10

Rheinland-Pfalz

Erarbeitet von
Benjamin Apeloig, Dieter Mette, Andrea Nass, Heidi Traue

Oldenbourg

Wirtschaft und Verwaltung 9/10

Erarbeitet auf der Grundlage von
Arbeitslehre aktuell. Arbeit – Wirtschaft 2
von Benjamin Apeloig, Dieter Mette, Heidi Traue

Als Begleitmaterial ist erhältlich:
Wirtschaft und Verwaltung 9/10 – Lehrermaterialien   978-3-637-01522-7

Bedeutung der Symbole:
 **M** Methode
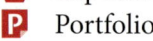 **E** Expertenaufgabe
P Portfolio
V Vertiefung

Umschlagkonzept: Mendell & Oberer, München
Umschlaggestaltung: Silbersee, Agentur für Design, München
Lektorat: Dr. Birgit Scholz und Elisabeth Dorner, Berlin
Herstellung: Heiko Jegodtka
Illustration: Klaus Puth, Mühlheim; Detlef Seidensticker, München
Satz: fidus Publikations-Service GmbH, Nördlingen

www.cornelsen.de

1. Auflage, 2. Druck 2021

Alle Drucke dieser Auflage sind untereinander unverändert
und im Unterricht nebeneinander verwendbar.

© 2012 Oldenbourg Schulbuchverlag GmbH, München
© 2021 Cornelsen Verlag GmbH, Berlin

Druck und Bindung: Livonia Print, Riga

ISBN 978-3-637-01521-0

PEFC zertifiziert
Dieses Produkt stammt aus nachhaltig
bewirtschafteten Wäldern und kontrollierten
Quellen.
www.pefc.de
PEFC/12-31-006

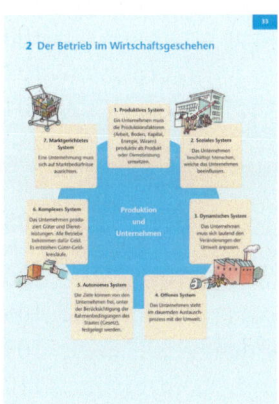

1 Haushalt und Konsum in der sozialen Marktwirtschaft

„Endlich 18, endlich erwachsen!"

Nachtschichten machen und Zuschläge kassieren, aber auch weniger Urlaub haben.

Selbst Verträge abschließen, aber auch Verpflichtungen erfüllen.

Bis fünf Uhr morgens in der Disco bleiben!

Die erste eigene Wohnung mieten.

Den Führerschein für Auto und Motorrad in der Tasche haben.

Gerichtsprozesse führen, aber sich auch selbst vor Gericht verantworten.

Für alle angerichteten Schäden selbst verantwortlich sein.

Das Wahlrecht wahrnehmen und auch selbst gewählt werden.

Den Traumpartner heiraten!

Eine Erbschaft annehmen oder ausschlagen, ein eigenes Testament verfassen.

Den Unterhalt von den Eltern einfordern, aber sie auch unterstützen.

Die Schulpost selbst öffnen und Entschuldigungen und Zeugnisse selbst unterschreiben!

Der Umgang mit Geld will gelernt sein

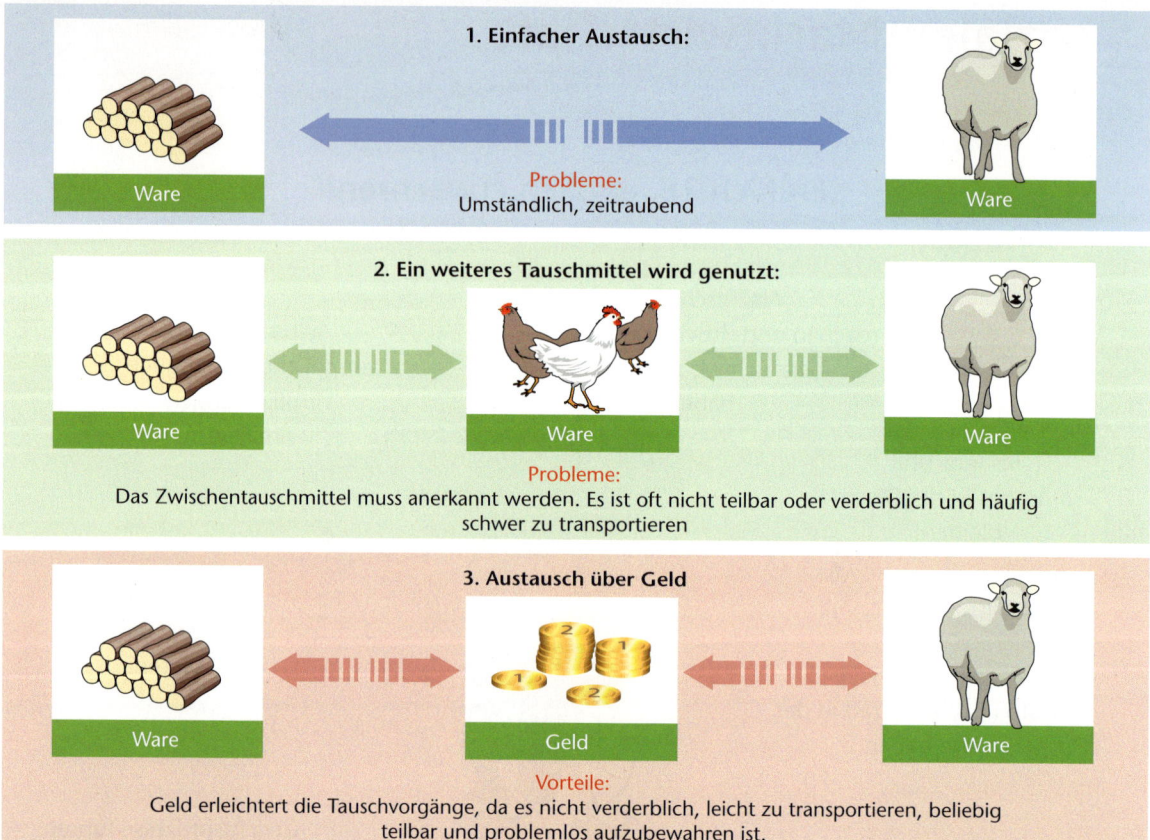

1. Einfacher Austausch:

Ware — Ware

Probleme:
Umständlich, zeitraubend

2. Ein weiteres Tauschmittel wird genutzt:

Ware — Ware — Ware

Probleme:
Das Zwischentauschmittel muss anerkannt werden. Es ist oft nicht teilbar oder verderblich und häufig schwer zu transportieren

3. Austausch über Geld

Ware — Geld — Ware

Vorteile:
Geld erleichtert die Tauschvorgänge, da es nicht verderblich, leicht zu transportieren, beliebig teilbar und problemlos aufzubewahren ist.

Etappen der Geschichte des Geldes

Ohne Moos nichts los – das Geld

Sissy und Josef feiern ihren 18. Geburtstag. Endlich sind sie erwachsen. Viele Rechtsbeschränkungen, die für Minderjährige gelten, fallen nun weg. Sissy und Josef sind jetzt beispielsweise voll geschäftsfähig und für Risiken und Verpflichtungen, die sich dabei ergeben, selbst verantwortlich. Geld ist daher ein wichtiges Thema für sie.

Ein Blick in die Geschichte

Geld gehört wohl zu den wichtigsten Erfindungen der Menschheit und hat im Laufe der Geschichte mehrfach seine Erscheinungsform geändert (vgl. Abb. oben). Der Tausch Ware gegen Ware erwies sich als umständlich und zeitaufwändig. Deshalb wurden schon bald begehrte, knappe Güter wie Muscheln, Gewürze oder Goldkörner als Tausch-

und Zahlungsmittel genutzt. Diese wertvollen, nützlichen, schönen oder haltbaren Dinge bezeichnen wir als *Natural- oder Warengeld.*
Nicht immer erfüllten die als Warengeld genutzten Gegenstände Anforderungen wie Zählbarkeit, leichte Transportierbarkeit und Lagerfähigkeit. Deshalb wurde diese Form des Geldes vom *Münzgeld* abgelöst. Münzen erleichterten den Handel erheblich. Ursprünglich wurden sie aus edlen Metallen hergestellt. Sie haben immer die gleiche Größe, das gleiche Gewicht und Aussehen, lassen sich zählen und müssen nicht wie Waren gewogen werden. Doch Münzen haben auch Nachteile: In großer Menge sind sie unhandlich und schwer.
Deshalb begann man mit dem Drucken von *Papiergeld.* Das Vertrauen in die gedruckten Geldscheine beruhte ursprünglich darauf, dass sie jederzeit in Münzen umgetauscht werden konn-

Zeit ist Geld.

Geld ist nicht alles, aber ohne
Geld ist alles nichts.

Geld macht nicht glücklich, aber es beruhigt.

Wer den Pfennig nicht ehrt,
ist den Taler nicht wert.

Geld zerrinnt, wie man es gewinnt.

Beim Geld hört die Freundschaft auf.

Sprichwörter und Zitate rund ums Thema Geld

Umgangssprachliche Ausdrücke für Geld

ten. Eine Deckung durch Gold und Silber war in einigen Ländern vorgeschrieben.

Grundlage des gegenwärtigen Zahlungsverkehrs sind Bankguthaben, das sogenannte *Buchgeld*. Dieser Name stammt daher, dass die Zahlungsansprüche der Kontoinhaber zunächst schriftlich in Büchern notiert wurden. Heute wird der bargeldlose Zahlungsverkehr elektronisch abgewickelt, Geldsummen werden auf Datenträgern gespeichert. Deshalb nennen wir das moderne Buchgeld auch *elektronisches Geld*.

Funktionen des Geldes

Geld erklären wir von seinen Funktionen her:

1. Tausch- und Zahlungsmittel: Geld wird beim Kauf und Verkauf von Waren und Dienstleistungen als Gegenwert gezahlt und dient als Mittel zur Auszahlung von Krediten und zur Tilgung von Krediten.
2. Wertmaßstab: Geld ist eine Recheneinheit, die als Maßstab für den Wert und Preis von Waren und Dienstleistungen genutzt wird.
3. Wertaufbewahrungsmittel: Geld ist ein Mittel zum „Speichern" von Vermögen.

4. Wertübertragungsmittel: Mithilfe von Geld können Werte an andere Personen übertragen werden, z. B. Schenkung, Erbschaft, Lohn.

Nur wenn alle diese Funktionen gleichzeitig erfüllt sind, spricht man von Geld. Eine Kreditkarte zählt nicht dazu, weil sie zwar als Zahlungsmittel eingesetzt wird, nicht aber als Wertaufbewahrungsmittel dient.

> Geld dient als Tausch- und Zahlungsmittel, als Wertaufbewahrungsmittel, als Wertmaßstab und als Wertübertragungsmittel.

1 Benenne die Entwicklungsetappen des Geldes mit ihren Vor- und Nachteilen.

2 Sammle Zitate und Sprichwörter zum Thema Geld und erkläre sie.

E 3 Erkläre am Beispiel eines Einkaufsbummels die Vor- und Nachteile von elektronischem Geld gegenüber Bargeld.

E 4 Es gibt viele Namen für Geld. Recherchiere für einige Herkunft und Gebrauch.

Die Dienstleistungsfunktionen der Banken

Marktplatz des Kapitals – die Banken

Dienstleistungsunternehmen

Sämtliche Geldströme innerhalb einer Volkswirtschaft bewegen sich über Banken. Banken sind eine sensible Stelle im Wirtschaftsgeschehen. Gleichzeitig sind sie ein Markt für Dienstleistungen, der sich über Angebot und Nachfrage regelt.

Banken bieten folgende Dienstleistungen an:

- Kontoführung und Zahlungsverkehr: Banken bieten zu unterschiedlichen Bedingungen Spar- und Girokonten (ital. giro = Kreislauf) an. Die Girokonten dienen dem bargeldlosen Zahlungsverkehr. Übliche Zahlungsvorgänge sind Überweisungen, Einzugsermächtigungen (Lastschriften) und Daueraufträge.
- Geld- und Vermögensanlage: Bis Ende 2010 sparten die Deutschen 4,93 Billionen Euro, im Jahr 2010 sparten sie 11,4 % ihres verfügbaren Einkommens.
- Kreditgeschäfte: Der Geldverleih ist das wichtigste Geschäft der Banken, da sie neben der Rückzahlung Kreditzinsen bekommen. Diese sind immer höher als die Sparzinsen.

- Weitere Bankdienstleistungen: Die Banken beraten ihre Kunden z. B. über Geldanlagen, Kredite und Finanzierungsmöglichkeiten. Sie vermitteln den Kauf und Verkauf von Wertpapieren (z. B. Aktien) und verwalten diese. Auch Versicherungen oder Kontakte zu Spezialbanken können bei Bedarf vermittelt werden. Zu den Serviceleistungen gehört die Aufbewahrung von Wertsachen in Schließfächern, das Angebot von Nachttresoren, der Verkauf von ausländischen Währungen (Devisen) oder Sondermünzen.

> Banken sind Dienstleistungsunternehmen, die für ihre Kunden Konten verwalten, den bargeldlosen Zahlungsverkehr abwickeln, Kredite vergeben und Wertpapiere kaufen, verkaufen und verwahren.

In allen Aktivitäten bewahren die Mitarbeiter/-innen der Bank Verschwiegenheit gegenüber Dritten. In den Allgemeinen Geschäftsbedingungen der Banken ist genau geregelt, welche Auskünfte zu welchem Zweck weitergegeben werden dürfen.

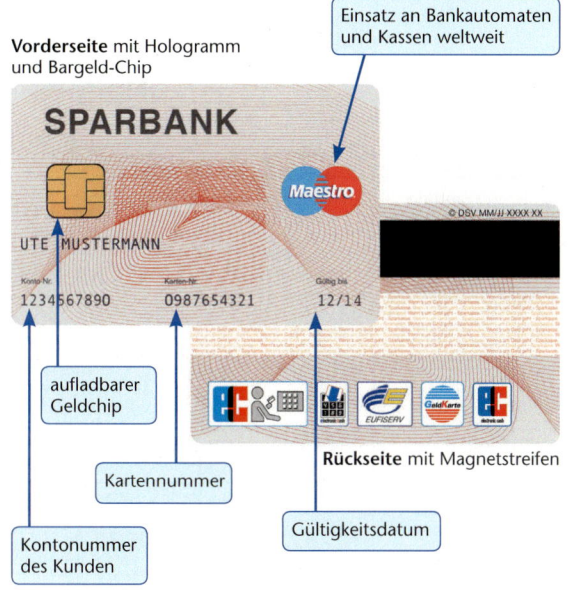

Vorderseite mit Hologramm und Bargeld-Chip

Einsatz an Bankautomaten und Kassen weltweit

SPARBANK

Maestro

© DSV.MM/JJ·XXXX XX

UTE MUSTERMANN

Konto-Nr.
1234567890

Karten-Nr.
0987654321

Gültig bis
12/14

Rückseite mit Magnetstreifen

aufladbarer Geldchip

Kartennummer

Gültigkeitsdatum

Kontonummer des Kunden

EC-Karte

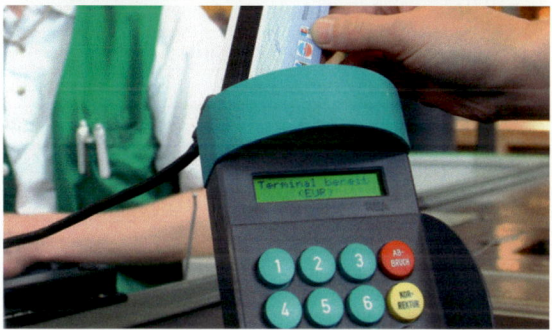

Mit der Karte Geld abheben und bezahlen

Der elektronische Zahlungsverkehr

„Plastikgeld" hat im elektronischen Zahlungsverkehr immer mehr an Bedeutung gewonnen. Bei Banken erhält man zum Girokonto heute eine Geldkarte mit unterschiedlichen Funktionen. Symbole helfen bei der Orientierung.

Mit der Kundenkarte der Bank kann der Kunde bei seiner Bank Geld abheben, Überweisungen tätigen und Kontoauszüge ausdrucken.

 Eurocheque-Karten mit dem EC-Zeichen bieten mehr. Sie dienen zur Bargeldversorgung an europäischen Geldautomaten oder zur Bezahlung an Kassen mit Electronic-Cash-Funktion.

 In Geschäften mit diesem Zeichen kann bargeldlos per Lastschrift bezahlt werden. Dazu genügt die Unterschrift, die Geheimzahl ist nicht erforderlich.

 Viele Geschäfte bieten „electronic cash" an. Nach Einlesen der Karte und Eingabe der Geheimzahl (persönliche Identifikationsnummer, PIN) wird der Geldbetrag direkt vom Konto abgebucht.

 Oft sind EC-Karten mit einem Chip ausgestattet, der Geldbeträge bis zu 200 Euro speichern kann. Damit können kleinere Summen bargeldlos bezahlt werden. Der Chip wird am Bankterminal aufgeladen.

 Das Maestro-Zeichen auf der Karte zeigt, dass diese weltweit nutzbar ist. Man kann damit Bargeld abheben, Autos mieten, einkaufen und vieles mehr.

Wer über ein bestimmtes Mindesteinkommen verfügt, kann sich von seiner Bank eine Kreditkarte, z. B. MasterCard oder Visa-Card, ausstellen lassen. Die Bank garantiert die Kartenzahlung. Bei Verlust muss man die Karte sperren lassen.

> Für alle Kartenzahlungen gilt: Die Bezahlung ist einfach, bequem und garantiert. Man kann jedoch leicht den Überblick verlieren.

1 Wählt Leistungen der Banken aus und vergleicht die Kosten mehrerer Anbieter!

2 Führt eine Pro-und-Kontra-Diskussion zum Einsatz von Geldkarten.

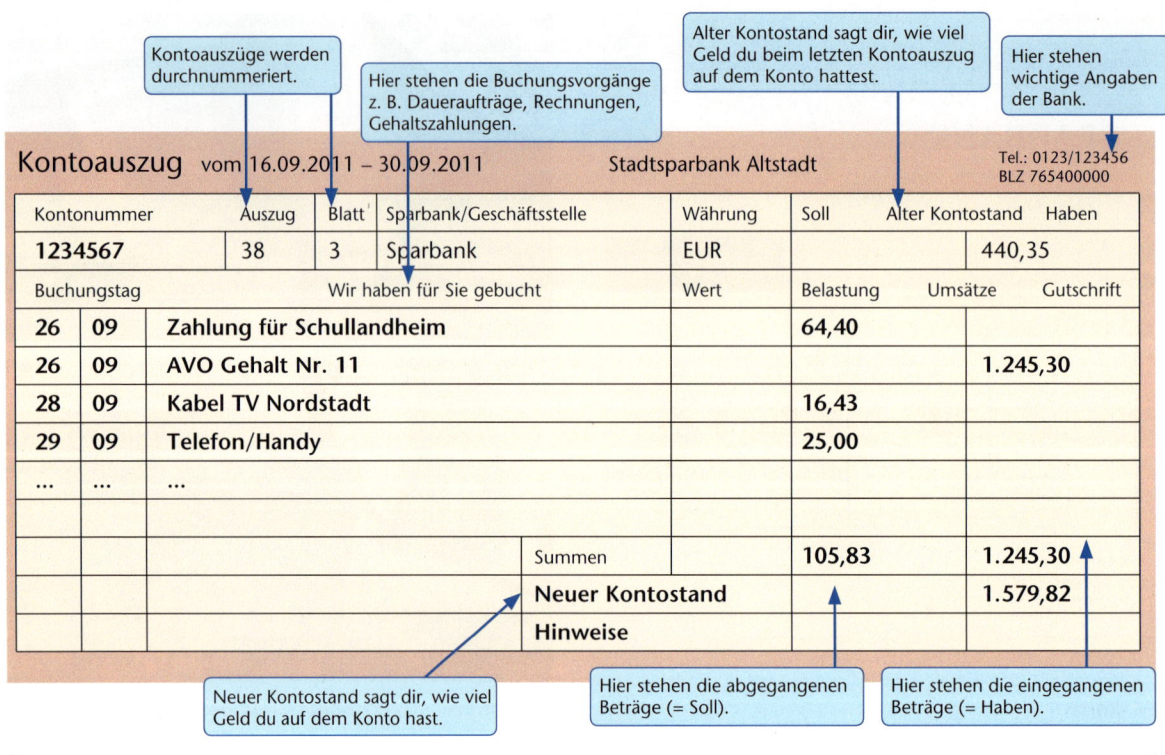

Kontoauszüge werden durchnummeriert.

Hier stehen die Buchungsvorgänge z. B. Daueraufträge, Rechnungen, Gehaltszahlungen.

Alter Kontostand sagt dir, wie viel Geld du beim letzten Kontoauszug auf dem Konto hattest.

Hier stehen wichtige Angaben der Bank.

Kontoauszug vom 16.09.2011 – 30.09.2011   Stadtsparbank Altstadt   Tel.: 0123/123456 BLZ 765400000

Kontonummer	Auszug	Blatt	Sparbank/Geschäftsstelle	Währung	Soll	Alter Kontostand	Haben
1234567	**38**	**3**	**Sparbank**	**EUR**			**440,35**

Buchungstag		Wir haben für Sie gebucht	Wert	Belastung	Umsätze	Gutschrift
26	09	**Zahlung für Schullandheim**		64,40		
26	09	**AVO Gehalt Nr. 11**				1.245,30
28	09	**Kabel TV Nordstadt**		16,43		
29	09	**Telefon/Handy**		25,00		
...	...	...				
		Summen		105,83		1.245,30
		Neuer Kontostand				1.579,82
		Hinweise				

Neuer Kontostand sagt dir, wie viel Geld du auf dem Konto hast.

Hier stehen die abgegangenen Beträge (= Soll).

Hier stehen die eingegangenen Beträge (= Haben).

Kontoauszug

Geld- und Bankgeschäfte tätigen

Die Bareinzahlung: Du kannst Bargeld auf das eigene oder ein fremdes Konto einzahlen. Zum Geburtstag bekommst du 50 Euro geschenkt. Dieses Geld kannst du sicher, aber ohne Zinsen aufbewahren, wenn du es auf dein Girokonto einzahlst. Dazu füllst du einen Einzahlungsvordruck aus und erhältst eine Quittung als Beleg. Du kannst das Geld auch auf ein fremdes Konto einzahlen, wenn du zum Beispiel deinem Freund Geld schuldest.

Die Überweisung: Du hast dir über den Versandhandel ein Kleidungsstück bestellt. Die Rechnung bezahlst du per Überweisung. Dazu füllst du einen Überweisungsvordruck aus, unterschreibst ihn und gibst ihn bei der Bank ab. Dort wird die Überweisung geprüft und der Auftrag wird ausgeführt. Dein Konto wird belastet, der Empfänger erhält den Betrag gutgeschrieben. Überweisungen können auch am Bankautomaten oder online ausgeführt werden (s. S. 13).

Der Dauerauftrag: Eine besondere Form der Überweisung ist der Dauerauftrag. Du möchtest von deinem verdienten Geld regelmäßig 80 Euro sparen. Deshalb erteilst du deinem Geldinstitut einen Dauerauftrag, am Ersten jedes Monats diesen Betrag von deinem Girokonto auf dein Sparbuch umzubuchen. Daueraufträge eignen sich also für Zahlungen, die regelmäßig wiederkehren, den gleichen Betrag und denselben Empfänger haben. Die Miete oder Vereinsbeiträge sind weitere Beispiele dafür.

Die Einzugsermächtigung (Lastschrift): Jeden Monat schaust du sicher gespannt auf deine Telefonrechnung. Weil sich dieser Betrag immer wieder ändert, kannst du die Telefongesellschaft ermächtigen, diesen jeweils fälligen Betrag von deinem Konto einzuziehen.

Überweisung, Dauerauftrag und Einzugsermächtigung (Lastschrift) sind Arten des bargeldlosen Zahlungsverkehrs.

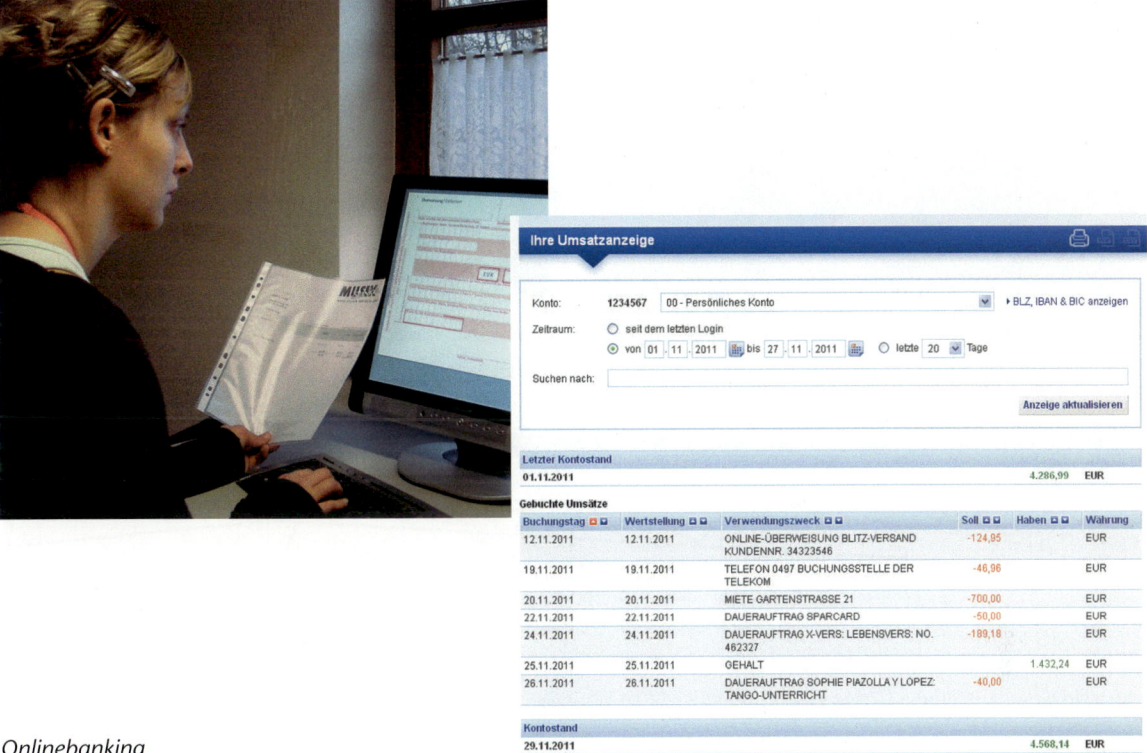

Onlinebanking

Onlinebanking

Girokontonutzer können heute viele Bankgeschäfte per Datenleitung ohne direkten Besuch eines Bankschalters tätigen. Sie erledigen ihre Geldgeschäfte von zu Hause, im Büro oder von unterwegs per Internetbanking über die Website der Bank und sparen dabei Kontogebühren.

Onlinebanking birgt jedoch Risiken. Persönliche und vertrauliche Daten wie Kontonummer, Kontostand oder die Geheimzahl müssen über das Internet gesendet werden. Die Banken haben dazu verschiedene Sicherungssysteme erarbeitet. Das bekannteste ist das PIN-/TAN-Verfahren. Bei jeder Onlinetransaktion muss die persönliche Identifikationsnummer (PIN) und eine spezielle Transaktionsnummer (TAN) eingegeben werden. Diese Nummern sind streng geheim.

Jana hat sich zum Onlinebanking angemeldet und will eine Überweisung in Auftrag geben:

1. Jana ruft die Internetseite ihrer Bank auf.
2. Mit Eingabe der Kontonummer und der PIN meldet sie sich an. Sie kann nun ihren Kontostand einsehen.
3. Jana ruft das Überweisungsformular auf und füllt es am Bildschirm aus.
4. Für die Transaktion muss sie eine TAN eingeben. Dazu besitzt sie von ihrer Bank eine Liste gültiger TANs, von denen sie jede nur einmal nutzen darf.
5. Die Daten werden gesendet, die Überweisung wird von der Bank ausgeführt.

---

1 Besorge dir von einem Geldinstitut ein Formular zur Kontoeröffnung und erkläre es deiner Klasse.

2 Banken bieten im Internet ein Demokonto für das Onlinebanking an. Versuche, eine Überweisung auszuführen.

3 Welche Sicherheitsratschläge gibt dir die Bank für das Onlinebanking?

4 Würdest du die Möglichkeit des Onlinebankings nutzen? Diskutiert in der Klasse die Vor- und Nachteile.

Bulle und Bär, die Symbole für steigende und fallende Aktienkurse vor der Frankfurter Börse

Börsenhändler in der Frankfurter Börse

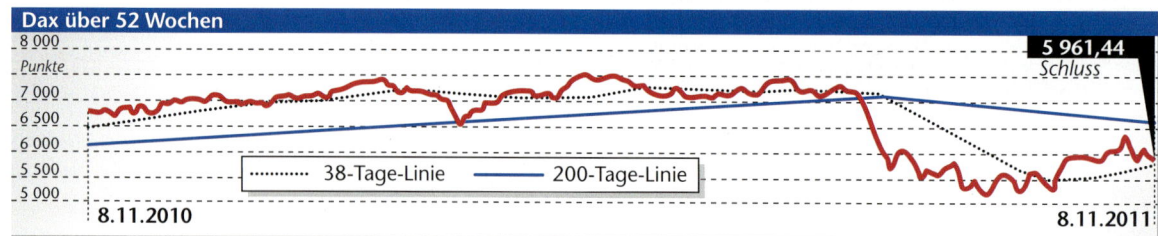

Der Deutsche Aktienindex (DAX) im Verlauf eines Jahres

Die Börse – Geschäfte mit dem Risiko

Im 14. Jahrhundert trafen sich Kaufleute in einem Gasthof in Brügge (heutiges Belgien), den eine Familie mit dem Namen van de Beurse betrieb; das Wappen der Familie zeigte drei Lederbeutel (lateinisch: bursa). Bei ihren Gesprächen im Gasthof sammelten die Kaufleute Informationen über neue Waren und bahnten Geschäfte an. Später wurden auch andere Treffen von Kaufleuten „Börse" genannt.

Die Kaufleute brachten die Waren, mit denen gehandelt werden sollte, nicht mit. Ihr Transport war viel zu umständlich und teuer. Stattdessen legten sie Bescheinigungen über die Waren vor und handelten mit diesen. Später kam dann der Handel mit Bescheinigungen hinzu, hinter denen sich gar keine Waren verbargen, sondern nur Ansprüche auf Beteiligung an Gewinnen, aber auch an Verlusten.

> Die Börse ist ein Ort, wo Wertpapiere und/oder Devisen (ausländische Zahlungsmittel) gekauft und verkauft werden.

Aktien – Anteile von Unternehmen

Ihr kennt den Begriff Aktie; er bedeutet ursprünglich Aktion, Handlung oder auch Anspruch. Unternehmen geben Aktien aus, damit möglichst viele Leute ihr Geld dem Unternehmen zur Verfügung stellen. Wer eine Aktie kauft, wird Miteigentümer eines Unternehmens (Aktionär). Aktionäre sind an den Gewinnen und Verlusten eines Unternehmens beteiligt.

> Aktien sind Urkunden, die dem Besitzer die Beteiligung an einem Unternehmen bescheinigen.

An der Börse werden Aktien und andere Wertpapiere gehandelt. Der Preis eines Wertpapiers heißt Kurs. Wie bei allen anderen Geschäften auch hängen die Kurse von Angebot und Nachfrage ab. Ist eine Aktie für viele interessant, steigen die Nachfrage und der Preis. Zweifeln jedoch viele am weiteren Erfolg eines Unternehmens und wollen ihre Anteile (Aktien) verkaufen, sinkt der Preis oder anders ausgedrückt, fällt der Kurs. Die Kursschwankungen werden an der Börse notiert und in Kurven dargestellt. In Deutsch-

Planspiel Börse

Im Herbst eines jeden Jahres starten die Sparkassen das Planspiel Börse. Seit 1999 wird es europaweit durchgeführt. Ihr könnt euch als Team bei eurer örtlichen Sparkasse dafür anmelden. Jedem Schülerteam stehen 50.000 Euro Startkapital zu Verfügung. Ziel des Spiels ist es, so viel Geld wie möglich mit dem Wertpapierhandel zu verdienen.

Und so geht ihr vor:
1. Bildet ein oder mehrere Teams.
2. Meldet euch bei einer Sparkasse vor Ort an; dort erhaltet ihr weitere Informationen.
3. Nach der Anmeldung erfolgt die Freischaltung durch die Sparkasse und die Teilnehmerinnen und Teilnehmer erhalten Zugang zu ihrem Wertpapierdepot mit virtuellem Startkapital.
4. Ab dem ersten Spieltag kann gehandelt werden. Aus bis zu 200 Wertpapieren könnt ihr auswählen. Käufe und Verkäufe werden über euer Depot ausgeführt. Depotauszüge zeigen euch den Spielstand an.
5. Gewonnen hat am Ende das Team, das den höchsten Depotwert oder den höchsten Ertrag mit nachhaltigen Wertpapieren erreicht hat. Die Sieger werden meist in eine europäische Großstadt eingeladen.

Weitere Informationen zum Planspiel Börse findet ihr unter: www.planspiel-boerse.com (Stand: 1.8.2011)

land werden die Aktienkurse der 30 wichtigsten Unternehmen in einer Kurve zusammengefasst, dem „Deutschen Aktienindex" (DAX). Der DAX gilt als Börsenbarometer, das heißt als Anzeiger für die Entwicklung der deutschen Wirtschaft.

Viele verschiedene Wertpapiere

An der Börse werden neben Aktien auch andere Wertpapiere gehandelt. Die Wertpapiergeschäfte werden über ein sogenanntes Depot, ein Konto für Wertpapiere, abgewickelt.
Renten (Rentenwerte) sind festverzinsliche Wertpapiere. Der Sache nach sind es Schuldverschreibungen. Der Herausgeber des Rentenpapiers (z. B. der Staat) leiht sich eine Summe, die er mit Zinsen zurückzahlen muss. Die regelmäßigen Zinsen gleichen einer Rente.

> Festverzinsliche Wertpapiere werden als Renten oder Rentenwerte bezeichnet.

Anleger können ihr Geld auch in Fonds einzahlen, die von einer Fondsgesellschaft verwaltet werden. Diese kauft und verkauft mit dem Geld der Anleger Aktien, Rentenwerte oder Immobilien. Durch eine geschickte Mischung der Wertpapiere sollen Kursverluste einzelner Werte ausgeglichen werden. Das Kursrisiko ist daher geringer als bei Aktien. Mit dem Wertzuwachs des Fonds steigt auch der Gewinn der einzelnen Anleger.

> In einem (Investment-)Fonds sind Wertpapiere aus verschiedenen Anlagebereichen gebündelt, um Kursverluste auszugleichen.

1 Recherchiere die aktuelle DAX-Kurve und beschreibe daran die Entwicklung der deutschen Wirtschaft.

2 Freund und Freundin treffen sich. Sie beabsichtigt Aktien zu kaufen, er rät davon ab. Führt ein Rollenspiel durch.

3 Informiere dich über Berufe rund ums Geld und berichte der Klasse.

E 4 Nehmt an einem Börsenspiel teil (s. oben). Ihr lernt dabei viel über den Markt der Wertpapiere.

Wofür die Bürger sparen
Von je 100 Sparern nennen

Altersvorsorge	62
Konsum	56
Wohneigentum	51
Kapitalanlage	37
Ausbildung der Kinder	5
Notgroschen	3

Stand 2011
Mehrfachnennungen

Quelle:
Verband der Privaten
Bausparkassen, Infratest

Wie die Bürger sparen
So viel Prozent der Befragten nutzen diese Anlageformen

7,3	andere Wertpapiere
13,6	Aktien
21,4	Immobilien
21,9	Investmentfonds
24	Riester-Rente
28,2	kurzfristige Anlagen
35,4	Versicherungen
36,5	Bausparvertrag
36,7	Girokonto
52,1	Sparbuch

Wozu und wie die Menschen sparen

Die Zinsformel:

$$Z = k \cdot l \cdot \frac{p}{100}$$

$$\text{Zinsen} = \text{Kapital} \cdot \text{Zeit} \cdot \frac{\text{Zinssatz}}{100}$$

Beispiel: Du legst 300 € auf deinem Sparbuch zum jährlichen Zinssatz von 2% an. Am Ende des ersten Jahres erhältst du:

$$300\ € \cdot 1 \cdot \frac{2}{100} = 6\ €$$

Bei kürzerer Anlegezeit rechnet man nach Tagen (t), wobei der Monat 30 Tage zählt.

Beispiel: Du legst das Geld drei Monate an:

$$300\ € \cdot \frac{90}{360} \cdot \frac{2}{100} = 1,50\ €$$

So werden Zinsen berechnet

Sparen, aber wie?

Nach Abschluss ihrer Ausbildung möchte Sissy sich eine eigene Wohnung suchen und bei ihren Eltern ausziehen. Um dann auch finanziell auf eigenen Füßen stehen zu können, will sie sich informieren und hat einen Gesprächstermin bei ihrer Bank vereinbart.

Für welches Ziel sparen?

Bankberaterin: Guten Tag, Sissy. Nehmen Sie doch bitte Platz. Was kann ich für Sie tun?

Sissy: Ich möchte gern sparen und hoffe, Sie können mir einige Tipps geben, wie ich mein Geld am günstigsten anlegen kann.

Bankberaterin: Da finden wir sicher eine passende Anlagemöglichkeit für Sie. Doch dazu muss ich zunächst einige Informationen haben. Wollen sie sofort einen größeren Betrag anlegen, den sie beispielsweise geschenkt bekommen haben, oder sollen monatlich kleinere Beträge gespart werden? Außerdem ist von Bedeutung, für welches Ziel Sie sparen wollen.

> Nur wenn das Sparziel klar ist, kann man sich für die richtige Anlageform entscheiden.

Sissy: Wenn ich in eine eigene Wohnung ziehe, ist mir eine gut eingerichtete Küche wichtig. Ich koche gern gemeinsam mit Freunden.

Bankberaterin: Was denken Sie denn, welche Summe Sie in etwa dafür brauchen werden?

Sissi: Für ein paar moderne Haushaltsgräte muss ich mit zwei- bis dreitausend Euro rechnen.

Wie viel zum Sparen übrig bleibt

Bankberaterin: Es ist vernünftig, für größere Anschaffungen etwas Geld zurückzulegen. Um herauszufinden, welchen Betrag Sie sparen können, muss ich wissen, über welches monatliche Einkommen Sie verfügen. Nur so können wir Ihre Wünsche mit den tatsächlichen Möglichkeiten in Einklang bringen.

Sissy: Als Lehrling bekomme ich 650 € netto im Monat. Davon gebe ich 100 € meinen Eltern als Beitrag zum Lebensunterhalt der Familie.

Bankberaterin: Darüber hinaus haben Sie bestimmt weitere monatliche Ausgaben, gehen z. B. gern ins Kino oder in die Disco? Wie viel Geld geben Sie ungefähr für Freizeitaktivitäten aus?

Sissy: Na, ich denke, 40 € pro Woche werden schon zusammenkommen.

Geldanlage	Beschreibung	Ertrag/Zinsen	Vor- und Nachteile
Sparbuch	Einzahlungen und Abhebungen sind jederzeit zu Banköffnungszeiten möglich.	niedrige Zinsen	sichere Anlage, ständige Verfügbarkeit, wenig Ertrag
Prämien-sparen	Sparen über einen längeren Zeitraum mit einem Sparvertrag	höhere Zinsen, zusätzlich Sparprämie	je länger der Vertrag läuft, desto höher wird die Sparprämie; Förderung durch den Staat mit Arbeitnehmersparzulage
Tagesgeld – Festgeld	Geldanlage meist mit einer bestimmten Mindestsumme (z. B. 5000 Euro); höhere Zinsen, je länger der Vertrag	höherer Zinssatz als beim Sparbuch	Geld ist teilweise fest gebunden; bei vorzeitiger Kündigung Zinsverlust
Aktien	Kauf von Anteilen an einem Unternehmen, das heißt Beteiligung an Gewinnen und Verlusten des Unternehmens	Dividende – Gewinnaus-zahlung bei gutem Unternehmensgewinn	hohe Gewinne und hohe Verluste möglich – Kursrisiko (siehe S. 14/15)
Aktien- oder Investment-fonds	Paket unterschiedlicher Aktien und anderer Wertpapiere, das von einer Finanzgesellschaft verwaltet wird	höhere Zinsen; der Zinssatz liegt jedoch nicht fest (richtet sich nach Wirtschaftslage)	höhere Zinsen als bei Festgeld; meist geringerer Gewinn als bei Aktien; aber auch geringeres Verlustrisiko als bei Aktien

Spar- und Anlageformen im Überblick

Bankberaterin: Das wären dann im Monat 160 €. Wie steht es mit Kosmetik und Kleidung?

Sissy: Wenn ich mit meiner Freundin shoppen gehe, sind 100 € schnell ausgegeben.

Bankberaterin: Dann haben Sie sicher auch noch Ausgaben für Verkehrsmittel und Telefon?

Sissy: Für das Handy habe ich eine Flatrate. Da bleibt es meist bei den vereinbarten 30 € im Monat. Meine Monatskarte kostet 80 €.

Bankberaterin: Wenn wir Ihre monatlichen Ausgaben vom Lehrlingsentgelt abziehen, bleibt Ihnen ein Betrag von 170 €. Ich denke, davon könnten Sie 100 € monatlich sparen. Mehr wäre nicht realistisch, denn ein paar unerwartete Ausgaben kommen ja immer noch dazu. Ich empfehle Ihnen einen Banksparplan. Der Betrag von 100 € wird monatlich von Ihrem Girokonto abgebucht und auf einem separaten Konto angelegt. So brauchen Sie sich um nichts zu kümmern. Nach 24 Monaten können Sie dann über den gesparten Betrag nebst Zinsen verfügen und das Geld in Ihre Kücheneinrichtung investieren.

> Erst wenn man alle Ausgaben bedenkt, kann man entscheiden, wie viel Geld gespart werden kann.

Anlageformen – die Qual der Wahl

Sissy: Ich bekomme doch aber auch auf mein Jugendgirokonto Zinsen. Der Betrag könnte demzufolge auch auf diesem Konto bleiben.

Bankberaterin: Das haben Sie richtig erkannt. Allerdings räumen wir Ihnen die günstigen Konditionen nur so lange ein, wie Sie sich in der Ausbildung befinden. Ein Vorteil für Sie wäre, dass Sie ständig über Ihr Geld verfügen könnten. Doch das kann auch ein großer Nachteil sein, weil ein hohes Guthaben auf dem Girokonto natürlich auch schnell zum unüberlegten Ausgeben verführen kann. Ihr Sparziel würden Sie so vermutlich nicht erreichen. Da wäre es besser, sich für ein Jugendsparbuch zu entscheiden. Auch hier räumen wir Jugendlichen einen besonders guten Zinssatz ein.

Sissy: Meine Oma hat vor vielen Jahren schon ein Sparbuch für mich angelegt; könnten wir das in ein solches Jugendsparbuch umwandeln?

Bankberaterin: Ja, natürlich ist das möglich. Ein weiterer Vorteil wäre für Sie, dass sie hier selbst jeden Monat den Betrag einzahlen und sparen können, den Sie nicht für Ihren Lebensunterhalt brauchen. Das könnten also auch mal mehr als 100,00 € sein.

Das magische Dreieck des Sparens

Ertrag

Sicherheit

Verfügbarkeit

Die Hauptziele der Geldanleger

Die häufigsten Gründe, zu sparen

Vermögensbildung:

Wunsch nach größerer finanzieller Sicherheit und Unabhängigkeit sowie nach der Erfüllung individueller Wünsche.

Zwecksparen:

Wunsch, sich eine teure Anschaffung in der Zukunft leisten zu können, für die das laufende Monatseinkommen nicht ausreicht.

Vorsorge:

Während der Zeit der Erwerbstätigkeit sparen, um im Alter trotz niedriger Rente den gewohnten Lebensstandard beibehalten zu können.

Sparmotive

Mit Aktien reich werden?

Sissy: In der 9. Klasse haben wir an einem Börsenplanspiel teilgenommen (s. S. 15). Mein Team hat das virtuelle Startkapital gut angelegt. Könnte ich nicht mein Geld in Aktien investieren und damit schneller mein Sparziel erreichen?

Bankberaterin: Davon rate ich Ihnen ab. Wenn Sie wirklich in Aktien investieren wollen, muss ich ab jetzt über unser Gespräch ein Protokoll führen. Das Wertpapierhandelsgesetz schreibt dies vor, damit Sie mir nicht am Ende vorwerfen können, ich hätte Sie falsch beraten.

Sissy: Aber es stimmt doch, dass man mit dem Kauf von Aktien hohe Erträge erzielen kann?

Bankberaterin: Sicher, aber Aktienkäufe bringen auf der anderen Seite ein erhöhtes Risiko mit sich. Es gibt keinerlei Sicherheiten. Wenn das Unternehmen, dessen Aktien Sie gekauft haben, in Konkurs geht, verlieren Sie Ihr gesamtes Geld, das Sie investiert haben. Deshalb empfehlen wir eine Investition in Aktien nur den Kunden, die auch noch andere Geldanlagen besitzen.

Man sollte nur einen Teil, niemals aber sein gesamtes Vermögen in Aktien investieren.

Investmentfonds – eine Alternative?

Bankberaterin: Für Sie käme da eher das Fonds-Sparen infrage. Dabei wird nicht nur in die Aktien *eines* Unternehmens investiert. In einem Fonds sind verschiedene Wertpapiere zusammengefasst. Da es unwahrscheinlich ist, dass alle Wertpapiere gleichzeitig Verluste machen, verringert sich das Risiko. Eine solche Anlage ist vor allem dann interessant, wenn man über einen längeren Zeitraum Fonds-Anteile kauft. Denn mal sind sie billiger, mal teurer. Dass ergibt einen Mittelwert mit der Chance auf eine gute Rendite.

Die Verteilung der Sparbeträge auf verschiedene Anlageformen verringert Risiken.

Nach welchen Kriterien entscheiden?

Sissy: Bei so vielen Informationen fällt mir die Entscheidung jetzt richtig schwer. Gibt es denn etwas, woran ich mich orientieren kann?

Bankberaterin: Bei jeder Geldanlage wirken drei Kriterien zusammen. Das sind zum einen der Ertrag, also die zu erwartenden Zinsen. Der Fachausdruck, den wir bei der Bank dafür verwenden, ist „Rentabilität".

Fragen stellen und beantworten

Welche … kennst du?
Welche Aufgaben erfüllt …?
Was weißt du über …?
Welche Vorteile …?
Nenne Nachteile …!
Ist es richtig, dass …?
Stimmt es, dass …?
Erkläre den Begriff …!
Vergleiche … miteinander.
Was ist der Unterschied zwischen …?
Bewerte …!
Äußere deine Meinung zu …!
Ich verstehe nicht, warum …!
Könnte es nicht auch sein, dass …?
Gibt es …?

Fragen zum Thema Anlageformen

Beratungsgespräch

Auf der anderen Seite muss man schauen, welche Sicherheit die gewählte Anlage bieten kann. Damit ist nicht die Sicherheit in einem Tresor gemeint, sondern die Sicherheit vor möglichen Wertverlusten.

Schließlich gibt es noch Unterschiede bei der Verfügbarkeit. Bei manchen Anlageformen kann man während des Anlagezeitraums nicht über sein Geld verfügen; will man es dennoch vorzeitig ausgezahlt bekommen, muss man Gebühren dafür bezahlen, was den Ertrag der Anlage schmälert. Wer Geld auf seinem Konto hat, aber nicht darüber verfügen kann, ist nicht zahlungsfähig; man sagt dazu auch, „nicht liquide" (= nicht flüssig). Daher verwenden Fachleute für die Verfügbarkeit von angelegtem Geld den Begriff „Liquidität". Sie müssen jetzt entscheiden, welche der drei Kriterien Ihnen wichtig sind.

Sissy: Vielen Dank, ich weiß jetzt, was ich tun muss, damit ich in zwei Jahren die Einzugsparty in meiner neuen Küche feiern kann.

Wichtige Kriterien für die Bewertung von Geldanlagen sind Ertrag, Sicherheit und Verfügbarkeit. Es gibt keine Anlageform, die alle drei Kriterien gleichwertig erfüllt.

1 a) Beschreibe das Berufsbild Bankkauffrau/-kaufmann. b) Informiere dich über den Wettbewerb „Schul/Banker" und nimm daran teil: www.schulbank.de.

2 Lest das Beratungsgespräch ab S. 16 mit verteilten Rollen. Beauftragt jemanden, alle im Text enthaltenen Anlageformen an der Tafel zu notieren.

3 Bewertet die genannten Anlageformen nach Ertrag, Sicherheit und Verfügbarkeit.

4 Zum Banksparplan: Ermittle mithilfe des aktuellen Zinssatzes und eines Sparplanrechners im Internet, welche Sparsumme Sissy nach zwei Jahren zur Verfügung steht.

5 Welche Anlageform sollte Sissy wählen? Begründe deinen Vorschlag.

E 6 Erkundigt euch bei Banken eurer Region über Anlageformen. Entwickelt im Anschluss dazu Fragen und stellt sie euch gegenseitig. Nutzt dazu die Abb. oben.

E 7 Recherchiere im Internet zum Thema Wertpapierhandelsgesetz. Notiere wichtige Inhalte des Gesetzes, die dem Verbraucherschutz dienen.

Kreditform	Dispositionskredit	Raten- bzw. Kleinkredit	Hypothekendarlehen
Zweck	Kurzfristiger Geldbedarf, wenn die monatlichen Einkünfte einmal nicht ausreichen (z. B. hohe Handyrechnung)	Mittelfristiger Geldbedarf zur Finanzierung einer größeren Anschaffung (z. B. Auto, Computer, Urlaub)	Langfristiger Geldbedarf zur Finanzierung einer Immobilie (z. B. Haus, Eigentumswohnung, Grundstück)
Kreditaufnahme	Überziehung des Kontos	schriftlicher Kreditvertrag	schriftlicher Kreditvertrag mit Hypothekenregelung
Laufzeit	unbefristet	vertraglich geregelt, ca. ein bis sechs Jahre	vertraglich geregelt, ca. 20 bis 30 Jahre
Tilgung (Rückzahlung)	durch Zahlungseingänge auf dem Girokonto	feste Monatsraten	feste Raten, meist monatlich
Zinsen	prozentualer Jahreszins, sehr hoch	prozentualer Monatszins, relativ hoch	prozentualer Jahreszins, geringer als bei Kleinkredit
Bearbeitungsgebühr	keine	etwa 2 % vom Kreditbetrag	etwa 1–2 % vom Kreditbetrag

Verschiedene Arten von Krediten

Das erste eigene Auto – ein Kredit hilft, es zu finanzieren

Josef, gerade 18 geworden, möchte sich den Traum vom eigenen Auto erfüllen. Er hat sich schon in verschiedenen Autohäusern und auch im Internet umgeschaut. Sein gebrauchter Traumwagen für 3.000 Euro steht in einem Autohaus der benachbarten Kreisstadt. Seine Ersparnisse werden dafür aber nicht reichen.

Die Autohändlerin hat Josef angeboten, dass das Autohaus ihm einen Kredit einräumen würde. Das bedeutet, dass Josef eine Ratenzahlung mit Zinsen vereinbart und das Autohaus den Fahrzeugbrief so lange behält, bis die letzte Rate eingegangen ist. Erst dann wäre Josef und nicht mehr das Autohaus Eigentümer des Fahrzeugs.

> Ein Kredit ist eine zeitlich begrenzte Überlassung von Geld gegen Zinsen.

Da erinnert sich Josef daran, dass auf jedem Kontoauszug steht: Kreditlimit 750 €. Doch was bedeutet das? Wäre ein Bankkredit vielleicht günstiger für ihn?

Verschiedene Arten von Krediten

Von seinem Bankberater erfährt Josef, dass es sich bei dieser Summe um den *Dispositionskredit* handelt, den ihm seine Bank einräumt. Bei Auszubildenden hat er in der Regel die Höhe eines Monatseinkommens. Josef könnte sein Konto also um 750 Euro überziehen und den Betrag später der Bank zurückzahlen. Allerdings ist es nicht sinnvoll, diesen Kredit im Falle des Autokaufs in Anspruch zu nehmen. Erstens reicht das Geld nicht und zweitens fallen für einen Dispo-Kredit, wie er kurz genannt wird, hohe Zinsen an.

Von seinen Eltern weiß Josef, dass sie einen *Wohnungsbaukredit* abzahlen. Dieser war nötig, um das Eigenheim zu finanzieren. Die Kreditaufnahme wurde in das Grundbuch eingetragen. Das ist die Sicherheit für die Bank und bedeutet, dass das Haus Eigentum der Bank wird, wenn Josefs Eltern den Kredit nicht zurückzahlen können. Der Wohnungsbaukredit wird auch *Hypothekendarlehen* genannt. Die Finanzierung eines Autos ist damit jedoch nicht möglich.

Der Bankberater erklärt, dass die Bank ihren Kunden für größere Anschaffungen einen *Ratenkredit*, auch *Kleinkredit* genannt, anbietet.

Das Auto clever finanzieren

Vergleichen Sie mal:
Händlerfinanzierung oder Kredit-Finanzierung mit Barzahler-Rabatt.

Sehen Sie selbst:
Die nachfolgende Beispielrechnung geht von einem Barzahler-Rabatt von 12% aus.

Die Mittelklasse	Händlerfinanzierung	Barzahler mit Bankkredit
Ihr Wunschauto kostet	25.000 EUR	25.000 EUR
Ihr Barzahler-Rabatt		12,00%
Ihr Finanzierungsbedarf		22.000 EUR
effektiver Jahreszins	2,90%	9,00%
Laufzeit	36 Monate	36 Monate
Ihre monatliche Rate	725,53 EUR	696 EUR
Ihr Gesamtaufwand	26.119 EUR	25.056 EUR
Sie sparen		1.063 EUR

Zwei unterschiedliche Finanzierungskonzepte

Doch ein Lehrlingsentgelt reicht nicht aus, um einen Ratenkredit über 3.000 Euro zu gewähren. Der Mitarbeiter erklärt: „Wir als Bank setzen auf ein geregeltes Einkommen als Sicherheit." Darüber ist der Auszubildende zunächst schockiert. Doch diese Regelung hat ihren Grund. Die Banken bemühen sich, ihre Kunden so zu beraten, dass diese ihre Schulden auch abzahlen können.

> Wer einen Kredit aufnimmt, sollte genau wissen, wann und wie er das Geld zurückzahlen kann.

Keine Chance für Kredithaie

Bei Kreditangeboten in Zeitungsanzeigen wird dagegen in der Regel auf eine seriöse Beratung und Prüfung der Einkommensverhältnisse des Kreditkunden verzichtet. Man kann das angebotene Geld sehr leicht bekommen und läuft Gefahr, sich so hoch zu verschulden, dass man die Schulden nur schwer abzahlen kann.
Bevor sich Josef auf ein unseriöses Kreditangebot einlässt, beschließt er, sich das Geld für sein erstes Auto bei seiner Oma zu leihen. Er wird ihr

monatlich 100 Euro zurückzahlen, Zinsen fallen nicht an und wenn Josef die Oma gelegentlich zum Arzt oder zum Einkaufen fährt, erlässt sie ihm vielleicht noch einen kleinen Teil der Gesamtsumme.

> Wer sich Geld leiht, wird zum Kreditnehmer oder Schuldner. Wer Geld verleiht, wird als Kreditgeber oder Gläubiger bezeichnet.

P 1 Suche in Zeitschriften nach Kreditangeboten. Klebe die Anzeigen in deinen Hefter und notiere deine Meinung dazu.

2 Begründe, warum Jugendliche unter 18 Jahren keinen Kredit bei einer Bank aufnehmen dürfen.

E 3 Ina ist 28 Jahre alt und hat schon einige Jahre gearbeitet. Dennoch braucht sie zum Autokauf einen Kredit. Was rätst du ihr?

E 4 Erkundige dich bei deiner Bank nach dem aktuellen Zinssatz für einen Dispokredit. Begründe, warum man ihn nur im Notfall in Anspruch nehmen sollte.

Versicherungen und Verträge

DIE SOZIALVERSICHERUNG

Wenn ich krank werde, …	**Wenn ich einen Unfall habe, …**	**Wenn ich alt bin, …**	**Wenn ich arbeitslos bin, …**	**Wenn ich Pflege brauche, …**
… dann hilft die gesetzliche Krankenversicherung.	… dann hilft die gesetzliche Unfallversicherung.	… dann hilft die gesetzliche Rentenversicherung.	… dann hilft die gesetzliche Arbeitslosenversicherung.	… dann hilft die gesetzliche Pflegeversicherung.
Leistungen:	**Leistungen:**	**Leistungen:**	**Leistungen:**	**Leistungen:**
• Krankengeld • Arztbehandlung • Krankenhauspflege • Arzneimittelversorgung • Zuschüsse bei Kuren	• Rente an Verletzte oder Hinterbliebene • Kosten für Behandlungen • Rehamaßnahmen • Kosten für Umschulung	• Altersrente • Hinterbliebenenrente • Rente wegen Berufs- oder Erwerbsunfähigkeit	• Arbeitslosengeld • Kurzarbeitergeld • Arbeitsvermittlung • Fort- und Weiterbildung • Kostenbeihilfe für Bewerbungen	• Sach und Geldleistungen bei häuslicher Pflege • Bezahlung von Pflegekräften
seit 1883	**seit 1884**	**seit 1889**	**seit 1927**	**seit 1995**

Das System der gesetzlichen Sozialversicherung

Soziale Sicherungssysteme

Sissy macht eine Ausbildung zur Verfahrenstechnikerin für Kunststofftechnik. Manchmal denkt sie über die Zukunft nach. Übernimmt mich der Betrieb nach meiner Ausbildung oder werde ich arbeitslos? Was geschieht, wenn ich ein Kind bekomme? Erhalte ich ausreichend Rente, wenn ich im Alter nicht mehr arbeiten kann?

Die Wirtschaftsordnung der Bundesrepublik Deutschland heißt „Marktwirtschaft", doch es gibt noch einen Zusatz: „soziale Marktwirtschaft". Das bedeutet, dass der Staat sich um sozialen Ausgleich bemüht und wirtschaftlich schwache Menschen unterstützt. Grundlage des Sozialstaates sind die Sozialversicherungen.

> Die Sozialversicherungen sind Pflichtversicherungen für jeden Arbeitnehmer. Wir bezeichnen sie deshalb auch als gesetzliche Versicherungen.

Zu den Sozialversicherungen gehören die Kranken-, Unfall-, Renten-, Arbeitslosen- und Pflegeversicherung. Die Beiträge (Sozialabgaben) werden von Arbeitgebern und Arbeitnehmern bezahlt. Ihre Höhe richtet sich nach der Höhe des Einkommens. Alle Versicherten tragen die Risiken Krankheit, Arbeitsunfälle, Arbeitslosigkeit, Pflegebedürftigkeit und Alter gemeinsam. Arbeitslosengeld und Rente bemessen sich nach den eingezahlten Beiträgen. Die Leistungen der Krankenversicherung sind für alle Beitragszahler gleich.

> Zwischen den Versicherten erfolgt ein sozialer Ausgleich. Das heißt Solidarprinzip.

Der Staat schützt die sozial Schwachen

Es gibt Menschen, die unverschuldet in Not geraten oder gesundheitlich stark eingeschränkt sind. Wenn sie keine Versicherungsbeiträge eingezahlt haben, können sie auch keine Leistungen

Bevölkerungsentwicklung und Altersstruktur 1960–2050

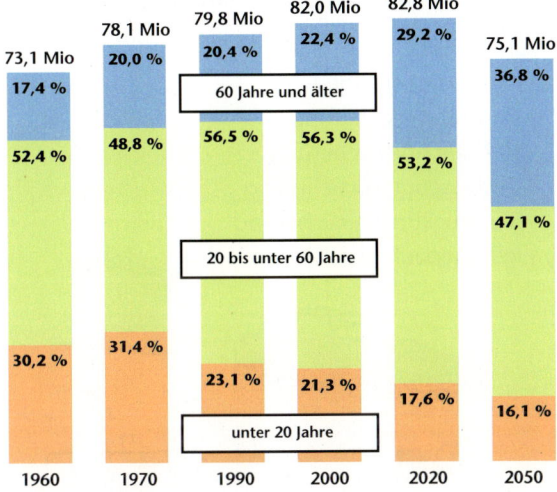

	73,1 Mio	78,1 Mio	79,8 Mio	82,0 Mio	82,8 Mio	75,1 Mio
	1960	1970	1990	2000	2020	2050
60 Jahre und älter	17,4 %	20,0 %	20,4 %	22,4 %	29,2 %	36,8 %
20 bis unter 60 Jahre	52,4 %	48,8 %	56,5 %	56,3 %	53,2 %	47,1 %
unter 20 Jahre	30,2 %	31,4 %	23,1 %	21,3 %	17,6 %	16,1 %

Quelle: Statistisches Bundesamt Wiesbaden 2003

Oben: Das sozialpolitische Dilemma. Karikatur von Gerhard Mester
Links: Grenzen der Finanzierbarkeit für das Sozialversicherungssystem

aus der Sozialversicherung bekommen. Diesen Menschen hilft der Staat. Dabei wird die Bedürftigkeit des Einzelnen geprüft und entschieden, welche Unterstützung er erhält. Wer arbeitsfähig ist, erhält Arbeitslosengeld II, wer nicht arbeitsfähig ist, erhält Hilfe zum Lebensunterhalt. Solche Hilfen wie Wohngeld werden jedoch nur bezahlt, wenn der Einzelne sich nicht selbst helfen kann und keine andere Hilfe wie z. B. durch eigenes Vermögen oder die Familie möglich ist.

Grenzen der Finanzierbarkeit

Dem Diagramm oben könnt ihr entnehmen, dass der Anteil der Älteren an der Gesamtbevölkerung immer größer wird. Von den Beiträgen, die die Erwerbstätigen in die Rentenkasse einzahlen, werden die Renten der älteren Generation finanziert. Wir sprechen daher vom Generationenvertrag. Da in Deutschland jedoch immer weniger Kinder geboren werden, wird dieser Generationenvertrag bald nicht mehr funktionieren.

Hinzu kommt, dass die Menschen dank guter medizinischer Versorgung immer älter werden und über längere Zeiträume Rente erhalten. Im Alter steigt zudem die Wahrscheinlichkeit, krank oder pflegebedürftig zu werden. Dafür müssen finanzielle Mittel bereitgestellt werden.

Dazu kommen weitere Probleme. Wegen der hohen Sozialabgaben sind Arbeitskräfte in Deutschland teuer. Daher verlagern viele Firmen ihre Produktion ins Ausland. In Deutschland aber steigt die Arbeitslosigkeit und die Beiträge zur Sozialversicherung fehlen.

Dies alles stellt den Sozialstaat vor große Probleme. Er wird in Zukunft nur noch eine Grundsicherung bieten können. Deshalb ist es sinnvoll, zusätzlich privat vorzusorgen.

M
P

Textanalyse

Bearbeite einen Text aus einer Tageszeitung, in dem über Probleme der Sozialversicherungen berichtet wird. Nutze dazu die folgenden Teilaufgaben:

1 Lies den Text. Unterstreiche schwierige oder dir nicht bekannte Begriffe, schreibe sie heraus und erkläre sie.

2 Gliedere den Text in Abschnitte. Gib jedem Abschnitt eine Teilüberschrift.

3 Beantworte die W-Fragen zum Text: Was ist passiert? – Wer war daran beteiligt? – Wann ist es passiert? – Wo ist es passiert? – Wie ist es passiert? – Warum ist es passiert?

4 Fasse die Kernaussage des Textes in zwei bis drei Sätzen zusammen.

5 Formuliere deine eigene Meinung dazu.

Personenversicherungen	Sach- und Vermögensversicherungen
zum Beispiel	zum Beispiel
• Lebensversicherung	• Kfz-Versicherungen
• Berufsunfähigkeitsversicherung	• Hausratsversicherung
• Unfallversicherung	• Haftpflichtversicherung
• Private Krankenversicherung	• Rechtsschutzversicherung
	• Reiserücktrittsversicherung
	• Reisegepäckversicherung

Welche Individualversicherungen gibt es?

Mit Individualversicherungen privat vorsorgen

Die gesetzlich vorgeschriebenen Sozialversicherungen schützen die Existenzgrundlage der Versicherten. Im Privatleben gibt es jedoch weitere Risiken, die durch die gesetzlichen Versicherungen nicht abgedeckt sind. Jeder Haushalt muss abwägen, welche Individualversicherungen er braucht. Die finanziellen Möglichkeiten privater Haushalte sind begrenzt. Daher ist es nicht möglich, sich gegen alle Risiken zu versichern, und es ist nicht sinnvoll, alle Verträge zu unterschreiben, die ein Versicherungsmakler anbietet.

> Bei der Entscheidung für Individualversicherungen hilft eine persönliche Prioritätenliste.

Wogegen muss ich mich überhaupt versichern?

Zuerst sollten die Risiken abgesichert werden, die die Existenz zerstören könnten, indem die finanziellen Folgen so groß sind, dass der Haushalt sie nicht selbst tragen kann. Eine der wichtigsten In-dividualversicherungen ist daher die *Privathaftpflicht*. Sie nimmt dir das finanzielle Risiko ab, wenn du aus Unachtsamkeit andere Menschen verletzt oder einen Sachschaden verursachst. Für dauerhafte Gesundheitsschäden beispielsweise haftest du sonst zeitlebens mit deinem gesamten Vermögen. Auch dein Einkommen kann bis zu einer Mindestgrenze gepfändet werden. Eine Haftpflichtversicherung wird meist als Familienversicherung abgeschlossen, in die auch Haustiere einbezogen werden können.

An zweiter Stelle sollte man Risiken absichern, die zwar vom Haushalt getragen werden könnten, ihn aber finanziell stark schädigen würden, wie z. B. der Verlust eines neuen Autos durch Diebstahl oder einen selbst verschuldeten Unfall.

Verzichtbar ist hingegen die Absicherung von Risiken, deren Folgen man ohne Weiteres selbst tragen kann, wie der Verlust des Reisegepäcks.

> Bei Individualversicherungen muss ein Kompromiss zwischen Versicherungsmöglichkeiten und finanzierbaren Lösungen gefunden werden.

Sissy heute

- ist Single
- wohnt bei den Eltern
- befindet sich noch in der Ausbildung
- fährt gern Fahrrad und Inlineskates
- hat für diesen Sommer eine Flugreise gebucht

Sissy mit 30

- ist verheiratet
- hat eine dreijährige Tochter
- wohnt mit ihrer Familie in einer modern eingerichteten Altbauwohnung
- fährt mit dem Auto zur Arbeit und in den Camping-Urlaub

Jede Lebensphase hat unterschiedliche Risiken

Fallbeispiele:

a. Lutz muss während seines Griechenlandurlaubs zum Arzt.

b. Renate feiert ihren 70. Geburtstag.

c. Harald ist bei einem Autounfall tödlich verunglückt.

d. Thorsten ist beim Skifahren gestürzt.

e. Familie Engelmann sind bei einem Einbruch die Fahrräder aus dem Keller gestohlen worden.

f. Uwes Hündin hat den Briefträger gebissen.

g. Ute hat Anne beim Umzug geholfen und eine Kiste mit Geschirr fallen lassen.

h. Frank hat sich beim Holzhacken für den Kamin schwer verletzt. Er kann vielleicht nie mehr in seinem Beruf arbeiten.

i. Annika ist kurz vor einer geplanten Sprachreise nach Kanada krank geworden.

j. Frau Krause wurde fristlos gekündigt. Sie fühlt sich ungerecht behandelt und hat Klage gegen die Kündigung eingereicht.

k. Sissy verursacht mit dem Fahrrad einen Verkehrsunfall.

1 Fertige zu einer Individualversicherung ein Kurzreferat an. Nutze dazu folgende Stichpunkte:
Bezeichnung der Versicherung, Art der Versicherung, abgesicherte Risiken, Beitragshöhe, Leistungen, für welchen Personenkreis empfehlenswert?

2 Welche Individualversicherungen sollte Sissy (vgl. Abb. oben) heute abschließen? Welche braucht sie weniger? Begründe.

3 Welche Individualversicherungen empfiehlst du Sissy mit 30 (vgl. Abb. oben)? Welche sind weniger sinnvoll? Begründe.

4 Notiere für die Fallbeispiele links die Risiken und mögliche finanzielle Folgen.

5 Entscheide, ob es sich bei den Fallbeispielen um Personen-, Sach-, oder Vermögensrisiken handelt (vgl. Übersicht links).

6 Ordne den nebenstehenden Fallbeispielen eine Individualversicherung zu.

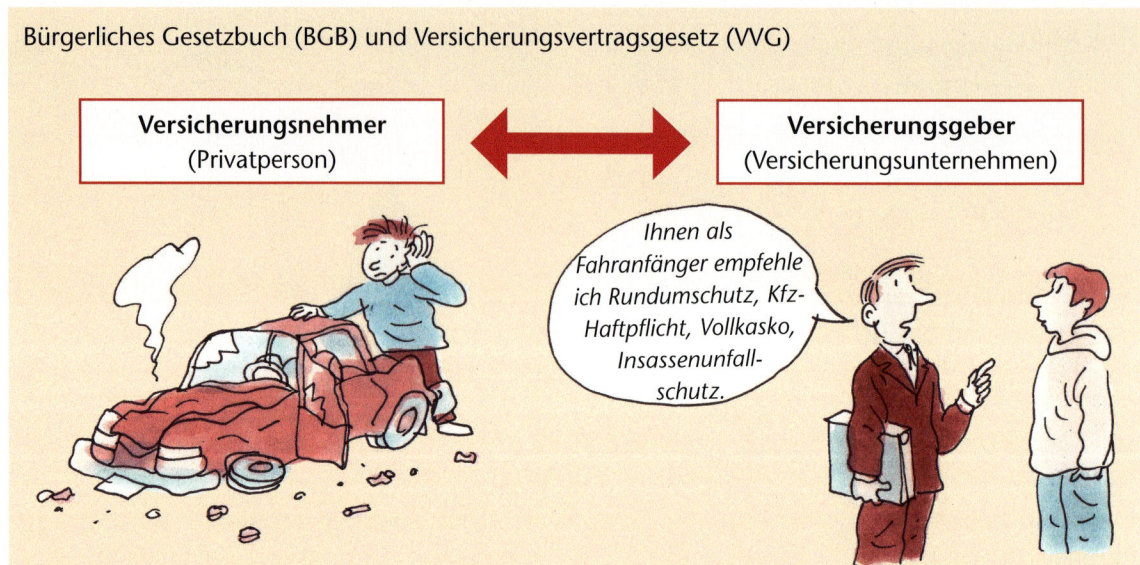

Bürgerliches Gesetzbuch (BGB) und Versicherungsvertragsgesetz (VVG)

Versicherungsnehmer (Privatperson)

Versicherungsgeber (Versicherungsunternehmen)

Ihnen als Fahranfänger empfehle ich Rundumschutz, Kfz-Haftpflicht, Vollkasko, Insassenunfallschutz.

Der Versicherungsnehmer erhält vom Versicherungsgeber ein Leistungsversprechen für die Zukunft. Der Versicherungsnehmer zahlt dafür eine vertraglich vereinbarte Versicherungsprämie.
Im Versicherungsvertrag, auch Versicherungspolice genannt, ist festgeschrieben, was beim Eintreten des Versicherungsfalls vom Versicherungsunternehmen geleistet werden soll.

Der Versicherungsvertrag

Finanziellen Verlusten vorbeugen – das Auto angemessen versichern

Wenn Josef als Fahranfänger beispielsweise mit seinem ersten Auto einen Unfall verursacht, kann dadurch ein großer Sachschaden entstehen und es können auch Personen zu Schaden kommen. Durch die Behandlung im Krankenhaus, notwendige Rehabilitationsmaßnahmen, Verdienstausfälle, Reparaturkosten für die Fahrzeuge und vieles mehr können Kosten in Millionenhöhe entstehen. Josef wäre vermutlich zeitlebens nicht in der Lage, aus seiner eigenen Tasche für eine solche Summe aufzukommen.

Durch den Abschluss privater Versicherungen können die finanziellen Folgen eines entstandenen Schadens begrenzt werden.

So wie alle motorisierten Verkehrsteilnehmer/ -innen braucht Josef eine Kraftfahrzeug-Haftpflicht-Versicherung. Ohne eine solche Versicherung darf kein Kraftfahrzeug im öffentlichen Straßenverkehr geführt werden. Die gesetzlich vorgeschriebene Kfz-Haftpflichtversicherung garantiert den Schadensersatz für ein mögliches Verkehrsopfer. Josef wäre im Falle eines von ihm verursachten Unfalls als Schadensersatzpflichtiger durch die Kfz-Haftpflichtversicherung von den finanziellen Folgen des Schadens entlastet. Das bedeutet jedoch nicht, dass Josef sich völlig sorglos im Straßenverkehr bewegen kann.

Wovon hängt die Höhe der Beiträge ab?

Das Unfall-Risiko ist bei einem Fahranfänger höher als bei einem erfahrenen Kraftfahrer, deshalb zahlen junge Leute auch einen sehr hohen Beitrag für die Kfz-Haftpflichtversicherung. Im Falle eines Unfalls wird dieser noch einmal erhöht. Wenn Josef dagegen mehrere Jahre unfallfrei fährt, verringert sich sein Beitrag. Auch Fahrzeugtyp und Wohnort spielen bei der Beitragsberechnung eine Rolle. Mit manchen Autotypen und in einer Großstadt passieren mehr Unfälle als auf dem Land. Die Versicherungs-

Crash Versicherung

Kfz-Versicherungsschein Nr. 123456789

Gültig ab: 15.02.2012, 0:00 Uhr   Vertragsablauf: 15.02.2013, 24:00 Uhr

Der Vertrag verlängert sich jeweils stillschweigend um ein Jahr, wenn nicht bis zum 1.11. vor dem jeweiligem Ablauf der anderen Partei eine Kündigung zugegangen ist.

Versichertes Fahrzeug: Fahrzeugart, amtliches Kennzeichen, Identifikationsnummer, Hersteller, Herstellerschlüssel, Typenschlüssel, Stärke, Erstzulassung, Kilometerstand

Versicherungsumfang:

Kfz-Haftpflicht: 100 Millionen Euro pauschal für Personen-, Sach- und Vermögensschäden, bei Umweltschäden 5 Millionen Euro je Versicherungsfall.

Kasko-Versicherung: Vollversicherung mit 300 Euro Selbstbeteiligung inklusive Teilversicherung ohne Selbstbeteiligung

Besondere Vereinbarungen: Das Fahrzeug wird ausschließlich von Personen über 25 Jahren geführt.

Beitrag: Schadensfreiheitsklasse: 25, Beitragssatz: 30% Jahresbeitrag inklusive 19% Versicherungssteuer: 318,45 Euro.

Zahlweise: Der Beitrag ist jährlich im Voraus zahlbar am 15.02.

Inhalt eines Kfz-Versicherungsvertrages

Beträge richten sich nach dem Risiko, das das Versicherungsunternehmen trägt.

Den Schaden am eigenen Auto absichern

Wenn Josef möchte, dass seine Versicherung auch für den Schaden am eigenen Fahrzeug aufkommt, muss er zusätzlich eine Kasko-Versicherung abschließen. Kasko kommt aus dem Spanischen und bedeutet Scherbe, zerbrochenes Stück.

Eine Teilkaskoversicherung tritt beispielsweise für Schäden durch Diebstahl, Brand, Hagel oder Wildunfälle ein und bezahlt Glasschäden. Schließt Josef auch eine Vollkaskoversicherung ab, deckt diese zusätzlich die Kosten für Unfallfolgen ab. Allerdings darf Josef nicht grob fahrlässig handeln, also zum Beispiel alkoholisiert Auto fahren. Dann erlischt sein Versicherungsschutz. Entschließt sich Josef zu einem Versicherungsvertrag mit Selbstbeteiligung, bedeutet das, dass er im Schadensfall einen vertraglich vereinbarten Betrag, beispielsweise 300 Euro, aus eigener Tasche bezahlt, dadurch reduziert sich aber sein monatlicher Versicherungsbeitrag.

Bei privaten Versicherungen besteht ein Äquivalenzprinzip, d. h. ein Gleichgewicht zwischen Leistung und Gegenleistung.

Ob es wirtschaftlich sinnvoll ist, eine Kaskoversicherung abzuschließen, hängt davon ab, wie alt das Auto ist. Der Kaskoversicherungsbeitrag sollte nicht höher sein als der Zeitwert des Autos.

Beim Abschluss einer privaten Versicherung müssen die Wünsche des Versicherungsnehmers berücksichtigt werden.

1 Finde heraus, wie die Haftpflichtversicherung für ein Mofa geregelt ist.

2 Mit 30 möchte sich Josef ein fabrikneues Auto kaufen. Welche Kfz-Versicherungen braucht er dafür? Begründe.

E 3 Könnte Josef den Kfz-Versicherungsvertrag oben abschließen? Begründe.

Vertragsarten	Vertragspartner	Vertragsinhalt
Kaufvertrag	Käufer + Verkäufer	regelt die Lieferung bestimmter Güter
Mietvertrag	Mieter + Vermieter	berechtigt zur Benutzung einer Wohnung
Pachtvertrag	Pächter + Verpächter	regelt die Benutzung einer Sache z. B. eines Gartens
Berufsausbildungsvertrag	Auszubildender bzw. gesetzlicher Vertreter + Ausbilder	regelt das Ausbildungsverhältnis
Darlehensvertrag	Kreditnehmer + Kreditgeber	regelt die Bedingungen

Verträge und ihr Inhalt

Pflichten des Mieters	Pflichten des Vermieters
Mietzahlungspflicht – Termingerechtes Entrichten der vereinbarten Miete. Fürsorgepflicht – Meldepflicht bei entstandenen Mängeln. Duldungspflicht – Bei Bedarf (z. B. Mängelbeseitigung) muss dem Vermieter oder Handwerker der Zugang zur Wohnung gestattet werden.	Gebrauchsüberlassung – Der Vermieter muss dem Mieter den ungestörten Gebrauch der Mietsache überlassen und sie in vertragsgemäßem Zustand erhalten. Erhaltungspflicht – Mängel müssen beseitigt werden. Fürsorgepflicht – Information über eventuelle Gefahren oder Beeinträchtigung, z. B. Baumaßnahmen.

Der Mietvertrag

Rechtsgeschäfte im Alltag

Was bedeutet Geschäftsfähigkeit?

Kinder und Jugendliche sind nach der Vollendung des siebten Lebensjahres beschränkt geschäftsfähig. Das bedeutet, dass sie im Rahmen ihres Taschengeldes auch ohne Zustimmung ihrer Eltern Rechtsgeschäfte abschließen können. So kann beispielsweise die 8-jährige Marie beim Bäcker Brötchen kaufen oder der 14-jährige Kai kann sein Fahrrad in der Werkstatt reparieren lassen. Die volle Geschäftsfähigkeit wird jedoch erst mit dem Erreichen des 18. Lebensjahres erlangt. Denn der Gesetzgeber hat zum Schutz von Jugendlichen deren Geschäftsfähigkeit eingeschränkt.

Geschäftsfähigkeit bedeutet, gültige Rechtsgeschäfte abschließen zu können.

Zu den häufigsten Rechtsgeschäften gehören neben Kaufverträgen Arbeitsverträge, Ausbildungsverträge, Mietverträge, Kreditverträge und auch Eheverträge. Aus jedem Vertrag erwachsen für die Vertragsparteien, die ihn abschließen, Rechte und Pflichten.

Der Mietvertrag

Sissy möchte zu Hause ausziehen und eine eigene Wohnung mieten. Dazu muss sie einen Mietvertrag abschließen.

Ein Mietvertrag wird zwischen Vermieter und Mieter abgeschlossen und regelt die Überlassung einer Wohnung, einer Garage oder eines Büros zur Nutzung durch den Mieter. Beim Mietvertrag für Wohnräume gelten besondere gesetzliche Regelungen, um die Mieter zu schützen, z. B. bei Mieterhöhungen oder Kündigung. Der Vermieter ist u. a. dazu verpflichtet, die Wohnung in einem vertragsgemäßem Zustand zu überlassen und zu erhalten. Umfasst der Mietvertrag beispielsweise eine eingebaute Kücheneinrichtung einschließlich Einbauherd, muss dieser auch in einem funktionstüchtigem Zustand sein. Kommt der Vermieter dieser Hauptpflicht nicht nach, stehen dem Mieter nach dem Gesetz verschiedene Rechte zu. So kann er zum Beispiel die Beseitigung des Mangels verlangen und die Miete mindern.

Der Mietvertrag regelt die Rechte und Pflichten des Mieters und Vermieters sowie die Höhe des Mietzinses.

1. Eigene Wünsche und Bedürfnisse bestimmen: Größe, Lage, …
2. Wohnformen erkunden: Einraumwohnung, möbliertes Zimmer, Wohngemeinschaft …
3. Über Angebote informieren: Tageszeitung, Internet, Makler, …
4. Kosten und Finanzierungsmöglichkeiten ermitteln: Einkommen, Wohngeld, Hilfe von Eltern, …
5. Kontakt zum Vermieter aufnehmen: per Telefon oder persönlich, der erste Eindruck ist wichtig
6. Besichtigungstermin vereinbaren: Raumaufteilung, Lage, Wohnumfeld, …
7. Absprachen mit dem Vermieter treffen: Mängel, Veränderungswünsche, …
8. Mietvertrag abschließen: Kaution, Betriebskostenabrechnung, …

Schritte zur eigenen Wohnung

Die erste eigene Wohnung – vom Traum zur Wirklichkeit

Für einige von euch können Themen rund um das Mietrecht schon nach der 10. Klasse von Bedeutung sein, wenn ihr außerhalb eures Wohnortes einen Ausbildungsplatz bekommt und nicht mehr bei den Eltern wohnen könnt. Was bei der Suche einer Wohnung alles bedacht werden muss, seht ihr in der Übersicht oben.

Sissy liest die Annoncen unter der Rubrik Immobilienmarkt in der Tageszeitung. Die folgende Anzeige fällt ihr ins Auge:

Innenstadt, 2 Zi.-Wohnung im MFH, EBK, 2. OG, 38 m², Balkon, KM 160 € + NK 90 €, 2 MM Kaution, keine Provision, Tel. 0123 12345

Eine kleine Wohnung mitten im Stadtzentrum, das wäre ideal. Doch Sissy ist verunsichert, weil sie nicht alle Abkürzungen deuten kann. Soll sie sich bei einem Mieterverein beraten lassen oder die Dienste eines Immobilienmaklers in Anspruch nehmen?

Immobilienmakler können Wohnungssuchenden ein Angebot vermitteln. Engagiert man eine Maklerin, geht man auch mit ihr einen Vertrag ein und muss die daraus erwachsenden Verpflichtungen einhalten. Der Mieter muss der Maklerin eine Provision zahlen, wenn der Mietvertrag zustande kommt. Die Provision kann bis zu zwei Monatsmieten betragen.

Unter Provision versteht man eine besondere Vergütung, die bei der erfolgreichen Vermittlung eines Geschäfts gezahlt wird.

Bei Abschluss eines Mietvertrages muss der Mieter oft eine Mietkaution in Höhe von zwei bis drei Monatsmieten bei einer Bank hinterlegen. Nach Beendigung des Mietverhältnisses wird die Kaution einschließlich Zinsen zurückgezahlt, wenn die Wohnung in einem ordnungsgemäßem Zustand übergeben wurde.

Eine Kaution ist ein Pfand, das zur Absicherung eines Anspruchs dient.

Inhalt des Mietvertrages

- Angaben zu Mieter/-in und Vermieter/-in (Name, Adresse)
- Aufzählung und Größe der Mieträume
- Was gehört noch dazu? (Garten, Keller, …)
- Mietzeit (unbestimmte Dauer oder begrenzte Zeit)
- Bestimmungen zur Kündigung
- Mietpreis und Nebenkosten
- Angaben zu einer Kaution
- Pflichten der Vermieterin/des Vermieters
- Pflichten der Mieterin/des Mieters
- Sonstige Vereinbarungen (z. B. wann renoviert werden muss)
- Datum und Unterschriften

Was gehört in einen Mietvertrag?

Mögliche Minderung der Miete (in Prozent)

Dach undicht	20
Elektrische Anlage, Versorgung fällt aus	100
Fenster luftdurchlässig, schließen schlecht	5–10
Fenster aller Räume undicht und damit verbunden Feuchtigkeit in der Wohnung	50
Feuchtigkeit in der Wohnung	20
Heizung Temperatur an Winterabenden unter 20 Grad	20
Lärm mangelhafte Isolierung der Wohnung, Störung durch Trittschall	10–15
Schallisolierung mangelhaft, bauliche Mindestanforderung nicht eingehalten	10–20
Schimmelpilzbefall mit verminderter Stellmöglichkeit von Möbeln	20
Ungeziefer, starker Befall mit sogenannten Silberfischchen	15

Wann man die Miete mindern kann

Die 10a nennt Sorgen und Ängste

Was kostet eine Wohnung?

Vanessa macht sich Sorgen, dass ihr Lehrlingsentgelt für die erste eigene Wohnung nicht reicht. Erwin merkt an, dass die Eltern für die Mietzahlungen bürgen können. Anton wendet ein, dass man die Höhe der Miete am Mietspiegel überprüfen sollte. Jessika hat gehört, dass man beim Vermieter eine Kaution hinterlegen muss, aber warum und wie hoch die sein kann, weiß sie nicht. Cindy hat schon einmal etwas von Nebenkosten gehört, weiß aber nicht, was das genau bedeutet.

Was ist beim Mietvertrag zu beachten?

Lisa behauptet, dass ein Mietvertrag immer schriftlich geschlossen werden muss. Wenke weiß nicht genau, welche Angaben mindestens in einen Mietvertrag gehören. Marvin ist sich ganz sicher, dass seine Eltern in jedem Fall den Mietvertrag mit unterschreiben müssen. Cindy fragt sich, wann sie den Mietvertrag kündigen muss, wenn sie nach Beendigung der Ausbildung wieder ausziehen möchte.

Wer hilft bei der Wohnungssuche?

Kevin studiert schon regelmäßig die Anzeigen in der Tageszeitung, doch was bedeuten die ganzen Abkürzungen und Begriffe? Silke will es sich einfach machen und einen Makler engagieren, das hat sie im Fernsehen gesehen. Sophie berichtet, dass man sich bei einem Mieterverein beraten lassen kann.

Welche Rechte und Pflichten hat eine Mieterin bzw. ein Mieter?

Christoph würde gern in eine Wohngemeinschaft ziehen, aber er hat keine Ahnung, welche Rechte und Pflichten da auf ihn zukommen. Luisa möchte zu ihrem Freund in die Wohnung ziehen. Geht das so einfach? Leni fragt sich, ob sie ihre Katze mitnehmen darf.

Anna-Marias Oma musste im letzten Jahr plötzlich aus ihrer Wohnung ausziehen, weil ihr der Vermieter wegen Eigenbedarf gekündigt hat.

Daniel macht sich schon jetzt Sorgen, dass er Treppenhaus und Straße sauber halten muss. Wladislaw hat gehört, dass er Kosten sparen kann, wenn er die Straße selbst kehrt.

Kostenart	Gesamtkosten	Gesamt	Ihr Anteil	Mieteranteil
Grundsteuer	730,00 €	550,00 m²	45,00 m²	59,72 €
Müllabfuhr	860,00 €	550,00 m²	45,00 m²	70,36 €
Straßenreinigung, Winterdienst	211,00 €	550,00 m²	45,00 m²	17,26 €
Hausreinigung	980,00 €	550,00 m²	45,00 m²	
Hausstrom	326,00 €	550,00 m²	45,00 m²	26,67 €
Hausmeister	1200,00 €	550,00 m²	45,00 m²	98,18 €
Aufzug	760,00 €	550,00 m²	45,00 m²	62,18 €
Gartenpflege	410,00 €	550,00 m²	45,00 m²	33,54 €
Versicherungen	820,00 €	550,00 m²	45,00 m²	67,09 €
Gebühr Wasserzähler	170,00 €	550,00 m²	45,00 m²	13,90 €
Niederschlagswasser	102,00 €	550,00 m²	45,00 m²	8,34 €
Kalt- und Abwasser	2790,00 €	420 m³	35,00 m³	
Heizung und Warmwasser Grundkosten	1355,00 €	550,00 m²	45,00 m²	110,86 €
Heizung und Warmwasser Verbrauchskosten	3100,00 €	360 Einheiten	40 Einheiten	

Betriebs- und Heizkostenabrechnung

Lukas hat zu Hause schon oft beim Renovieren geholfen, muss er später auch seine eigene Wohnung renovieren, wenn er auszieht?
Jennifer feiert gern mit ihren Freundinnen, einmal im Monat ist kein Problem, oder? Huy und Sven streiten sich darüber, ob sie in einer Mietwohnung Schlagzeug spielen dürfen. Fabian ist sich nicht sicher, ob er auf dem Balkon grillen darf.

M Einen Interviewleitfaden erstellen

Die 10a hat beschlossen, zum Thema Mietrecht eine Expertin oder einen Experten in den Unterricht einzuladen und ein Expertengespräch durchzuführen. Man findet solche Fachleute bei Mietervereinen oder beim Deutschen Mieterbund. Sie vertreten die Interessen von Mietern und kennen sich deshalb gut aus.
Die Klasse bereitet des Gespräch mithilfe eines Interviewleitfadens vor. Ein Interviewleitfaden hat die Funktion einer Checkliste, damit während des Gesprächs nichts Wichtiges vergessen wird. Die aufgeworfenen Fragen werden kurz und verständlich formuliert und in eine sinnvolle Reihenfolge gebracht, an der man sich orientieren kann (s. Aufgaben).

1 Lest die Meinungen der Klasse 10a auf Seite 30/31. Formuliert weitere Fragen, die ihr zum Thema Mietrecht habt.

2 Notiert alle Fragen auf Karten und ordnet sie nach Themen.

3 Erstellt mithilfe eurer und der im Buch aufgeworfenen Fragen einen Interviewleitfaden für eine Expertenbefragung.

4 Schreibt einen Einladungsbrief an eine Expertin oder einen Experten.

5 Führt bei der Befragung ein Protokoll.

P 6 Formuliert zur Auswertung der Expertenbefragung eine Liste mit Tipps, die Sissy bei der Wohnungssuche beachten sollte.

E 7 Bedankt euch bei eurer Expertin in einem Leserbrief für die Tageszeitung.

E 8 Besorgt euch zwei Originalmietverträge und vergleicht sie miteinander.

E 9 Berechne die fehlenden Mieteranteile und Mietergesamtkosten in der Betriebs- und Heizkostenabrechnung oben.

Ⓜ Offizielle Schreiben richtig formulieren

Fehler in der Rechnung
Uwe Müller hat beim Versandhandel „Street-Bike" 47113 Musterstadt, Königsallee 60, einen Fahrradhelm (Artikelnummer 202377) für 69,99 € bestellt. In Rechnung gestellt wurden Uwe aber 79,99 €. Uwe wohnt in 56561 Neuwied, Rheinstraße 19. Seine Kundennummer ist 1807, die Rechnungsnummer lautet 300660.

Kündigung
Adrian Meier möchte seine KFZ-Haftpflichtversicherung kündigen, weil er sein Motorrad verkauft. Sein Motorrad ist beim Versicherungsunternehmen „Optimal" in 36481 Bikershausen versichert. Die Vertragsnummer lautet 250795, Adrian wohnt in 67098 Bad Dürkheim, Lange Straße 11.

Neue Kontodaten
Vanessa Scholz möchte ihrem Vermieter ihre veränderten Kontodaten mitteilen. Vanessa wohnt in 54634 Bitburg, Burgstraße 50. Ihr Mietvertrag trägt die Nummer 51. Vanessas Vermieter ist die Wohnungsbaugenossenschaft „Frohe Zukunft" in 54634 Bitburg, Mühlberg 47. Vanessas neue Kontonummer lautet 234567, die Bankleitzahl ist die 80067811, Stadtbank Musterstedt.

Reklamation
Mathilda Hofmann hat beim Versandhaus „Typ & Style", 08153 Beispielshausen, Maximilianallee 22, einen Doppelpack weiße T-Shirts Größe 38 bestellt. Geliefert wurden 5 schwarze T-Shirts Größe 42. Mathilda möchte die Ware reklamieren. Ihre Kundennummer ist 4850, die Rechnungsnummer lautet 230106. Mathilda wohnt in der Hauptstraße 36, 55743 Idar-Oberstein.

Das sollte euer Schreiben enthalten:

- Vollständige Adresse des Absenders (freiwillig auch Telefonnummer und E-Mail-Adresse)
- Vollständige Adresse des Ansprechpartners
- Nennung aller wichtigen Nummern, wie Kundennummer, Rechnungsnummer, …
- Datum
- Anliegen – worum geht es?
- Anrede
- Textteil, in dem das entsprechende Anliegen und die Forderungen usw. vorgetragen werden
- Bestätigung erbitten
- Grußformel
- Verweis auf beigefügte Anlagen

Absender Vor- und Nachname
Straße, Hausnummer
PLZ, Ort

Empfänger Name
Straße, Hausnummer
PLZ, Ort

… nummer: _____
Datum: _____

Anliegen

Sehr geehrte Damen und Herren,
hiermit …

Bitte senden Sie mir eine schriftliche Bestätigung …

Mit freundlichen Grüßen
(handschriftliche Unterschrift)

Anlagen

2 Der Betrieb im Wirtschaftsgeschehen

1. Produktives System

Ein Unternehmen muss die Produktionsfaktoren (Arbeit, Boden, Kapital, Energie, Wissen) produktiv als Produkt oder Dienstleistung umsetzen.

7. Marktgerichtetes System

Eine Unternehmung muss sich auf Marktbedürfnisse ausrichten.

2. Soziales System

Das Unternehmen beschäftigt Menschen, welche das Unternehmen beeinflussen.

Produktion und Unternehmen

6. Komplexes System

Das Unternehmen produziert Güter und Dienstleistungen. Alle Betriebe bekommen dafür Geld. Es entstehen Güter-Geldkreisläufe.

3. Dynamisches System

Das Unternehmen muss sich laufend den Veränderungen der Umwelt anpassen.

5. Autonomes System

Die Ziele können von den Unternehmen frei, unter der Berücksichtigung der Rahmenbedingungen des Staates (Gesetz), festgelegt werden.

4. Offenes System

Das Unternehmen steht im dauernden Austauschprozess mit der Umwelt.

Der Betrieb als ökonomisches System

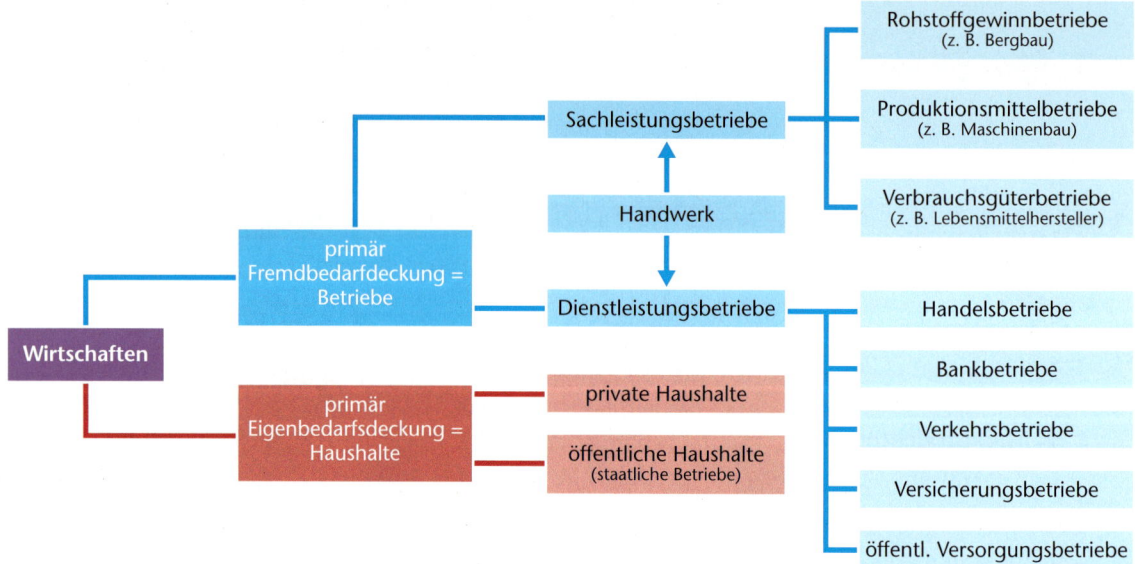

Einteilung der Betriebe

Betriebe im Wirtschaftsgeschehen

Die Schülerinnen und Schüler unterhalten sich darüber, was und wo ihre Eltern arbeiten. Kais Eltern sind im Handwerk tätig, Annas Eltern in der Landwirtschaft. Lenas Vater arbeitet bei der Polizei. Die meisten Eltern arbeiten, so ergab eine kleine Umfrage, in Dienstleistungsbetrieben.

Alle Arbeitenden haben ein gemeinsames Ziel: Sie wollen ihre Bedürfnisse befriedigen. Es gibt Millionen Haushalte und Unternehmen mit verschiedenen Bedürfnissen, unterschiedlicher Nachfrage und unterschiedlichem Angebot. Die Betriebe treten auf dem Markt in einen Wettbewerb ein, damit ihr Produkt oder ihre Dienstleistung gekauft werden. Um das eigene Produkt gegenüber anderen besser zu platzieren und somit mehr zu verkaufen (abzusetzen), bedienen sich Betriebe unterschiedlicher Mittel, z.B. den Preis senken. Durch die Konkurrenz zwischen den Betrieben haben die Verbraucher die Chance, auszuwählen. Den Betrieben steht es jederzeit frei, in einen Markt einzutreten oder bei zu hartem Wettbewerb den Markt wieder zu verlassen (Marktaustritt).

Jeder Betrieb darf alles herstellen (außer es bestehen gesetzliche Einschränkungen) und kann jederzeit den Wettbewerb aufnehmen. Man bezeichnet diese Art der Wirtschaftsordnung als Marktwirtschaft. Hier hat der Staat eine besondere Verantwortung. Er muss einen rechtlichen Rahmen schaffen, damit alle Beteiligten gleiche Bedingungen im Wirtschaftsprozess vorfinden.

> Betriebe sind vorrangig für die Herstellung von Sachgütern und Dienstleistungen verantwortlich. Private Haushalte sind vorwiegend Orte des Verbrauchs (des Konsums).

Unternehmen, Betrieb, Firma oder Fabrik?

Die Begriffe Unternehmen, Betrieb, Firma und Fabrik werden im Alltag oft gleichbedeutend verwendet. Mit Unternehmen wird aber vor allem die rechtlich-organisatorische und finanzielle Seite bezeichnet, Firma bezieht sich auf die kaufmännische Betriebsführung, als Betrieb gilt die planvoll produzierende Wirtschaftseinheit, während Fabrik das Gebäude bezeichnet, in dem produziert wird.

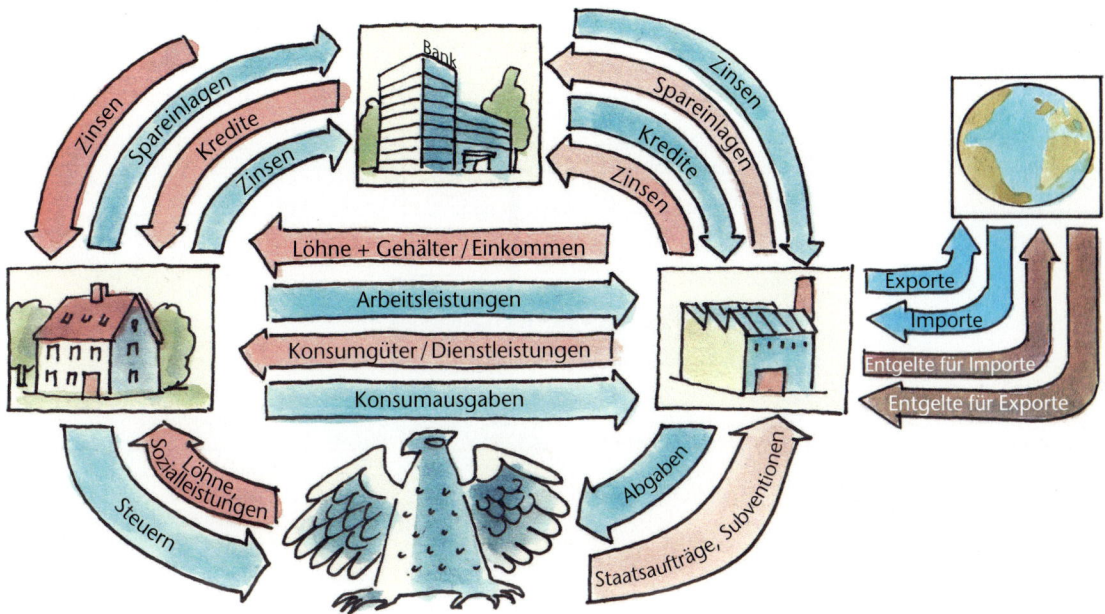

Das Modell des erweiterten Wirtschaftskreislaufes

Unternehmen im Wirtschaftskreislauf

Private Haushalte und Unternehmen handeln am Markt. Die Unternehmen versorgen sich auf dem Beschaffungsmarkt mit den Produktionsfaktoren (z. B. Arbeitskräfte, Maschinen usw.) zur Herstellung von Produkten und Dienstleistungen. Das dazu benötigte Kapital bringen die Unternehmen selbst auf oder beschaffen es auf Geld- oder Kapitalmärkten (z. B. Bankkredit). Die hergestellten Produkte oder Dienstleistungen verkaufen sie auf dem Absatzmarkt oder Konsumgütermarkt.
Die privaten Haushalte bieten Arbeitskraft und Wissen auf dem Arbeitsmarkt an. Auch hier herrscht Konkurrenz und Wettbewerb. Diese sind umso größer, je mehr Menschen ohne Arbeit sind. Mit ihrer Nachfrage lösen die Haushalte neue Bewegungen auf dem Konsumgütermarkt aus.

Weltweiter Austausch

Der weltweite Austausch von Gütern, Dienstleistungen und Kapital, aber auch von Patenten, Lizenzen und Rechten gehört heute zum Alltag. Nicht alle Länder sind mit Rohstoffen wie Erdöl, Holz, … gesegnet oder können alles produzieren.

Daher wird importiert und exportiert. Kupfer aus Chile wird zu Kabeln verarbeitet, die an ein deutsches Unternehmen geliefert werden. Oder eine britische Bank kauft deutsche Aktien. Ein deutscher Verlag veröffentlicht die Übersetzung eines japanischen Romans. Das Modell des Wirtschaftskreislaufes ist ohne das Ausland im Zeitalter der Globalisierung undenkbar.

> In einer Volkswirtschaft wirken Staat, Betriebe, private Haushalte, Banken und das Ausland zusammen, um die Nachfrage nach Produkten und Dienstleistungen zu decken.

1 Nenne Betriebe, die sowohl Dienstleistungen als auch Produkte anbieten.

2 Dienstleistungen sind vergänglich und meist nicht lagerfähig. Erläutere dies.

3 Wie sorgt der Staat für fairen Wettbewerb? Suche Gesetze dazu im Internet!

P 4 Tatjana hat ein italienisches Moped gekauft. Erkläre den Weg des Geldes mithilfe des erweiterten Wirtschaftskreislaufs.

Menschengerechte Ziele
• Menschengerechte Arbeitsinhalte
• Arbeitsschutzmaßnahmen
• Sichere Arbeitsplätze
• Soziale Ziele

Qualitätsziele
• Hohe Versorgungsleistung
• Hoher Qualitätsstandard
• Geringe Ausschussmengen
• Wenige Reklamationen

Zeitziele
• Kurze Durchlaufzeiten
• Kurze Liefertermine

Wirtschaftliche Ziele
• Hohe Produktivität der Produktionsfaktoren
• Geringe Kapitalkosten
• Hohe Kapitalrentabilität
• Geringe Kapitalbindung

Flexibilitätsziele
• Anpassungsfähigkeit auf Marktveränderungen z. B. bei Bedarfsverschiebungen
• Qualifizierte Arbeitskräfte
• Schnelle Produktionsumstellung bei Bedarf

Umweltziele
• Geringe Schadstoffbelastung der Umwelt
• Umweltgerechte Produkte

Unternehmensziele

Betriebliche Ziele

Wie jede Schülerin sich normalerweise Ziele steckt, benötigen auch Betriebe Ziele. Hier geht es um weitreichende Entscheidungen. Ich entscheide mich für eine Laufbahn, einen Beruf oder eine Existenzgründung.

Ein Ziel, auf das betriebliches Handeln häufig verkürzt wird, ist z. B. der Gewinn. Dies ist verständlich, da der Gewinn die Existenz des Betriebes sichert. Dieses Ziel ist eng verknüpft mit der Erhaltung und dem Ausbau von Marktanteilen oder der Marktführerschaft. Jedoch zahlreiche Akteure, mit denen der Betrieb verbunden ist, wie Kapitalgeber, Managerinnen, Arbeitnehmer, Konsumentinnen, Kommunen, Zulieferer, tragen ebenfalls ihre Interessen an den Betrieb heran. Da Betriebe in diesem Spannungsfeld agieren, müssen die ökonomischen Ziele mit den sozialen und ökologischen Zielen in Einklang gebracht werden. Das ist nicht immer einfach.

> Betriebliche Ziele beschreiben einen zukünftigen Zustand des Betriebes, den die zuständigen Entscheidungsträger anstreben sollen.

Der Traum vom eigenen Unternehmen

Viele Menschen träumen davon, ein eigenes Unternehmen zu haben und eigene Ideen umzusetzen. Jedoch nicht alle Menschen mit tollen Ideen gründen ein Unternehmen. Für die Geschäftsidee muss auch ein Markt vorhanden sein. Denn eine Unternehmensgründerin benötigt ausreichend Kapital, unternehmerische Fähigkeiten, unerschöpfliche Konsequenz, eine Begabung auf einem bestimmten Gebiet und nicht zuletzt den festen Entschluss, die Gründungsidee durchzusetzen. Aus den Erfahrungen vieler Betriebe sollten Ziele

• einen bestimmten Zielinhalt haben (z. B. Gewinn),
• ein angestrebtes Ausmaß haben (z. B. Umsatzsteigerung um 10 %),
• sich auf einen bestimmten Zeitraum beziehen,
• für die Mitarbeiter verständlich sein,
• von Mitarbeitern erreichbar sein,
• steuerbar sein,
• aufeinander abgestimmt sein,
• aktuell sein,
• akzeptiert werden (von den Mitarbeitern),
• überprüfbar sein.

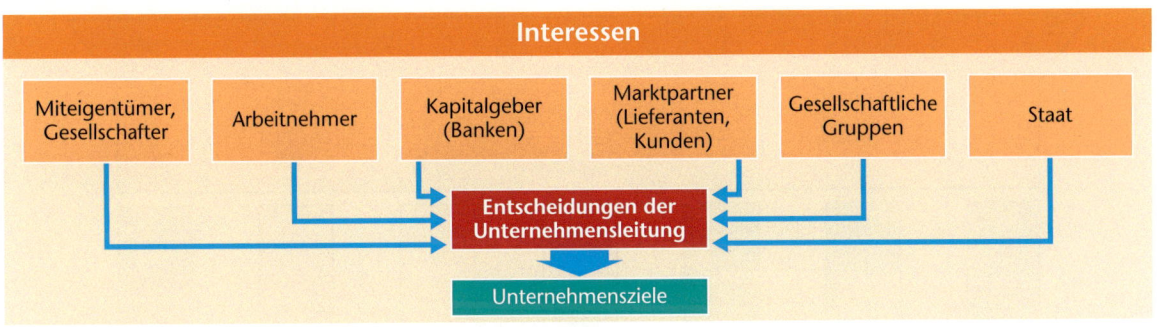

Unternehmensziele müssen verschiedene Interessen unter einen Hut bringen

Levi Strauss (1829–1902) *Aenne Burda (1909–2005)* *Margarete Steiff (1847–1909)* *Bill Gates (*1955)* *Coco Chanel (1883–1971)*

Unternehmerpersönlichkeiten

Unternehmensgründung

Eine Unternehmensgründung ist mit enormem Kraft-, Energie- und Zeitaufwand verbunden. Wer entschließt sich zu diesem gewagten Schritt? Drei Motive werden immer wieder genannt:

1. Die persönliche Herausforderung
Das persönliche Erleben eines ökonomischen oder sozialen Mangels scheint ein Kernmotiv für die Gründung eines Betriebes zu sein. Als unabhängige Unternehmerin oder unabhängiger Unternehmer besitzt man viel Gestaltungsspielraum, hat Macht und Kontrolle und kann seine Existenz selbst sichern. Allerdings ist man nicht frei von Sorge um das Unternehmen.

2. Anerkennung und Familientraditionen
Ein weiteres Motiv kann im tiefen Bedürfnis liegen, sich selbst und anderen etwas zu beweisen. Eine erfolgreiche Unternehmensgründung kann Aufmerksamkeit erregen. Familientraditionen spielen ebenfalls eine große Rolle.

3. Das richtige Gespür
Manche Menschen haben den berühmten Riecher für die richtige Idee und Entscheidung oder einfach Glück. Das Talent, die spezifische Marktnische erfolgreich zu bedienen, oder der besondere Geschäftssinn für Kundenbedürfnisse und Marktchancen machen eine erfolgreiche Gründerpersönlichkeit aus. Ohne betriebswirtschaftliche Kenntnisse geht es jedoch schief.

Für eine Unternehmensgründung muss man persönlich geeignet sein, eine entsprechende berufliche Qualifikation und betriebswirtschaftliche Kenntnisse besitzen.

1 Suche Beispiele von Betrieben mit langer Familientradition in deiner Region.

2 Welche persönlichen Eigenschaften sollte ein Unternehmensgründer besitzen? Werte eine Unternehmerbiografie aus.

E 3 Welche Konflikte können bei der Festlegung von Betriebszielen entstehen? Vgl. dazu die Grafiken links und rechts oben.

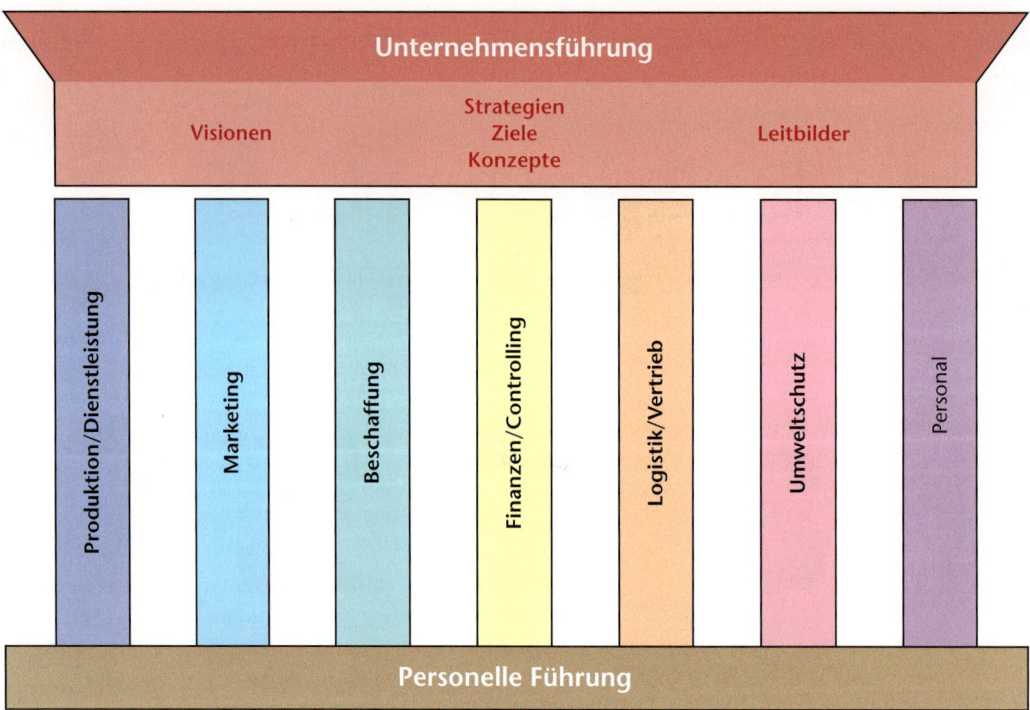

Elemente der Unternehmensführung

Unternehmensführung

Die Leitung eines Betriebes bedient sich vielfältiger Instrumente, um die betrieblichen Ziele zu erfüllen. Häufig werden dabei Schlagwörter wie Unternehmenskultur, Unternehmensleitbilder oder Corporate Identity verwendet.

> Normen, Wertvorstellungen und Denkweise eines Unternehmens, die das Erscheinungsbild der Mitarbeiter und des Unternehmens prägen, nennt man Unternehmenskultur.

Meist gar nicht richtig wahrgenommen, begegnet uns Unternehmenskultur täglich: Geht man in eine Bank, haben die Herren alle einen Anzug mit einer Krawatte an. Je höher man in einem Unternehmen aufsteigt, desto größer wird der Firmenwagen. Die Verkäuferin grüßt immer gleich freundlich und fragt, was sie für den Kunden tun kann. Diese Beispiele verdeutlichen unterschiedliche Merkmale von Unternehmenskultur.

> Ziel der Unternehmenskultur ist es, das Handeln des Betriebes in eine Richtung zu lenken.

In den letzten Jahren wurden dazu vermehrt Unternehmensleitbilder genutzt, die die Führungsspitze ausarbeitet, um den Mitarbeiterinnen und Mitarbeitern eine Orientierung zu bieten.

Die Schnelligkeit von gesellschaftlichen, technologischen und wirtschaftlichen Veränderungen erschwert es den Mitarbeiterinnen und Mitarbeitern, den Kurs und die Ziele ihres Unternehmens zu erkennen. Oft fehlt es auch an der Kommunikation zwischen Unternehmensleitung und Angestellten. In dieser Situation sinkt bei den Angestellten das Gefühl, einen nützlichen Beitrag zum Unternehmenserfolg zu leisten. Dies wirkt sich negativ auf ihre Motivation und Identifikation mit dem Unternehmen aus.

Unternehmensleitbilder sollen hier Abhilfe schaffen. Unternehmensleitbilder sind festgelegte Regeln, nach denen Betriebe handeln wollen.

Für unsere Mitarbeiter steht der Kunde im Mittelpunkt.

Wir garantieren Chancengleichheit für alle, ungeachtet von Geschlecht, Alter, Hautfarbe, Herkunft, Religion, Behinderung oder sexueller Orientierung.

Unsere Mitarbeiter haben eine hohe soziale Kompetenz und verstehen ihr Fachgebiet.

Alle Mitarbeiter handeln selbstständig und ergebnisorientiert mit hoher Verantwortung.

Wir wollen alle weiterkämpfen, um die Marktführerschaft in unserer Region zu stärken und zu festigen.

Bei allem, was unsere Führungskräfte tun, handeln sie als Vorbild.

Leitbilder eines Betriebes

Was können Leitbilder?

Unternehmensleitbilder stellen für die Zukunft einen wichtigen Bestandteil des unternehmerischen Erfolgs dar. Ein Unternehmensleitbild kann verschiedene Funktionen erfüllen und somit in verschiedener Hinsicht einen konkreten Nutzen für den Betrieb stiften:

Motivationsfunktion: Leitbilder spiegeln eine (positive) Vorstellung von der Zukunft des Unternehmens und seiner Umgebung wider. Die Motivation entsteht über eine gemeinsame Zielsetzung, wie sie im Leitbild formuliert ist.

Identifikation: Die Ausformulierung von Zielen, Werten und Aufgaben schafft für Mitarbeiter und Kunden die Grundlage, sich mit dem Betrieb zu identifizieren. Je mehr sich die Beteiligten in die Entwicklung des Leitbildes einbezogen fühlen, desto größer ist dieser Effekt.

Abgrenzung/Profilierung: Über das Leitbild grenzt sich ein Unternehmens auf dem jeweiligen Markt von den Mitbewerbern ab. Die Besonderheiten und das individuelle Profil des Unternehmens werden für Außenstehende, insbesondere für die Kunden, deutlich.

Einheitsstiftung: Die Erarbeitung einer gemeinsamen, von allen getragenen Zielsetzung hilft, viele Konflikte von vornherein zu vermeiden. Man hat sich ja schließlich auf eine bestimmte Handlungslinie geeinigt (oder findet sie als neuer Mitarbeiter vor und akzeptiert sie). Dies verhindert, dass bestimmte Themen immer wieder aufs Neue diskutiert und geregelt werden müssen.

Orientierung: Sowohl den Inhabern eines Unternehmens als auch den Mitarbeiterinnen und Mitarbeitern geben Leitbilder Orientierung im alltäglichen Handeln. Aus ihnen lassen sich Normen für die tägliche Arbeit ableiten.

Unternehmensleitbilder sind ein Instrument der Unternehmensführung. Sie leisten einen Beitrag zur Sinnfindung des Unternehmens und erleichtern die Koordination im Unternehmen.

1 Was heißt „Corporate Identity"? Schlage nach.

2 Erläutere, wie sich vorhandene oder fehlende Motivation der Mitarbeiter/-innen auf den betrieblichen Erfolg auswirkt.

P 3 Entwickelt ein Leitbild für eure Schülerfirma oder für eure Schule. Nehmt dazu die Abbildung oben zu Hilfe.

4 Wähle ein dir bekanntes Unternehmen aus und beschreibe sein Leitbild.

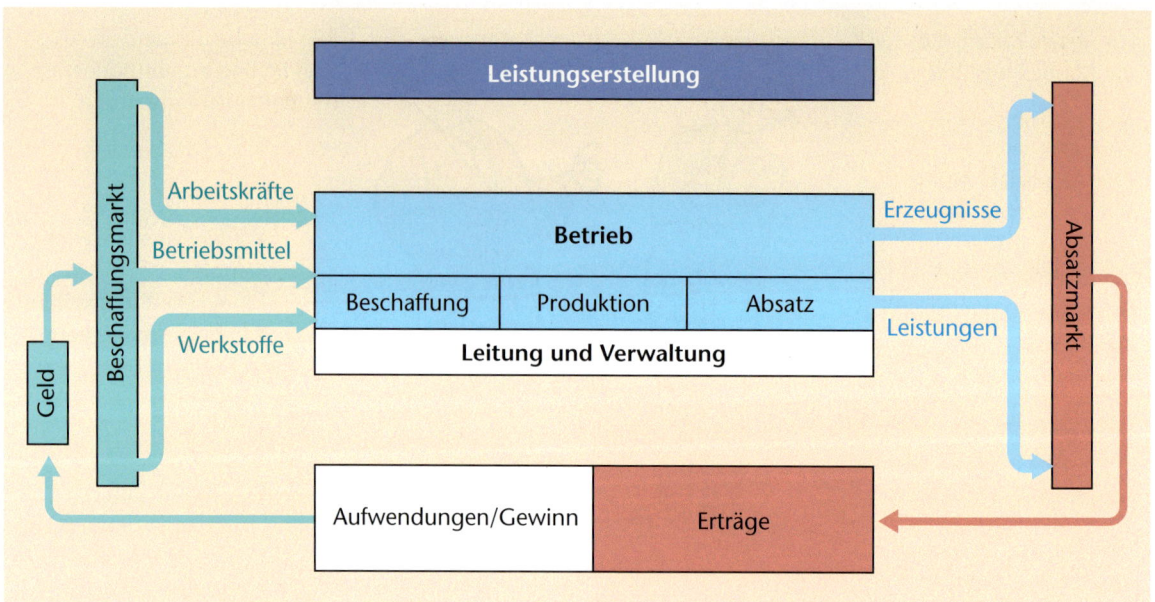

Betrieblicher Wertekreislauf

Den Erfolg eines Betriebes messen

Stellt euch vor, ihr schuftet Tag für Tag und am Ende des Monats ist trotzdem die Kasse leer. Nicht selten verlieren auch Geschäftsleute oder Betriebsinhaber den Überblick. Da wird zu viel und zu teuer Material eingekauft, das dann später nicht mehr benötigt wird. Auch werden teure Maschinen nicht ausgelastet, weil der Verkauf der hergestellten Produkte zurückgeht.
Wie kann man solche Situationen meistern? Wie behält man nun den Überblick?

Betriebliche Kennzahlen

Kennzahlen geben darüber Auskunft, ob die betrieblichen Produktionsfaktoren im betrieblichen Wertekreislauf richtig eingesetzt wurden. An den Zahlen erkennt man sehr schnell, wo Reserven im Betrieb vorhanden oder Verbesserungen notwendig sind, welche betrieblichen Ziele umgesetzt wurden und welche nicht. Daraus kann die Unternehmensleitung entsprechende Schlussfolgerungen ziehen. Betriebliche Kennzahlen bilden die Grundlage für die Entscheidungen der Unternehmensleitung.

Welche Kennzahlen gibt es?

Gewinn – wie viel hat der Betrieb verdient?

Wir erinnern uns: Um dauerhaft bestehen zu können, müssen Betriebe ökonomisch handeln und das Maximal- bzw. Minimalprinzip beachten. Der Gewinn ist nicht nur der „Lohn" des Unternehmers für die Inkaufnahme von Risiken. Der Gewinn ist auch die Voraussetzung für Investitionen, für die Weiterentwicklung der Produkte und Dienstleistungen und für die Existenzsicherung des Betriebes. Gewinn entsteht nur, wenn der am Markt erzielte Umsatz höher ist als die für die Produktion aufgewandten Kosten. Man berechnet den Gewinn, indem man von den erzielten Erlösen die Produktionskosten (Kosten für Löhne, Betriebsmittel und Werkstoffe) abzieht.

Rentabilität – hat sich der Einsatz gelohnt?

Um festzustellen, wie sehr sich der Produktionsaufwand gelohnt hat, berechnet der Unternehmer noch eine zweite Kennziffer, die Rentabilität. Er vergleicht dazu die Höhe des eingesetzten Kapitals mit dem erzielten Gewinn. Wenn er z. B. 1000 Euro für die Produktion einsetzt und einen Umsatz von 1100 Euro erzielt, dann beträgt sein Gewinn 100 Euro und die Rentabilität (Gewinn : Kapital) ein Zehntel, also 10 Prozent.

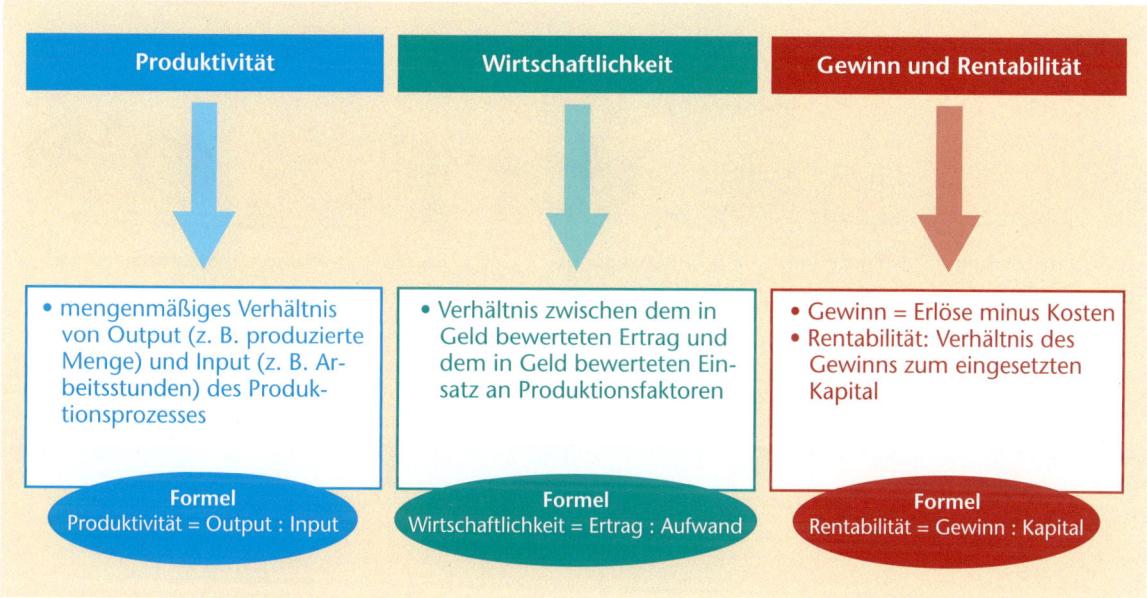

Produktivität	Wirtschaftlichkeit	Gewinn und Rentabilität
• mengenmäßiges Verhältnis von Output (z. B. produzierte Menge) und Input (z. B. Arbeitsstunden) des Produktionsprozesses	• Verhältnis zwischen dem in Geld bewerteten Ertrag und dem in Geld bewerteten Einsatz an Produktionsfaktoren	• Gewinn = Erlöse minus Kosten • Rentabilität: Verhältnis des Gewinns zum eingesetzten Kapital
Formel Produktivität = Output : Input	**Formel** Wirtschaftlichkeit = Ertrag : Aufwand	**Formel** Rentabilität = Gewinn : Kapital

Übersicht über die betrieblichen Kennzahlen

Produktivität – welche Menge wurde produziert?

Ein Betrieb möchte seine produzierte Menge im Vergleich zum Einsatz der Produktionsfaktoren steigern. So versucht er z. B. mit neuen Maschinen oder neuen Arbeitsverfahren die Produktion zu beschleunigen. Die Produktivität wird im Verhältnis zu den einzelnen Produktionsfaktoren berechnet, z. B. wie viele Maschinen, wie viel Material, wie viele Arbeitsstunden sind nötig, um eine bestimmte Menge zu produzieren. Dabei werden unterschiedliche Perioden verglichen.

Die Produktivität dient auch als Argument bei Konflikten um Lohnerhöhung: Steigt die Produktivität, sollte der Gewinn auf alle dazu beitragenden Produktionsfaktoren umgerechnet werden.

Wirtschaftlichkeit – wurden die finanziellen Mittel effektiv eingesetzt?

Die Wirtschaftlichkeit hängt eng mit der Produktivität zusammen. Hier geht es jedoch nicht um die produzierte Menge, sondern um das dazu eingesetzte Geld. Ein Betrieb bemüht sich, mit dem Einsatz vorhandener finanzieller Mittel ein Maximum an Erlösen zu erwirtschaften. Dazu spart er z. B. Arbeitskräfte ein oder verwendet ergiebigere oder billigere Rohstoffe, um die Kosten zu senken. Wenn die Erträge höher als die Aufwendungen sind, arbeitet ein Betrieb wirtschaftlich.

> Den Erfolg eines Betriebes können wir anhand betrieblicher Kennzahlen messen. Dazu gehören Arbeitsproduktivität, Wirtschaftlichkeit und Rentabilität.

1 Es ist kompliziert, eine Arbeitsproduktivität beim Lernen in der Schule oder bei der Hausarbeit zu ermitteln. Begründe diese Aussage.

2 Du hast das Minimal- und Maximalprinzip am Beispiel des privaten Haushalts kennengelernt. Übertrage das ökonomische Prinzip auf den Betrieb und erläutere es!

3 Begründe, warum es wichtig ist, alle Kosten, die in einem Betrieb anfallen, und alle Leistungen, die ein Betrieb erarbeitet, genau zu erfassen.

E 4 Eine weitere Kennzahl ist die Materialproduktivität. Erkläre sie an einem Beispiel!

Selbstfinanzierung z. B. aus Gewinnen	Finanzierung durch Vermögensumschichtung, z. B. Vermietung oder Verkauf von firmeneigenen Immobilien	Beteiligungsfinanzierung, z. B. durch den Verkauf von Aktien	Kreditfinanzierung durch Kredite von Banken	Staatliche Subventionen, z. B. zur Förderung bestimmter Wirtschaftszweige
Innenfinanzierung		Außenfinanzierung		

Wege, eine Firma zu finanzieren

Einen Betrieb finanzieren

Beschaffung von Kapital

Egal, ob kleine oder große Betriebe, Schülerfirmen oder Einzelunternehmer, sie alle brauchen Geld für ihre Produktionsfaktoren. Schließlich will jeder Betriebsmitarbeiter und jede Betriebsmitarbeiterin seinen bzw. ihren Lohn. Auch Werkstoffe und Geräte müssen neu angeschafft, repariert oder ersetzt werden.

Hat das Unternehmen genug Gewinn erwirtschaftet, sind Betriebe nicht auf Banken, Gesellschafter oder Sponsoren angewiesen. Die meisten Unternehmen brauchen aber Kapitalgeber, um Geld für kurzfristige und mittelfristige Finanzierungsentscheidungen zur Verfügung zu haben.

Auch der Staat unterstützt Betriebe durch Finanzierungshilfen. Diese Subventionen sind finanzielle Förderungen und Anreize, die beispielsweise bei der Erforschung und Einführung umweltfreundlicher Technologien, im ökologischen Landbau oder beim Einsatz alternativer Energiequellen vergeben werden.

> Mit Finanzierung meint man die Beschaffung von Kapital, das zur Erfüllung von privaten Bedürfnissen oder zur Produktion in Unternehmen benötigt wird.

Verwendung und Verwaltung von Kapital

Die betriebliche Finanzwirtschaft hat neben der Kapitalbeschaffung noch zwei weitere Aufgaben zu erfüllen. Erstens: Das beschaffte Kapital muss richtig verwendet werden.

> Die Kapitalverwendung bezeichnet man als Investition.

Investiert wird in neue Anlagen, Werkzeuge oder Betriebsmittel wie Gebäude und Fahrzeuge, um die Produktionsbedingungen zu verbessern und den Gewinn zu steigern.

Zweitens: Das beschaffte Kapital muss gut verwaltet werden. Die Kapitalverwaltung stellt sicher, dass das Unternehmen jederzeit zahlungsfähig ist, d. h. dass es beispielsweise die Rechnungen seiner Zulieferer pünktlich bezahlen kann. Die Zahlungsfähigkeit ist für die Aufrechterhaltung des Produktionsprozesses wichtig.

> Die Zahlungsfähigkeit eines Unternehmens nennt man auch Liquidität.

Es nützt einer Unternehmerin nichts, zu Beginn eines Geschäftsjahres eine hohe Liquidität zu haben, zum Ende jedoch keine Zahlungsmittel mehr bereitstellen zu können; Verzögerungen in der Produktherstellung sind die Folge.

I. Welchen Kapitalbedarf hat eine Schülerfirma?

a) Voraussetzungen klären, z. B.
- unentgeltliche Nutzung der Schulräume
- keine Kosten für Energie, Heizung, Wasser und Reinigung

b) Ausrüstungsbedarf prüfen:
1. Maschinen
2. Werkzeuge
3. Mess- und Prüfmittel
4. Ausrüstungen (ohne Maschinen)
5. Lagerausstattung
6. Ausstattung Verkaufsraum
7. Ausstattung „Büro" Schülerfirma (Computer, Telefon, Fax, Kasse, Büromöbel usw.)
8. Anschlüsse für Medien (Energie, Wasser, Abwasser, Zuluft, Abluft etc.)
9. Erstausstattung Material
10. Sonstiges

II. Wie soll der Kapitelbedarf gedeckt werden?

- Eigenmittel der Mitglieder der Schülerfirma (z. B. „Geschäftsanteile" in einer Summe von 500 €, Aufnahmegebühren in einen „e. V." in einer Höhe von 150 € = 50 Mitglieder à 3 €)
- Zuwendungen eines Schulfördervereins der Schule
- Spenden von natürlichen und juristischen Personen (z. B. von ehemaligen Schülern/Schülerinnen, von Lehrern/Lehrerinnen, von lokalen Handwerksbetrieben und Unternehmen, von Stiftungen)
- Sachspenden (z. B. Computer, Werkzeuge, Mess- und Prüfmittel, Büromöbel, Maschinen, sonstige Ausstattungsgegenstände)
- Geldspenden
- Fördermittel aus speziellen Projekten eines Bundeslandes, des Bundes, der EU

Überlegungen zur Finanzierung einer Schülerfirma (vgl. Netzwerk der Berliner Schülerfirmen: www.nebs.de)

Die Unternehmensführung muss die notwendige Liquidität stets im Blick haben und die Versorgung des Unternehmens mit Zahlungsmitteln sehr genau planen.

Finanzrisiken vermeiden

Der Betrieb haftet mit dem Eigenkapital. Hohes Eigenkapital bedeutet daher hohe Kreditwürdigkeit und hohe Sicherheit. Hohes Fremdkapital bedeutet demgegenüber eine ständige Belastung des Betriebes durch Zinsen und Rückzahlungen, was insbesondere in konjunkturell schlechten Zeiten bei sinkenden Umsätzen und Gewinnen zu steigender Unsicherheit führt.

Es gibt jedoch Instrumente, die dabei helfen, Finanzrisiken zu vermeiden: die exakte Finanzplanung, die Investitionsrechnung, die vollständige Finanzkontrolle und die Kennzahlen.

Doch ebenso wie der Unternehmer auf seine eigene Sicherheit bzw. die seines Unternehmens bedacht ist, suchen auch die Gläubiger, insbesondere die Banken, ihr geliehenes Kapital zu sichern, indem sie unter Umständen das Privatvermögen des Unternehmers zur Haftung mit heranziehen.

Unabhängigkeit – gibt's das?

Vollkommen unabhängig ist eine Unternehmerin nur dann, wenn sie ihr Unternehmen ganz oder überwiegend aus Eigenkapital finanzieren kann. Sobald fremde Kapitalgeber im Unternehmen nötig werden, entstehen nicht nur finanzielle Abhängigkeiten, sondern meist auch organisatorische oder unternehmerische. Der Grad der Abhängigkeit eines Unternehmens hängt vom Grad der finanziellen Beteiligung ab.

1 Erläutere, wozu eine Firma Kapital benötigt.

2 Erkläre die Begriffe „Investitionen" und „Subventionen". Finde Beispiele dazu.

3 Informiere dich über die Aufgaben einer Unternehmensberaterin. Befragt eine solche Expertn über die Ursachen von Unternehmenspleiten.

E P 4 Ihr wollt eine Fahrradwerkstatt eröffnen. Entwerft in Gruppen einen Finanzierungsplan. Nutzt dabei ein Tabellenkalkulationsprogramm.

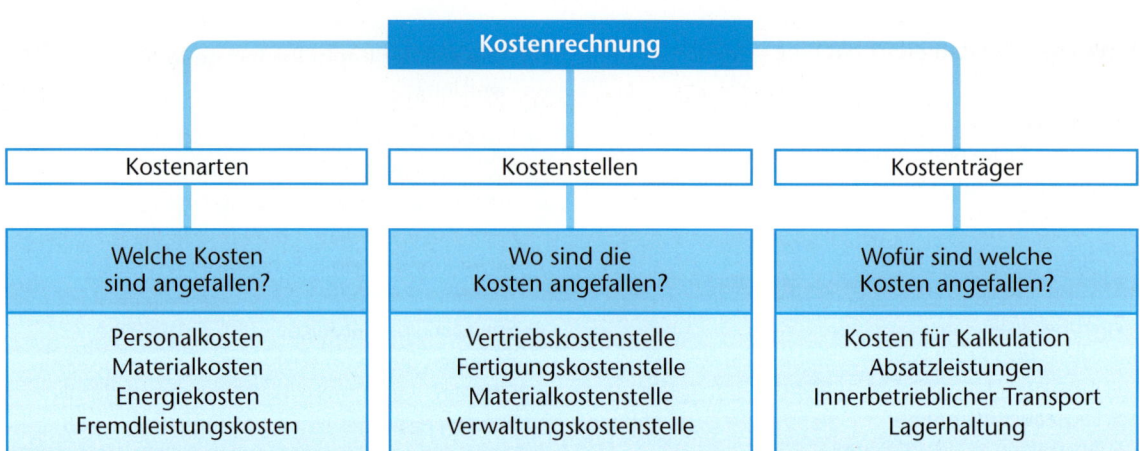

Teilbereiche der Kostenrechnung

Erfolgreiche Betriebe

Zur Beurteilung, ob ein Betrieb erfolgreich ist oder nicht, dient das betriebliche Rechnungswesen, das u. a. die Gewinn-und-Verlust-Rechnung aufstellt. Diese Informationen werden vom Unternehmen auch für die Kostenrechnung benötigt.

> Kosten entstehen durch die Bezahlung bzw. den Verbrauch der Produktionsfaktoren.

Kostenrechnung – Ergebnisbewertung und Entscheidungsfindung

Durch die Kostenrechnung (s. Abb.) wird der Erfolg des Unternehmens ermittelt und das Ergebnis festgestellt. Viele Entscheidungen werden auf dieser Grundlage erst möglich, z. B. die Bestimmung von Preisen für den Verkauf, die Festlegung von Preisobergrenzen für die Beschaffung, die Wahl des Produktionsverfahrens, die Entscheidung, etwas zu produzieren, zu mieten oder zu kaufen, die Einstellung einer Produktion, Schließung von Betriebsstellen oder Verlagerung von Standorten.

Das Rechnungswesen

Im Rechnungswesen werden alle Geschäftsvorgänge in einem Unternehmen erfasst, dokumentiert und kontrolliert. Eine ordnungsgemäße Buchführung ist unbedingt notwendig, will man die Übersicht behalten. Der Staat schreibt vor, dass die Unterlagen jederzeit nachprüfbar sein müssen. Sie werden auch zur Festsetzung von Steuern oder zur Prüfung der Kreditwürdigkeit herangezogen.

> Die Buchführung ist eine planmäßige und lückenlose Aufzeichnung aller Geschäftsvorgänge in einem bestimmten Zeitraum.

Was hat das Geschäftsjahr gebracht?

Am Ende eines Geschäftsjahres erstellt das Rechnungswesen den Jahresabschluss (s. Abb.). Der Jahresabschluss fasst das Ergebnis des Geschäftsjahres zusammen. Er besteht aus der Bilanz und der Gewinn-und-Verlust-Rechnung (GuV).
In der Bilanz werden auf der linken Seite die Vermögenswerte (Grundstücke, Gebäude, Maschinen usw.) eines Unternehmens (= Aktiva) in Geldsummen aufgelistet. Auf der rechten Seite wird das Kapital des Unternehmens (= Passiva) gegenübergestellt. Beide Seiten ergeben dieselbe Endsumme. Die Passivseite zeigt, woher das Geld stammt, und die Aktivseite zeigt, wie dieses Geld zu einem bestimmten Zeitpunkt investiert ist.
Die Gewinn-und-Verlust-Rechnung erfasst alle Aufwendungen und Erträge des Geschäftsjahres. Zu den Aufwendungen zählen Kosten für Material, Energie und Arbeit, Mieten und Steuern, Zinsen für Fremdkapital, Ausgaben für For-

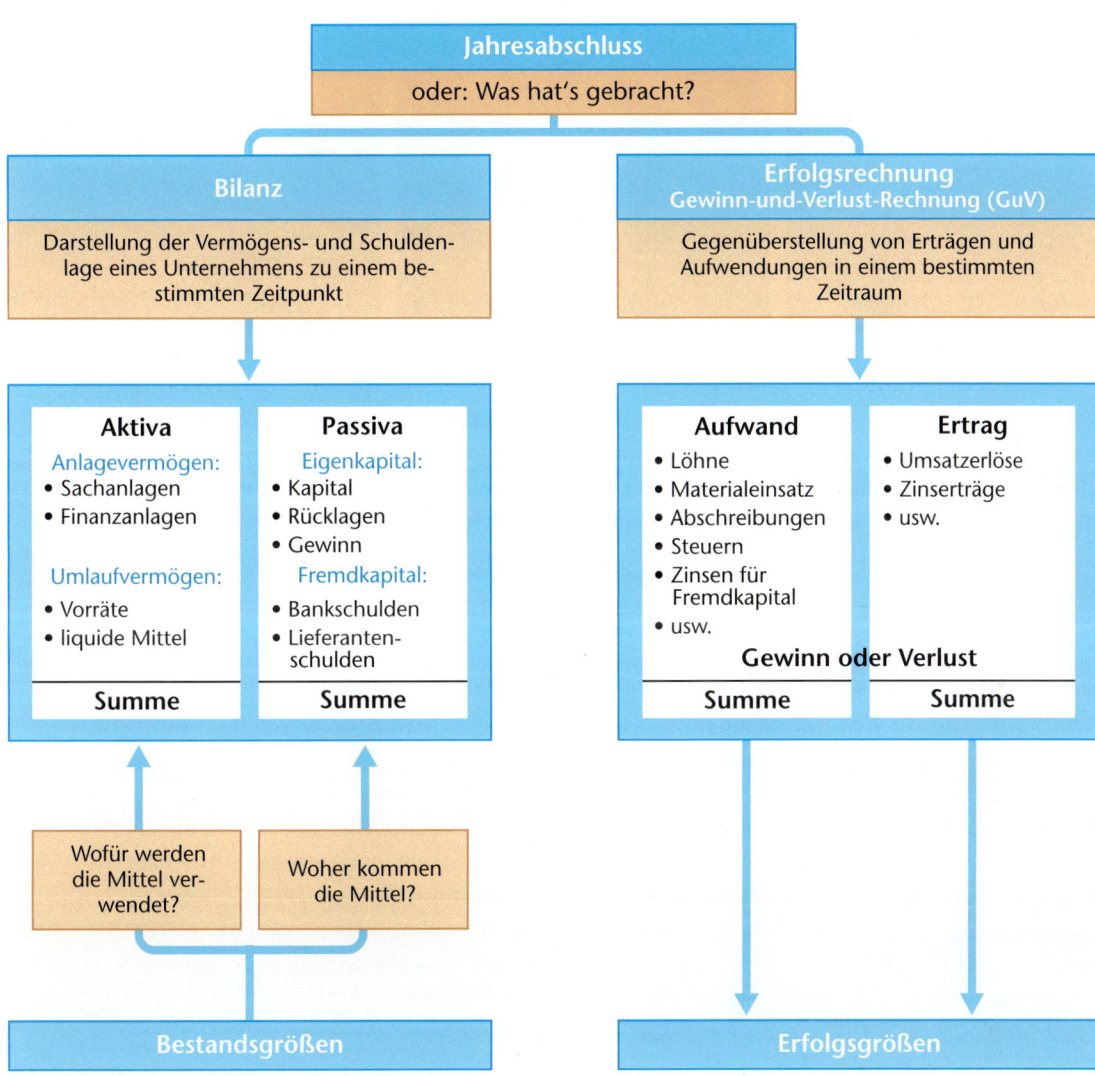

Den Erfolg eines Unternehmens ermitteln

schung und Entwicklung, Weiterbildung und Werbung.

Anschaffungskosten für Maschinen gehen nur mit einer Teilsumme in die Aufwendungen ein. Da Maschinen über Jahre genutzt werden können, werden ihre Kosten als schrittweise Wertminderung auf die Nutzungsjahre verteilt. Das nennt man Abschreibungen.

Den Kosten stehen Erträge gegenüber für die innerhalb einer Periode geschaffenen Produkte und Dienstleistungen. Dazu zählen auch Zinserträge für angelegtes Geld, Erlöse aus Vermietungen und Bankguthaben oder Unternehmensbeteiligungen sowie Subventionen und Geschenke.

Die Differenz zwischen Aufwand und Ertrag stellt den Erfolg bzw. den Gewinn oder Verlust des Unternehmens im Jahresabschluss dar.

Das Rechnungswesen in einem Betrieb muss ständig einen Überblick haben, wie viel Geld in das Unternehmen hinein- bzw. aus dem Unternehmen herausfließt.

1 Recherchiere Einzel- und Gemeinkosten, fixe und variable Kosten. Nenne Beispiele!

E 2 Erkundige dich über Berufe im Rechnungswesen und stelle sie der Klasse vor!

Der Betrieb als ökologisches System

Plastik vergiftet die Weltmeere
Forscher schlagen Alarm: Mikroskopisch kleine Plastikkügelchen vergiften die Ozeane – über die Nahrungskette können Chemikalien bis zum Menschen gelangen.

Gift auf Baumwollfeldern
Der Einsatz von Pestiziden verspricht eine größere Ernte und höhere Gewinne. Doch wer bezahlt die Folgekosten für Mensch und Umwelt?

Abholzen im Sekundentakt
Brasiliens Umweltministerin Marina Silva hat alarmierende Zahlen über die zunehmende Vernichtung des Regenwaldes im Amazonas präsentiert.

- Werden im Betrieb (Verwaltung/Produktion) Recyclingprodukte verwendet? Welche?
- Werden im Betrieb Lösungsmittel verarbeitet? Wenn ja, werden sie wieder aufbereitet?
- Welche Abfallstoffe fallen im Betrieb an? Wie werden sie entsorgt?
- Werden zur Produktion größere Wassermengen eingesetzt?
- Wo kann man Wasser einsparen? Wird das Abwasser gereinigt und mehrfach verwendet?
- Werden die Mitarbeiter/-innen über umweltfreundliches Verhalten informiert?
- Wie viel Geld investiert der Betrieb zur Reinhaltung der Umwelt?
- Welche Möglichkeiten gibt es, den Betrieb noch umweltfreundlicher zu gestalten?

Vorschlag für eine Öko-Checkliste

Ökologisches Handeln im Betrieb

Die Hauptaufgabe von Betrieben besteht in der Sicherung ihrer Rentabilität und Wettbewerbsfähigkeit, ohne die sie nicht existieren können. Daneben tragen sie jedoch auch eine gesellschaftliche Verantwortung: Sie müssen so wirtschaften, dass sie die Lebensgrundlagen der Gesellschaft nicht gefährden. Ein Chemieunternehmen, das sein Abwasser ungeklärt in den Fluss leitet, sodass Fische und Pflanzen sterben und das Trinkwasser belastet wird, haftet für diesen Schaden. Betrieblicher Umweltschutz reicht heute von der Verwendung umweltgerechter Stoffe über eine umweltgerechte Produktion bis zum Angebot umweltgerechter Entsorgung (Recycling).

Leitidee „Nachhaltigkeit"

In Rio de Janeiro einigten sich 1992 die Vertreter von über 170 Regierungen und vielen Nichtregierungsorganisationen auf ein Aktionsprogramm für das 21. Jahrhundert, die „Agenda 21". Agenda bedeutet wörtlich: „Was getan werden muss". Die Agenda enthält Handlungsaufträge zur Lösung globaler Probleme, u. a. Armutsbekämpfung, Bevölkerungspolitik, Umweltschutz. Die Agenda 21 ist dem Leitbild der nachhaltigen Entwicklung („sustainable development" = dauerhafte umweltgerechte Entwicklung) verpflichtet.

Nachhaltig ist eine Entwicklung, die die Lebenschancen künftiger Generationen nicht verschlechtert oder gefährdet.

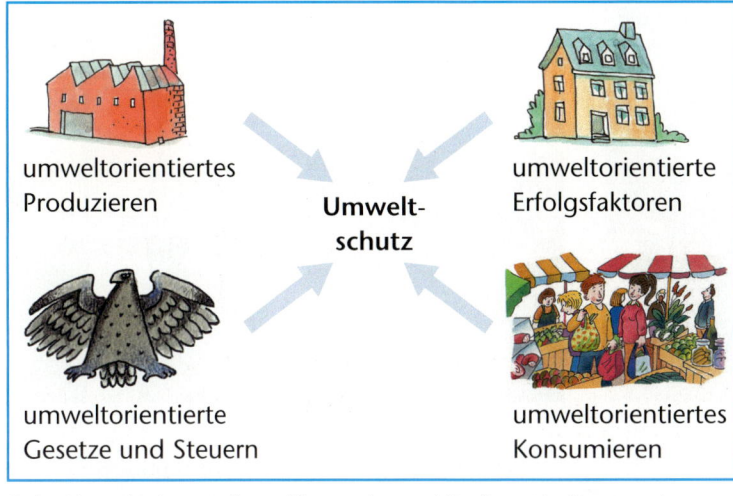

Beim Umweltschutz müssen Unternehmen, Wettbewerb, Staat und Verbraucher zusammenwirken

Kriterien für eine Ökobilanz

- Luftbelastung
- Wasserverbrauch, Wasserbelastung
- Energiebedarf
- Beeinflussung der Arbeitsumwelt, z. B. Lärm, Temperaturen
- Wiederverwendung, Weiterverwendung, Kompostierung

Die Umweltbelastung von Produkten prüfen

Umweltschutz im Betrieb – zu teuer?

Es gibt Betriebe, die Maßnahmen zum Umweltschutz ablehnen mit dem Argument, Umweltschutz erfordere hohe Investitionen, verteuere die Produkte und beeinträchtige damit die Wettbewerbschancen des Unternehmens am Markt. Der Umweltschutz erfordert Anstrengungen, bietet dem Betrieb aber auch Vorteile:

- Die Maßnahmen zum Arbeitsschutz (z. B. Lärmschutz, Klimaanlage) bewirken, dass die Mitarbeiter/-innen seltener krank werden.
- Wenn Betriebsabläufe besser organisiert sind, verringern sich die Produktionskosten.
- Betriebe, die Maßnahmen zum Umweltschutz einführen, erhalten steuerliche Vorteile.
- Kunden achten zunehmend auf Umweltschutz und bevorzugen umweltgerechte Produkte.

Umweltorientierte Betriebe prüfen die Auswirkungen von Produkten und Dienstleitungen auf die Umwelt. Sie betrachten dabei den gesamten Herstellungsprozess inklusive Rohstoffe, Verpackung, Transport und Entsorgung. Ziel ist es, den Produktionsprozess so zu organisieren, dass die Umwelt dabei möglichst wenig belastet wird.

> Mit der Ökobilanz versucht man, die Umweltbelastung eines Produktes von der Herstellung bis zum Recycling zu betrachten.

Mit Umweltschutz werben

Unternehmen, die umweltorientiert produzieren, können ihr Umwelthandeln von unabhängigen Stellen überprüfen und bewerten lassen, um ein Gütesiegel zu bekommen, mit dem sie werben können. So ein Siegel ist z. B. das Öko-Audit (EMAS = „Eco-Management and Audit Scheme"). Betriebe, die sich darum bewerben, müssen eine Umweltprüfung durchlaufen und sich zu bestimmten Zielen und Maßnahmen verpflichten, die regelmäßig von Gutachtern überprüft werden.

1 Kann ein Betrieb durch ökologisches Handeln Kosten einsparen? Diskutiert!

2 Erkläre, warum es Ökosiegel gibt. Sammle sie und präsentiere sie der Klasse.

3 Umweltgerecht hergestellte Produkte sind oft teurer als andere. Nenne Gründe!

4 Nenne Betriebe, die in eurer Region mit ökologischen Produkten werben. Welche Produkte sind es?

E 5 Erarbeitet eine Ökobilanz für euer Freizeitverhalten. Welche Ein- und Ausgangsgrößen müsst ihr erfassen? Erarbeitet Vorschläge, wie ihr eure Ergebnisse für umweltbewusstes Handeln nutzen könnt.

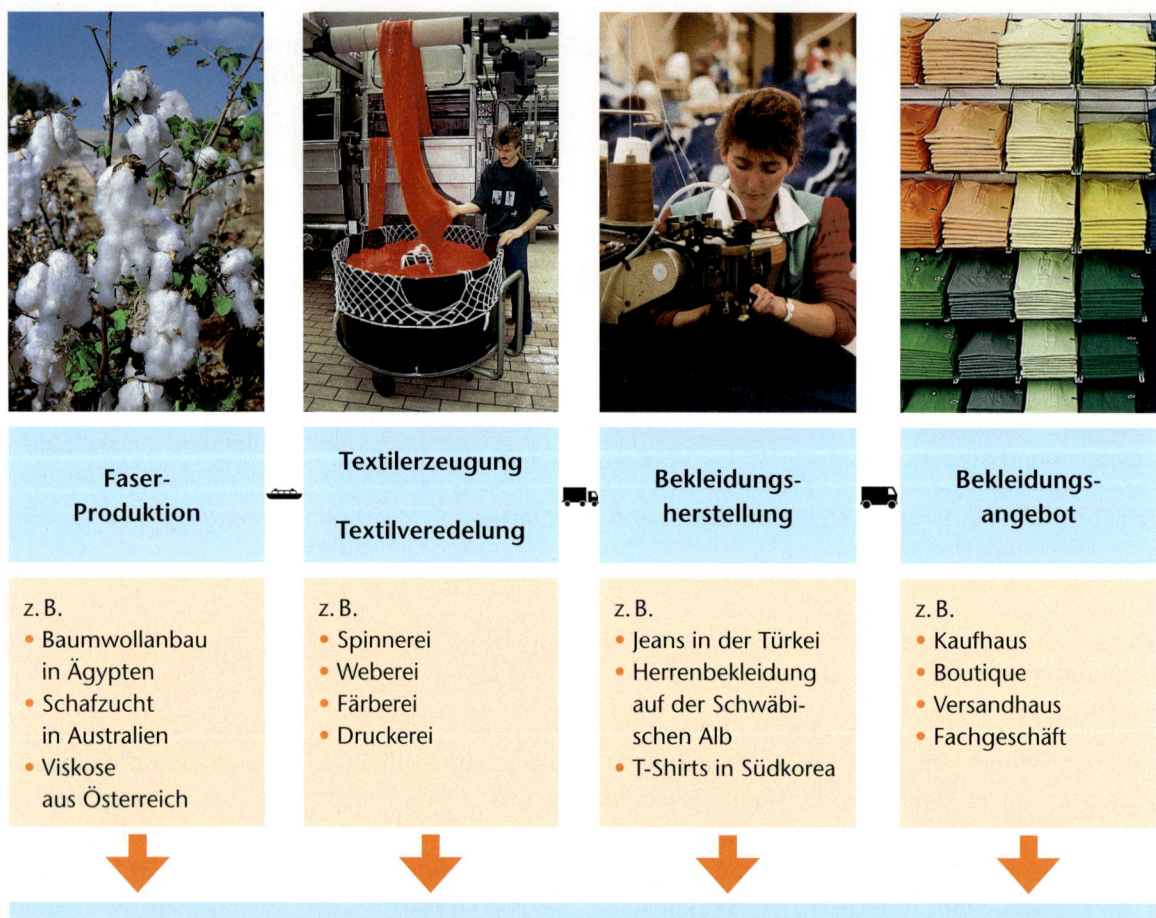

Faser- Produktion	Textilerzeugung Textilveredelung	Bekleidungs- herstellung	Bekleidungs- angebot
z. B. • Baumwollanbau in Ägypten • Schafzucht in Australien • Viskose aus Österreich	z. B. • Spinnerei • Weberei • Färberei • Druckerei	z. B. • Jeans in der Türkei • Herrenbekleidung auf der Schwäbi- schen Alb • T-Shirts in Südkorea	z. B. • Kaufhaus • Boutique • Versandhaus • Fachgeschäft

Belastung der Umwelt durch Abwasser, Abluft, Verbrauch an Boden, Abfall

Der Weg unserer Kleidung – die textile Kette

Der Produktlebenszyklus

Alle von Menschen in einem Produktionsprozess gefertigten Sachgüter unterliegen einem Lebenszyklus. Dieser besteht aus drei aufeinanderfolgenden Phasen. Nehmen wir z. B. ein T-Shirt:

1. Design- oder Entwicklungsphase (Entwurf)
2. Realisierungsphase (Herstellung)
3. Nutzungsphase (Kaufen, Tragen, Entsorgen)

Die textile Kette

Verfolgen wir nun den Lebensweg eines einfachen T-Shirts: Die Baumwollfasern, die in den USA geerntet werden, kommen zum Spinnen, Weben und Veredeln nach Deutschland und werden anschließend zur Konfektionierung nach Tune-

sien transportiert. Die fertigen Kleidungsstücke werden zum Verkauf wieder nach Deutschland geflogen. Bis dieses T-Shirt bei uns auf den Ladentisch kommt, hat es bereits rund 19 000 km zurückgelegt.

Die Herstellung eines Textils inklusive der aufwändigen Textilveredelung verbraucht nur rund die Hälfte der Energiemenge, die für den Transport mit dem Flugzeug benötigt wird. Modische Kleidungsstücke werden mit dem Flugzeug transportiert, um die aktuelle Modewelle nicht zu verpassen.

Mittlerweile werden etwa 80 % unserer Textilien im Ausland hergestellt, in Tunesien arbeiten 16 500 Beschäftigte für die deutschen Modemacher/-innen, aber auch in Marokko, der Türkei und China wird für uns Kleidung produziert.

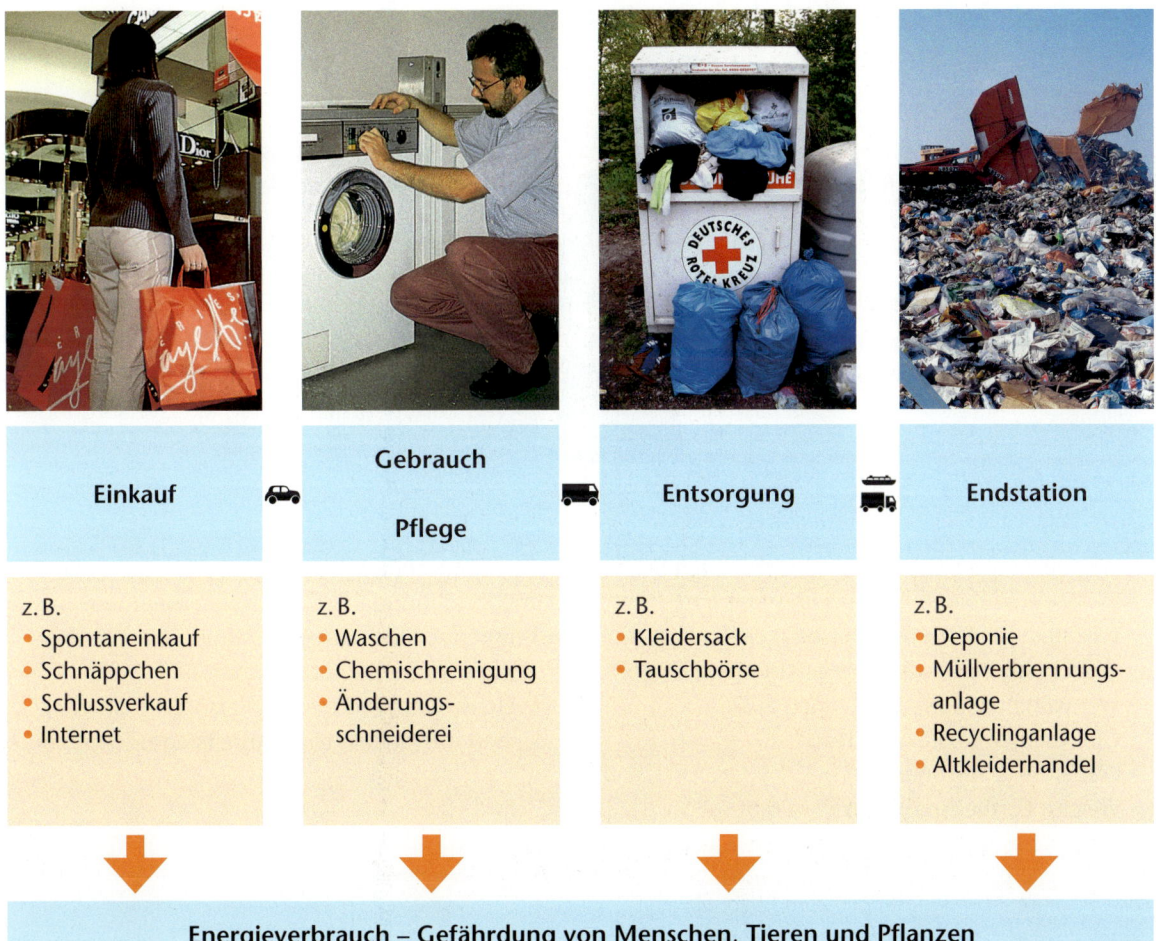

Einkauf		Gebrauch / Pflege		Entsorgung		Endstation

z. B.	z. B.	z. B.	z. B.

• Spontaneinkauf
• Schnäppchen
• Schlussverkauf
• Internet
	• Waschen
	• Chemischreinigung
	• Änderungs-
	  schneiderei
		• Kleidersack
		• Tauschbörse
			• Deponie
			• Müllverbrennungs-
			  anlage
			• Recyclinganlage
			• Altkleiderhandel

Energieverbrauch – Gefährdung von Menschen, Tieren und Pflanzen

Auswirkungen auf die Umwelt

Die Näherinnen in der fernöstlichen Textilindustrie arbeiten im Akkord, sechs Tage die Woche und nicht selten zwölf Stunden am Tag. Auf Umwelt- und Arbeitsschutz wird in den meisten Niedriglohnländern nicht geachtet. Schädliche Chemikalien verseuchen Boden, Luft und Trinkwasser. Die Menschen, die dort arbeiten müssen, leiden häufig an Allergien. Die Sterblichkeitsrate im jungen Alter ist sehr hoch. Folgeschäden für die Kinder bleiben nicht aus. In Deutschland hingegen ist die Zahl der Beschäftigten in der Textil- und Bekleidungsindustrie stetig zurückgegangen. Dies leuchtet aus Sicht der Bekleidungshersteller ein, bedenkt man, dass mit dem Lohn einer Arbeitskraft in Deutschland etwa zehn Arbeitskräfte in der Türkei und sogar 15 Arbeitskräfte in eini-

gen asiatischen Ländern bezahlt werden können. Auch hohe Transportkosten wiegen diese Differenz nicht auf.

1 a) Benenne mögliche Umweltbelastungen für jede Stufe der textilen Kette. b) Welche kann der Verbraucher vermeiden?

2 Weltweit müssen Millionen Kinder arbeiten. Recherchiere die Folgen für die Kinder. Was können wir dagegen tun? (Tipp: www.aktiv-gegen-Kinderarbeit.de)

E 3 Bei der Herstellung einer Jeans werden ca. 35 Kilogramm Material und 8000 Liter Wasser verbraucht. Recherchiere, wodurch dieser hohe Verbrauch entsteht.

Der Betrieb als soziales System

Personaleinsatz
- Wo arbeitet wer?
- Wer vertritt welchen Mitarbeiter/ welche Mitarbeiterin?

Personalverwaltung
- Welche Personaldaten werden in die Personalakte eingetragen?
- Wer stellt Zeugnisse aus?

Personalbeschaffung
- Wer führt Personalausschreibungen innerhalb und außerhalb des Betriebes durch?

Personalbetreuung
- Wer führt die Lohn- und Gehaltsabrechnungen durch?
- Wer ist für die betriebliche Aus- und Weiterbildung verantwortlich?
- Wer kümmert sich um die Altersversorgung?

Die Personalabteilung

- Wie viele Mitarbeiter/-innen beschäftigen Sie?
- Wie viele Azubis stellen Sie jedes Jahr ein?
- Wer stellt bei Ihnen das Personal ein?
- Woher bekommen Sie Ihre Mitarbeiter/-innen?
- Wer wählt die Bewerber/-innen aus?
- Gibt es auch Einstellungstests?
- Was ist eine Personalakte?
- Welche Aufstiegsmöglichkeiten gibt es?
- Gibt es besondere Sozialleistungen wie z. B.

Betriebsausflüge, Mitarbeiterverpflegung, Betriebswohnungen in Ihrem Unternehmen?
- Werden Azubis nach Beendigung ihrer Ausbildung vom Betrieb übernommen?
- Welche Aufgaben erfüllen Personalmitarbeiter/-innen im Verlaufe eines Arbeitstages?

Vorschläge für Erkundungsfragen zum Personalwesen

Personalpolitik – mehr als nur verwalten

Unter betrieblicher Personalwirtschaft werden alle Aufgaben verstanden, die im Zuge der Betreuung des Produktionsfaktors Arbeit anfallen. Arbeit und damit Personal ist gleichzeitig:

- Leistungsträger (verrichtet Arbeit),
- Kostenfaktor (wird entlohnt),
- eigenständiges Individuum (bringt eigene Ziele in das Unternehmen ein),
- Entscheidungsträger,
- Koalitionspartner verschiedener Gruppen innerhalb und außerhalb des Unternehmens (z. B. Berufsgruppen, Familie, Verein), die sein Verhalten prägen.

Es ist deshalb unabdingbar, in jede Entscheidung der Unternehmensleitung personelle Aspekte einzubeziehen, denn die Mitarbeiterinnen und

Mitarbeiter sollen schließlich die gefällten Entscheidungen umsetzen. Das erfolgreiche Unternehmen wird heute durch die Fähigkeit geprägt, qualifizierte Mitarbeiterinnen und Mitarbeiter an sich zu binden, ihre Ideen und Potenziale zu nutzen und sie in die Verantwortung zu nehmen.

> Der Personalbedarf eines Betriebes hängt von den Aufgaben ab, die in einem Betrieb erfüllt werden müssen.

Zur Personalbeschaffung werden verschiedene Möglichkeiten genutzt, beispielsweise

- innerbetriebliche Stellenausschreibungen,
- Mundpropaganda,
- die Ansprechpartner der Agenturen für Arbeit,
- außerbetriebliche Ausschreibungen wie Annoncen in der Zeitung oder auf der Homepage.

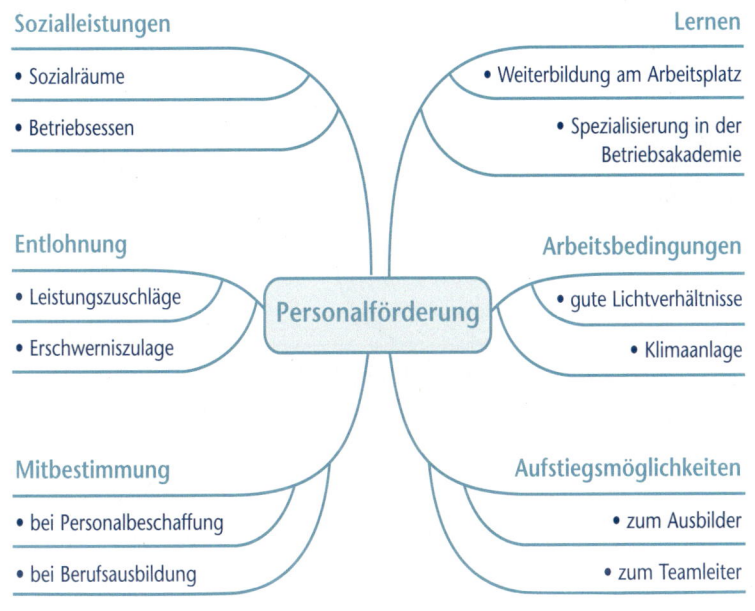

Von je 100 Euro Bruttolohn/-gehalt entfielen im Jahr 2010 auf:	WEST einschließlich Berlin
Löhne und Gehälter inkl. Boni	75,10 Euro
bezahlter Urlaub	10,10
bezahlte Feiertage	4,00
Entgeltfortzahlung bei Krankheit	3,30
Weihnachtsgeld, Urlaubsgeld usw.	6,90
vermögenswirksame Leistungen	0,40
+	
Arbeitgeber-Sozial-versicherungsbeiträge	18,90
betriebliche Altersversorgung	5,60
sonstige Personalzusatzkosten	4,30
	= 128,80 Euro

Quelle: IW Köln, Statistisches Bundesamt

Förderung und Sozialleistungen für die Mitarbeiterinnen und Mitarbeiter

Arbeitskosten in der Industrie

In den meisten Fällen werden die Stellen zuerst innerhalb des Betriebes ausgeschrieben. Hier können sich die Mitarbeiter oder deren Angehörige auf eine freie Stelle bewerben. Oft wird jedoch auch eine Annonce in die Tageszeitung gesetzt. Die Personalleiterin muss die eingereichten Unterlagen sorgfältig auswerten, um den am besten geeigneten Bewerber für die Stelle zu finden.

> Betriebe stellen Arbeitskräfte ein nach einer gründlichen Auswertung
> - der ärztlichen Untersuchungen,
> - der Bewerbungsunterlagen,
> - des Vorstellungsgesprächs und auch der Einstellungstests.

Mit den Neueingestellten wird meist eine Probezeit vereinbart, in der beide Seiten ohne Angabe von Gründen kündigen können.

Personalpflege und Personalentwicklung

Die Personalabteilung muss sich aber auch um die vorhandenen Arbeitskräfte kümmern. Wenn sich die Mitarbeiter wohlfühlen und ein gutes Betriebsklima herrscht, wird gut gearbeitet. Personalpflege heißt, eine gute Arbeitsatmosphäre zu schaffen. Viele Betriebe bieten deshalb freiwillige Sozialleistungen an: Betriebsausflüge, Weihnachtsfeiern, Zuschüsse zu Verpflegungs- und Fahrtkosten. Diese Kosten lohnen sich.

Ein Betrieb profitiert von seinen Angestellten, wenn er sie fördert und sinnvoll einsetzt. Besonders junge Leute brauchen Aufstiegsmöglichkeiten. Das nennt man „Personalentwicklung".

> Ziel der Personalentwicklung ist es, die Mitarbeiter nach ihren Fähigkeiten einzusetzen und zu fördern, sodass sie zum größtmöglichen Erfolg des Betriebes beitragen.

1 Ein neuer Supermarkt wird eröffnet. Welche Arbeitskräfte (mit welchen Berufen) müssen beschafft werden? Überlege.

E 2 Der Personalbedarf hängt von den Aufgaben und Zielen des Betriebes ab. Vergleiche zwei Betriebe, die du kennst.

3 Warum geben Betriebe Geld für freiwillige Sozialleistungen aus? Begründe.

„Seit über einem Jahr vergammeln im Lager Ersatzteile. Außerdem ist es dort sehr feucht und dunkel. Man muss richtig Angst haben, dort etwas zu erledigen. Wie können wir diese Situation verändern?“

„In den letzten zwei Jahren wurden keine Mädchen als Azubis eingestellt. Das muss sich ändern. In der Personalabteilung sitzen wohl nur Männer ...“

„In den letzten drei Wochen haben sich vier Azubis an der Drehmaschine verletzt. Ich bin der Meinung, dass die Azubis nicht richtig an der Maschine eingewiesen wurden. Wo liegen sonst die Ursachen?“

Die Jugend- und Auszubildendenvertretung (JAV) hat das Recht, beim Betriebsrat um Rat und Hilfe in allen Fragen der Berufsbildung zu bitten.

Aufgaben für die Jugend- und Auszubildendenvertretung

Konfliktregulierung, Interessenvertretung und Mitbestimmung

Mitbestimmung gibt es auch in der Schule. Ein Fallbeispiel aus einer aktuellen Diskussion:

Frau Otte: Linda, jetzt trinkst du schon wieder im Unterricht. Du weißt doch, dass du im Gebäude nicht trinken darfst.

Linda: Ich habe aber großen Durst.

Frau Otte: Du kannst doch wohl mal 45 Minuten ohne Trinken auskommen!

Linda: In der Fünfminutenpause konnte ich nicht trinken, weil wir den Raum gewechselt haben. Dann hätte ich erst auf den Schulhof gehen müssen und wäre zu spät zum Unterricht gekommen.

Frau Otte: Hausordnung ist Hausordnung. Daran müssen wir uns alle halten.

Jana: Das stimmt doch gar nicht. Bei Herrn Vogler dürfen wir auch im Unterricht trinken.

Linda: Das ist doch blöd. Bei einigen Lehrern dürfen wir trinken, bei anderen nicht. Ich weiß gar nicht mehr, wie ich mich verhalten soll.

Jana: Warum dürfen wir eigentlich nicht im Gebäude trinken?

Frau Otte: Die Klassenräume und Flure sind mit Teppichböden ausgelegt. Wenn ihr darauf eure Cola verschüttet, können wir die Teppichböden bald erneuern. Ihr wollt doch sicherlich in einer sauberen Schule unterrichtet werden?

Jana: Als wenn wir ständig Cola verschütten würden. Wir sind doch nicht mehr in der Grundschule.

Linda: Können wir denn nichts gegen die Hausordnung unternehmen? Ich kenne viele Schüler hier, die sich schon lange darüber aufregen. Wir haben doch eine Schülervertretung. Wofür ist die denn da?

Werden Konflikte nicht ausgeräumt, beeinträchtigen sie die Leistungsfähigkeit der Schülerinnen und Schüler und belasten das Klassenklima.

Betriebsklima und Mitbestimmung im Unternehmen

Auch in einem Unternehmen hat die Qualität der sozialen Beziehungen eine hohe Bedeutung für die Leistungsfähigkeit aller Beschäftigten.

Bei der Betriebserkundung spricht die Personalleiterin über das Betriebsklima. „Es ist gut…“, betont sie, „die Mitarbeiterinnen und Mitarbeiter fühlen sich wohl. Sie sind bei vielen Entscheidungen eingebunden.“

Die Arbeiter und Angestellten wählen eine Vertretung, den Betriebsrat. Dieser vertritt ihre Interessen bei der Betriebsleitung. Der Arbeitgeber muss den Betriebsrat informieren und anhören. Der Betriebsrat kann die Arbeitgeberin bzw. den Arbeitgeber beraten und darf bei bestimmten Entscheidungen mitwirken und mitbestimmen.

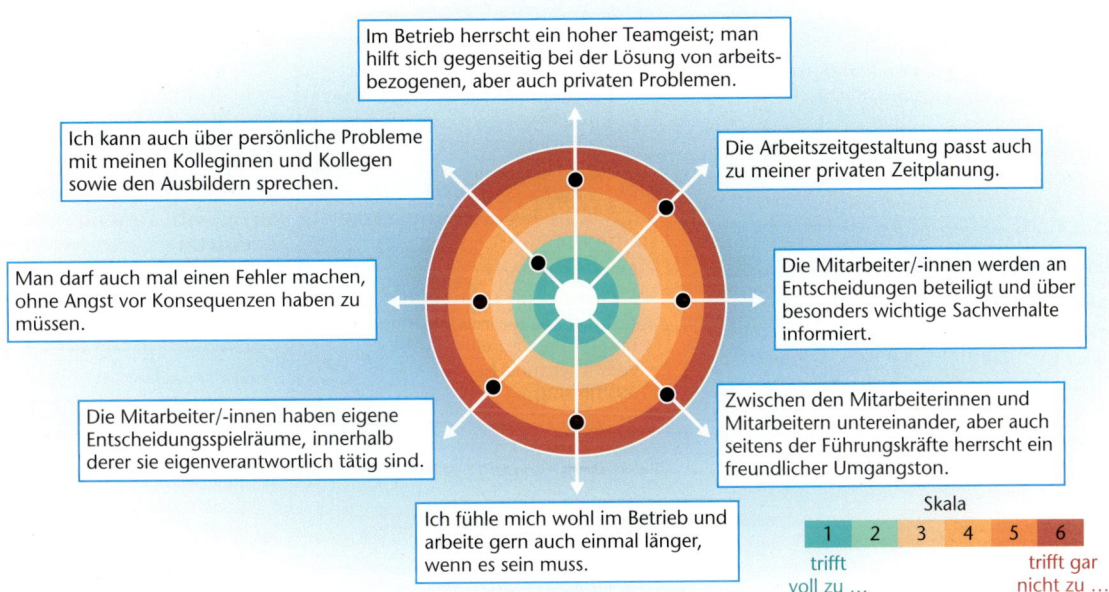

Im Betrieb herrscht ein hoher Teamgeist; man hilft sich gegenseitig bei der Lösung von arbeitsbezogenen, aber auch privaten Problemen.

Ich kann auch über persönliche Probleme mit meinen Kolleginnen und Kollegen sowie den Ausbildern sprechen.

Die Arbeitszeitgestaltung passt auch zu meiner privaten Zeitplanung.

Man darf auch mal einen Fehler machen, ohne Angst vor Konsequenzen haben zu müssen.

Die Mitarbeiter/-innen werden an Entscheidungen beteiligt und über besonders wichtige Sachverhalte informiert.

Die Mitarbeiter/-innen haben eigene Entscheidungsspielräume, innerhalb derer sie eigenverantwortlich tätig sind.

Zwischen den Mitarbeiterinnen und Mitarbeitern untereinander, aber auch seitens der Führungskräfte herrscht ein freundlicher Umgangston.

Ich fühle mich wohl im Betrieb und arbeite gern auch einmal länger, wenn es sein muss.

Skala

1	2	3	4	5	6

trifft voll zu …   trifft gar nicht zu …

Einschätzung des Betriebsklimas (Entscheidungsmatrix)

Der Betriebsrat

- überwacht die Vorschriften zu Arbeitsschutz und Sicherheit,
- leitet Beschwerden der Arbeitnehmer/-innen an die Verantwortlichen weiter,
- muss gehört werden, z. B. bei Kündigungen,
- kann beraten, z. B. bei der Arbeitsplatzgestaltung,
- muss zustimmen, z. B. bei Einstellungen,
- hat ein Mitbestimmungsrecht, z. B. bei der Lohngestaltung,
- unterstützt die Jugend- und Auszubildendenvertretung.

Der Betriebsrat ist eine Arbeitnehmervertretung. Seine Rechte und Pflichten sind im Betriebsverfassungsgesetz (BetrVG) geregelt.

Der Betriebsrat hat jedoch keine Mitsprache bei unternehmerischen Entscheidungen (z. B. Was wird produziert? Wie viel wird produziert? Wie hoch sollen die Preise sein?) und auch nicht bei der Führung des Betriebes.
Für die Belange der Auszubildenden gibt es in Betrieben, in denen mindestens fünf Jugendliche beschäftigt sind, eine Jugend- und Auszubildendenvertretung. An diese können sich Azubis wenden, wenn sie Probleme haben.

1 Lies das Streitgespräch noch einmal:
a) Informiere dich darüber, welche Möglichkeiten der Mitbestimmung die Schülervertretung hat. Fragt eure Schulleitung.
b) Erarbeitet in Gruppen Argumente für/gegen ein Trinkverbot im Schulgebäude.
c) Bereitet ein Rollenspiel vor: Schulkonferenz zum Thema „Trinkverbot". Besetzt dazu folgende Rollen: Schulleiter/-in, Vertreter von Eltern, Lehrern und Schülern.

2 Erläutere den Begriff Arbeitsschutz. Schlage im Arbeitsschutzgesetz nach.

E 3 Erläutere die Folgen, wenn es keine Interessenvertretungen der Arbeitnehmer/-innen und Arbeitgeber/-innen gäbe.

E 4 Entwickelt eine eigene Entscheidungsmatrix zum Thema „Unser Klassenklima" oder „Unser Schulklima".

Zeitlohn	Prämienlohn
Bezahlung nach geleisteten Arbeitsstunden (Monatslohn)	Bezahlung nach vorbildlicher Leistung (Qualitätsarbeit)

Leistungslohn	weitere Lohnformen
Bezahlung nach erbrachter Leistung (Stücklohn, Akkordlohn)	Bezahlung nach Erfolg (Honorar, Gage etc.)

Wonach bemisst sich der Lohn?

Unternehmensbezogene Merkmale
- Unternehmensgröße
- Branche
- Standort
- Ertragssituation

Äußere Merkmale
- Wirtschaftliche Lage
- Angebot und Nachfrage auf dem Arbeitsmarkt

Merkmale der Stellung innerhalb eines Unternehmens
- Art der Position
- Stellung in der Führungshierarchie
- Tätigkeitsdauer im Unternehmen und in der speziellen Position
- Verantwortung bei der Arbeitsausführung

Personenbezogene Merkmale
- Lebensalter
- Berufserfahrung
- Geschlecht
- Leistung
- Ausbildung

Wie kommt die Lohn- und Gehaltshöhe zustande?

Lohngerechtigkeit

Anforderungsgerechtigkeit	Leistungsgerechtigkeit	Bedingungsgerechtigkeit	Sozialgerechtigkeit
Für hohe geistige und körperliche Anforderungen bekommt der Arbeitnehmer mehr Lohn. Sind die Anforderungen nicht so hoch, fällt der Lohn niedriger aus.	Die Höhe des Lohns ist abhängig von der Arbeitsleistung des Arbeitnehmers.	Wird für gleiche oder ähnliche Arbeiten der gleiche Lohn gezahlt, müssen auch die Arbeitsbedingungen gleich sein (z. B. gleiche Werkzeuge oder moderne Maschinen).	Für gleiche Arbeitsaufgaben muss gleicher Lohn gezahlt werden.

Wann sind Löhne gerecht?

Lohn und Gehalt

Alle Erwerbstätigen, ob Arbeiterinnen, Angestellte oder Beamtinnen erhalten für ihre geleistete Arbeit ein Entgelt. Dieser Lohn oder dieses Gehalt bzw. bei Beamten die Besoldung sichert die eigene Existenz und ermöglicht Wohlstand.

In welche Lohngruppe jemand kommt, richtet sich nach der Einstufung seiner Tätigkeit. Die Lohnhöhe hängt nicht nur von der Qualifikation des Arbeitnehmers ab. In unterschiedlichen Betrieben kann die gleiche Arbeit unterschiedlich bezahlt werden. Allerdings erhalten zwei Personen, die die gleiche Arbeit im selben Betrieb verrichten, denselben Lohn. Eine Kfz-Meisterin und ein angelernter Facharbeiter, die beide am Fließband arbeiten, werden gleich bezahlt, obwohl die Kfz-Meisterin besser ausgebildet ist.

Die Höhe des Lohnes ist meist abhängig von der Arbeitszeit und der erbrachten Leistung.

Zusätzlich zu den verschiedenen Lohnformen, wie zum Beispiel Zeitlohn, Akkordlohn oder Prämienlohn, gibt es je nach Branche noch Zulagen und Zuschläge. Diese werden für besondere Gefahren am Arbeitsplatz, als Erschwerniszulage bei Schmutz und Lärm oder bei besonderen Arbeitszeiten, wie Sonntags- und Nachtarbeit, bezahlt.

Mindestlöhne

In den meisten europäischen Staaten, in den USA und in vielen anderen Ländern gibt es Mindestlöhne. Ihre Einführung wird in der Regel vom Staat durch ein Gesetz beschlossen. Ihre Höhe wird teils

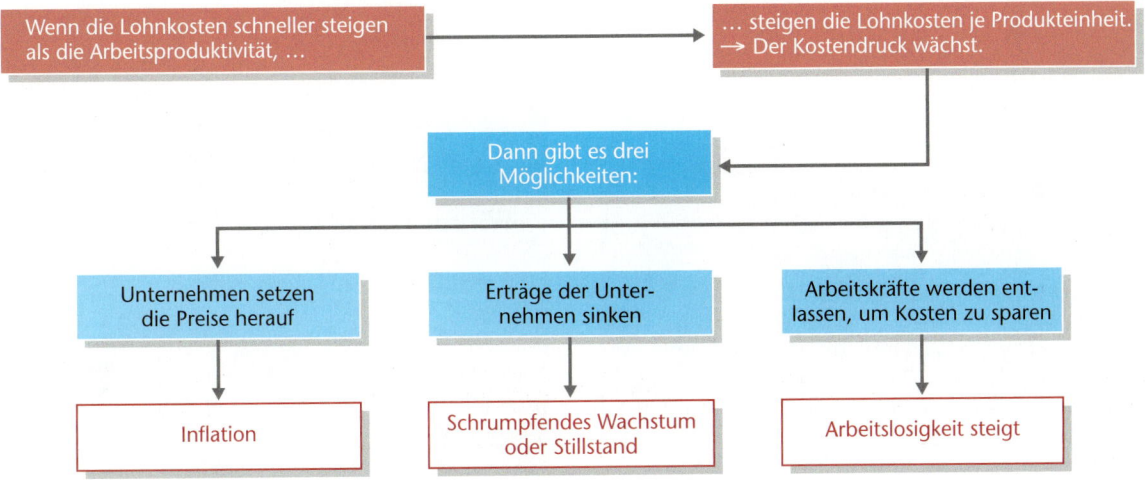

Das ABC der Lohnpolitik

durch die Regierung festgelegt, teils automatisch an die Lohn- und Preisentwicklung angepasst. Ziel der Mindestlöhne ist die Festsetzung eines angemessenen Einkommensniveaus. Um „Armut trotz Arbeit" zu verhindern, sollten Mindestlöhne z. B. 50 Prozent des durchschnittlichen Lohns eines Vollzeitbeschäftigten, nicht unterschreiten. Die Höhe der Mindestlöhne pro Stunde variiert in der EU zwischen 0,71 Euro (Bulgarien) und 10,16 Euro (Luxemburg) (Stand 2011).

> Mindestlöhne sind gesetzlich festgeschriebene Arbeitsentgelte, die Beschäftigten als Minimum zustehen.

Warum braucht auch Deutschland Mindestlöhne? Befürworter sagen zum Beispiel:

- Mindestlöhne verhindern Lohnarmut. Menschen sollen von ihrer Arbeit leben können.
- Mindestlöhne entlasten den Staatshaushalt. Die Unternehmen sollen für das Existenzminimum sorgen.
- Mindestlöhne schaffen würdige Arbeitsbedingungen, zeigen Respekt für getane Arbeit.
- Mindestlöhne schaffen fairen Wettbewerb.

Argumente der Kritiker lauten zum Beispiel:

- Wir brauchen keine Mindestlöhne, Deutschland ist eines der reichsten Länder der Erde.
- Mindestlöhne vernichten Arbeitsplätze.
- Ein geringes Einkommen basiert auf einer schlechten beruflichen Qualifikation.
- Niedrige Löhne entsprechen geringer Produktivität.

---

1 Was versteht man unter den Begriffen a) „Niedriglohnsektor"? b) „Schwarzarbeit"? Erkundige dich oder recherchiere.

2 Befragt eine Expertin zu Lohnunterschieden bei Männern und Frauen. Entwerft einen Interviewleitfragen (S. 31) dazu.

3 Recherchiere weitere Argumente zum Mindestlohn. Formuliere dann deinen eigenen Standpunkt und berichte der Klasse!

4 Erkläre den Begriff „Akkordlohn".

5 Frage deine Eltern, welche verschiedenen Lohnformen es an ihrem Arbeitsplatz gibt.

E 6 Warum erhält eine Arzthelferin ein festes Monatsgehalt und keinen Stundenlohn?

E 7 Was hat das „ABC der Lohnpolitik" (s. Grafik) mit Mindestlöhnen zu tun? Erkläre.

Der Streik (Ölgemälde-Ausschnitt von Robert Koehler 1886)

In der zweiten Hälfte des 19. Jahrhunderts schlossen sich die Arbeiter in Gewerkschaften zusammen, um gemeinsam für bessere Löhne, soziale Absicherung und bessere Arbeitsbedingungen zu kämpfen. Das gewaltlose Kampfmittel des Streiks traf die Unternehmer hart.

Streik der Angestellten der Charité Service CFM am Charité Krankenhaus, Berlin

Das Recht, Gewerkschaften zu bilden und zu streiken, ist seit 1918 ein demokratisches Grundrecht in Deutschland.

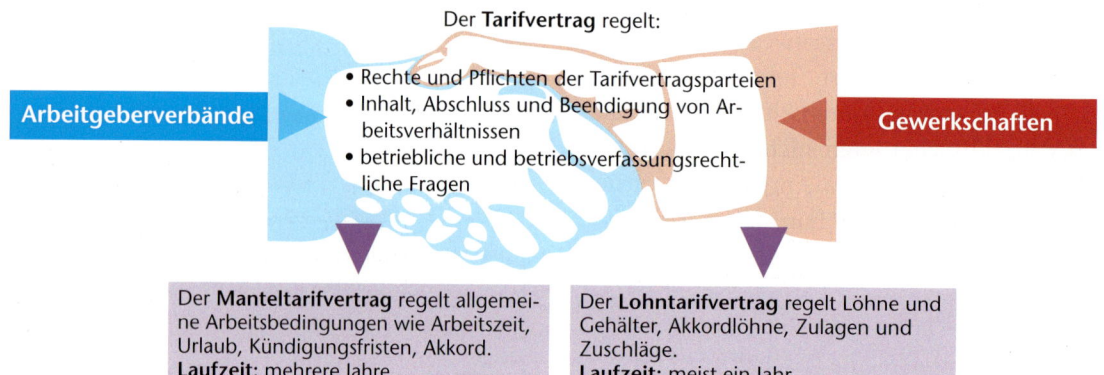

Der **Tarifvertrag** regelt:

Arbeitgeberverbände

- Rechte und Pflichten der Tarifvertragsparteien
- Inhalt, Abschluss und Beendigung von Arbeitsverhältnissen
- betriebliche und betriebsverfassungsrechtliche Fragen

Gewerkschaften

Der **Manteltarifvertrag** regelt allgemeine Arbeitsbedingungen wie Arbeitszeit, Urlaub, Kündigungsfristen, Akkord. **Laufzeit:** mehrere Jahre

Der **Lohntarifvertrag** regelt Löhne und Gehälter, Akkordlöhne, Zulagen und Zuschläge. **Laufzeit:** meist ein Jahr

Der Tarifvertrag

Tarifautonomie

Früher wurden Arbeitsverträge zwischen einzelnen Arbeitnehmern und Arbeitgebern ausgehandelt und mit einem Handschlag besiegelt. Heute gelten für die meisten Arbeitnehmer/-innen und Arbeitgeber/-innen sogenannte Tarifverträge.

> Tarif bedeutet die durch Vertrag festgelegte Höhe von Löhnen und Gehältern.

Arbeiter und Angestellte schlossen sich zu Gewerkschaften zusammen, um gemeinsam ihre Forderungen durchsetzen zu können. Da die Gewerkschaften immer mehr Macht bekamen, schlossen sich die Unternehmer zu Arbeitgeberverbänden zusammen. Das Recht der Arbeitnehmer/-innen und Arbeitgeber/-innen, sich zu Interessengemeinschaften zusammenzuschließen, ist im Grundgesetz verankert.

> Die Gewerkschaften sind die Interessenverbände der Arbeitnehmer/-innen, die Arbeitgeberverbände sind die Interessenverbände der Arbeitgeber/-innen. Sie werden als Tarifpartner bezeichnet.

Artikel 9
(Vereinigungsfreiheit)

(1) Alle Deutschen haben das Recht, Vereine und Gesellschaften zu bilden.

(3) Das Recht, zur Wahrung und Förderung der Arbeits- und Wirtschaftsbedingungen Vereinigungen zu bilden, ist für jedermann und für alle Berufe gewährleistet. (…) Maßnahmen (…) dürfen sich nicht gegen Arbeitskämpfe richten, die zur Wahrung und Förderung der Arbeits- und Wirtschaftsbedingungen von Vereinigungen im Sinne des Satzes 1 geführt werden.

Grundgesetz Artikel 9 (Auszug)

Auszug aus dem Tarifvertragsgesetz
(TVG)

§ 1 (1) Der Tarifvertrag regelt die Rechte und Pflichten der Tarifvertragsparteien und enthält Rechtsnormen, die den Inhalt, den Abschluss und die Beendigung von Arbeitsverhältnissen sowie betriebliche und betriebsverfassungsrechtliche Fragen ordnen können.

§ 2 (1) Tarifvertragsparteien sind Gewerkschaften, einzelne Arbeitgeber sowie Vereinigungen von Arbeitgebern.

§ 3 (1) Tarifgebunden sind die Mitglieder der Tarifvertragsparteien und der Arbeitgeber, der selbst Partei des Tarifvertrags ist.
(3) Die Tarifgebundenheit bleibt bestehen, bis der Tarifvertrag endet.

Tarifvertragsgesetz § 1–3 (Auszug)

Arbeitnehmer/-innen und Arbeitgeber/-innen handeln als Tarifpartner den Tarifvertrag aus. Hierbei geht es in erster Linie um Geld: Die Arbeitnehmerseite fordert höhere Löhne, um bei ständig steigenden Preisen den Lebensstandard zu halten bzw. zu verbessern. Die Arbeitgeberseite will höhere Löhne und Gehälter möglichst vermeiden, da sie höhere Produktionskosten zur Folge haben und die Gewinne verringern. Außerdem wird über Zulagen bei Schichtarbeit, bessere Arbeitsbedingungen, Unfall- oder Kündigungsschutz verhandelt. Arbeitgeber- und Arbeitnehmerseite haben aber auch gleiche Interessen, z. B. das Funktionieren des Betriebes.

Zur Lösung ihrer Interessenkonflikte müssen die Tarifpartner Vorschläge erarbeiten, die für beide Seiten akzeptabel sind. Der Kompromiss wird im Tarifvertrag festgehalten.

> Die Tarifpartner handeln selbstständig einen Tarifvertrag aus. Der Staat darf sich nicht einmischen. Das nennt man Tarifautonomie.

Jede Branche schließt eigene Tarifverträge für einen bestimmten Zeitraum und für eine bestimmte Region ab. In einem Lohn- und Gehaltstarifvertrag ist die Höhe des Lohns und der Ausbildungsvergütung festgelegt. Die Laufzeit beträgt meist ein bis zwei Jahre.

Da nicht alle Arbeitnehmer/-innen in Gewerkschaften organisiert sind, entscheiden die Unternehmen darüber, ob sie die mit der Gewerkschaft ausgehandelten Löhne und Gehälter auch den Angestellten zahlen, die nicht in der Gewerkschaft organisiert sind.

---

1 Erkläre, warum die Gewerkschaften von den Arbeitgebern mehr Lohn fordern.

2 Frage deine Eltern, ob und an welche Tarifverträge sie gebunden sind.

3 Welche Gewerkschaften wären für dich in deinem Wunschberuf zuständig? Recherchiere dazu im Internet.

4 Stelle in einer Tabelle Interessen der Arbeitgeber- und Arbeitnehmerseite gegenüber. Wo können Konflikte entstehen?

E 5 Vom Urlaub der Arbeitnehmer/-innen profitieren auch die Arbeitgeber/-innen. Begründe die These.

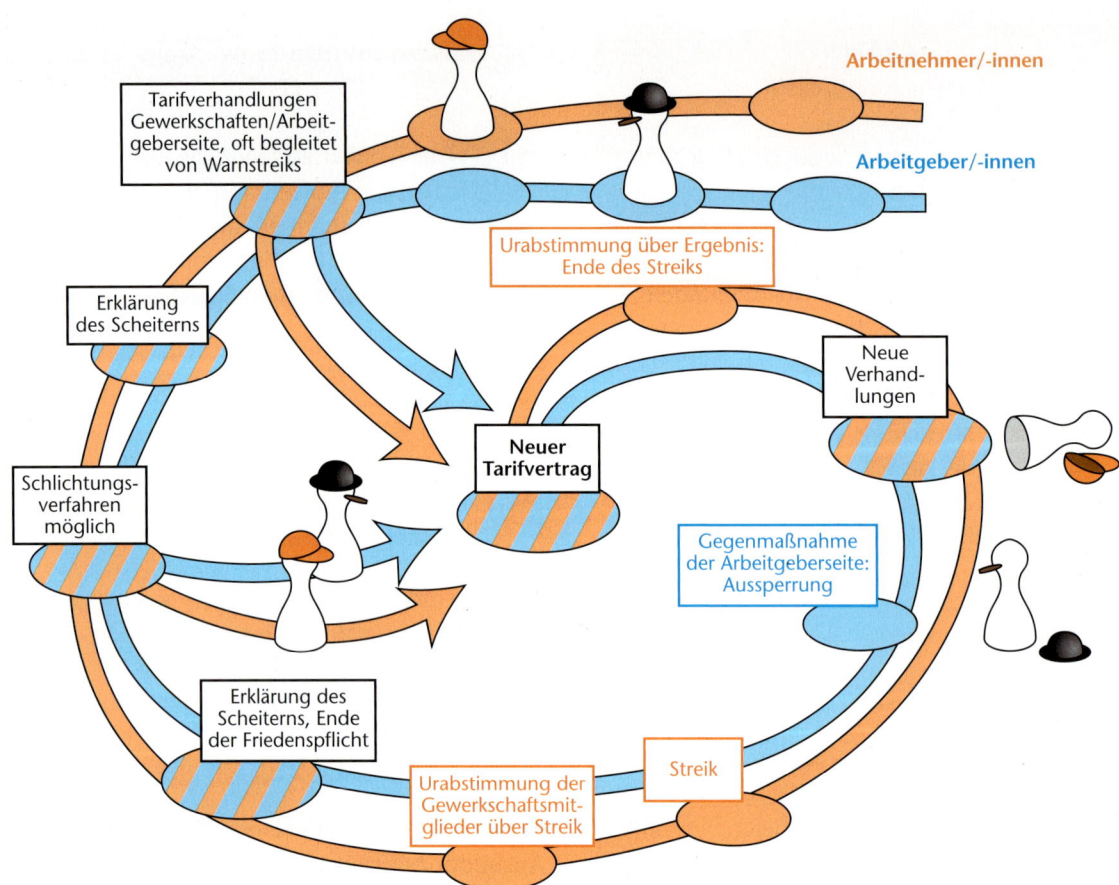

Arbeitnehmer/-innen

Arbeitgeber/-innen

Tarifverhandlungen Gewerkschaften/Arbeit-geberseite, oft begleitet von Warnstreiks

Urabstimmung über Ergebnis: Ende des Streiks

Erklärung des Scheiterns

Neue Verhand-lungen

Schlichtungs-verfahren möglich

Neuer Tarifvertrag

Gegenmaßnahme der Arbeitgeberseite: Aussperrung

Erklärung des Scheiterns, Ende der Friedenspflicht

Urabstimmung der Gewerkschaftsmit-glieder über Streik

Streik

Spielregeln für den Arbeitskampf

Tarifverhandlungen

Tarifverhandlungen verlaufen nach bestimmten Regeln. Das Ergebnis der Verhandlungen ist ein neuer Tarifvertrag. Er hat für beide Vertragspar-teien Vorteile: Solange der Tarifvertrag gilt, dür-fen keine neuen Forderungen gestellt werden. Das nennt man Friedenspflicht.

Oft sind die Gegensätze aber so groß, dass die Parteien sich nicht auf einen neuen Tarifvertrag einigen können. Dann führen die Arbeitneh-mer/-innen zunächst Warnstreiks durch. Wenn diese wirkungslos sind, beginnt der eigentliche Streik: Die Arbeitnehmer/-innen legen für einen bestimmten Zeitraum ihre Arbeit nieder. Der Streik wird von den Gewerkschaften organisiert und von den Gewerkschaftsmitgliedern durch eine Urabstimmung beschlossen. Während des Streiks erhalten die Streikenden keinen Lohn. Sie sind jedoch finanziell abgesichert, da ihnen ihre

Gewerkschaft Streikgeld bezahlt. Als Gegenmaß-nahme können die Arbeitgeber/-innen die Aus-sperrung anwenden: Sie schließen den Betrieb auch für diejenigen Arbeitnehmer/-innen, die arbeiten wollen. Beide Konfliktparteien bemü-hen sich, die Aussperrung zu vermeiden, denn der finanzielle Verlust ist für beide Seiten groß.

Streik und Aussperrung sind die Arbeits-kampfmaßnahmen der Arbeitnehmer/-innen und Arbeitgeber/-innen.

Können sich die Tarifpartner nicht einigen, kann ein Schlichter eingesetzt werden, den beide Sei-ten akzeptieren. Dabei handelt es sich meist um eine neutrale Person aus dem öffentlichen Leben, zum Beispiel eine Politikerin. Der Schlichter hat die Aufgabe, die Tarifpartner wieder an einen Tisch zu bekommen. Dazu macht er einen Kom-promissvorschlag und leitet die Verhandlungen.

Vorbe-
reitung Gruppen bilden (Jury, Arbeitnehmer/-innen, Arbeitgeber/-innen), Rollenkarten für Tarifverhandlungen ausarbeiten (Forderungen und Begründungen), Spielregeln vereinbaren (z. B. Ablauf der
Verhandlungsrunden planen), Redezeiten und Gesamtspielzeit festlegen

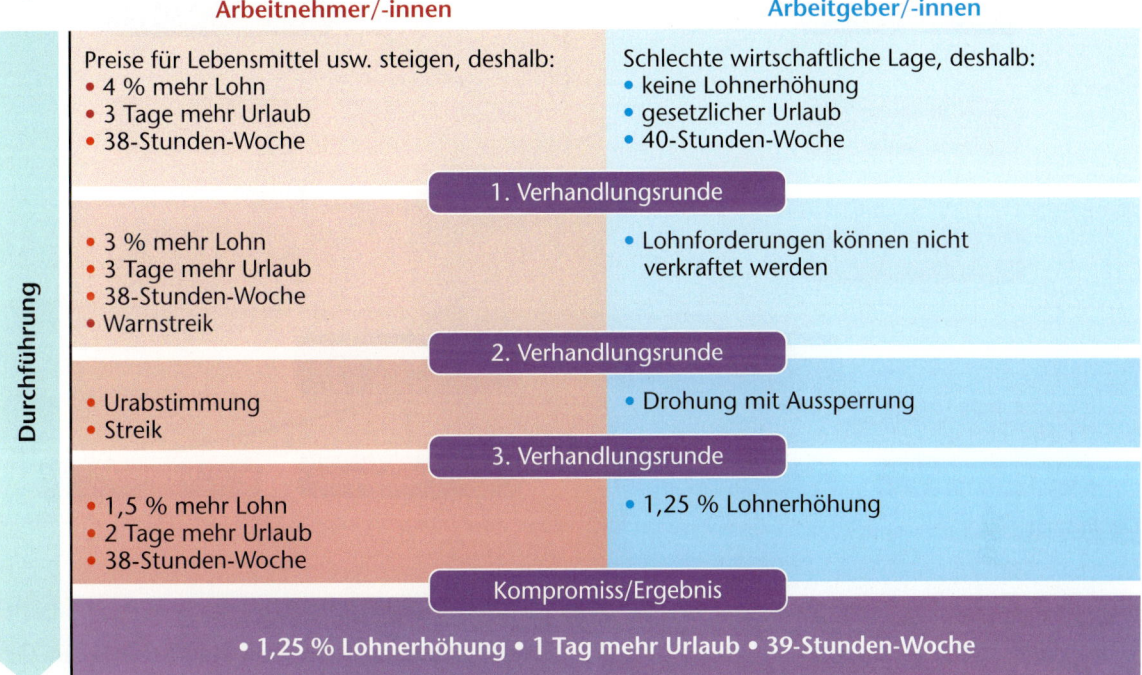

Planspiel Tarifverhandlungen

Neue Aufgaben der Tarifparteien

Neben den Löhnen werden auch die Arbeitsbedingungen im Tarifvertrag festgelegt. Diese
werden in sogenannten Manteltarifverträgen
festgehalten. Dazu gehören zum Beispiel die
Arbeitszeit und flexible Beschäftigungsmodelle.
Hierbei handelt es sich nicht nur um Minijobs
oder Zweitjobs, sondern auch um Schichtarbeit,
Arbeitszeitverkürzungen bei geringer Auftrags-
lage, Sonn- und Feiertagsarbeit oder um Urlaub
und Kündigungsfristen. Älteren Arbeitnehmerin-
nen und Arbeitnehmern bieten manche Betriebe
Möglichkeiten, schon früher in den Ruhestand zu
gehen oder weniger Stunden zu arbeiten. Die beiden Tarifparteien haben auch die Aufgabe, neue
Wege zu finden, um möglichst vielen Menschen
eine sichere Arbeit zu bieten.

1 Dürfen Auszubildende streiken? Erkundige dich.

2 Erläutere, warum die Aussperrung für
beide Konfliktparteien teuer ist.

3 Welche Zulagen/Zuschläge gibt es für
Arbeitnehmer/-innen? Erkundigt euch in
Betrieben eurer Region oder bei Gewerk-
schaften.

4 Sammle Zeitungsausschnitte und Abbil-
dungen zu Tarifverhandlungen. Gestaltet
damit in der Klasse eine Wandzeitung.

5 Führt nach der Anleitung oben ein Planspiel „Tarifverhandlungen" durch. Die
Jury legt die Spielregeln fest und bewertet den Verlauf und das Ergebnis.

Die Schülerfirma

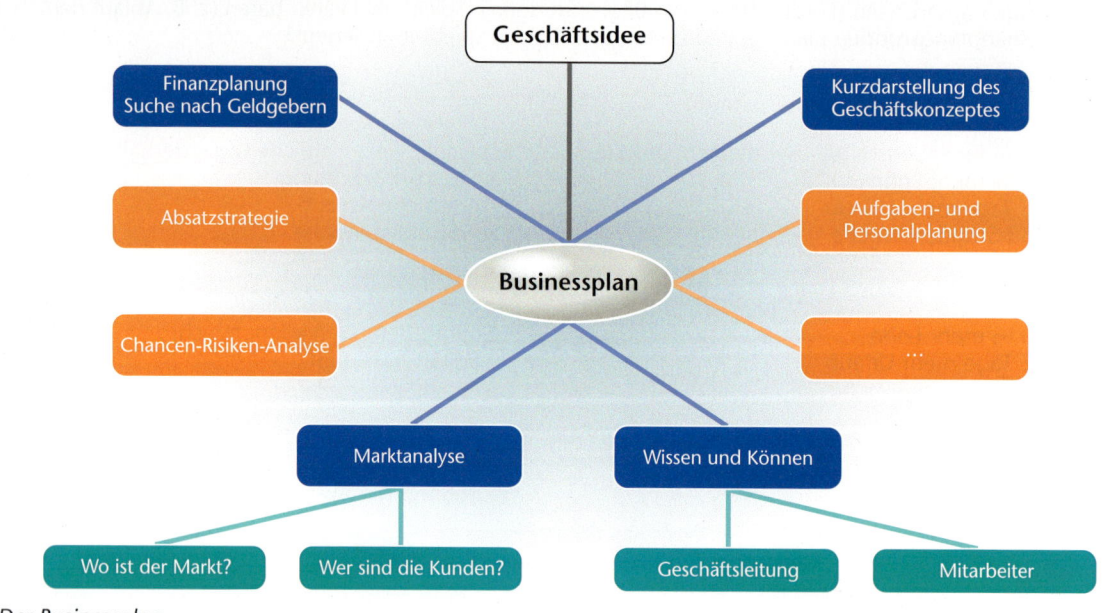

Der Businessplan

Von der Idee bis zum Markteintritt

Auch wenn Schülerfirmen keine echten Wirtschaftsunternehmen darstellen, so läuft ihre Gründung ganz ähnlich wie im realen Wirtschaftsleben ab. So hat sich die Klasse 9 als Erstes die Frage gestellt, warum gründet überhaupt jemand ein Unternehmen. Die Antworten lauten sinngemäß:

- Jemand hat eine Vision/Idee.
- Jemand hat eine Erfindung gemacht.
- Jemand möchte kein Angestellter sein.
- Jemand sieht eine Lücke im Angebot.
- Jemand stellt fest, dass für eine bestimmte Sache eine große Nachfrage besteht usw.

Die Klasse 9 hat sich für eine Schülerfirma mit dem Namen „Druck und Fun" entschieden. Hier geht es u. a. um die Herstellung von Visitenkarten, Flyern, Urlaubs- und Porträtbildern oder Schülerzeitungen. Eine gute Geschäftsidee zu finden, ist gar nicht so einfach. Schließlich muss sie gut überdacht sein, damit sie auch nachhaltig, d. h. langfristig von Bestand ist. Der Firmenname ist fast so wichtig wie die Idee selbst. Dieser Name sollte auf jeden Fall einen Bezug zur Geschäftsidee haben.

Ein Businessplan – für wen eigentlich?

Der Geschäftsplan (engl. Businessplan) fasst alle Aspekte der zukünftigen Geschäftstätigkeit schriftlich zusammen.

Anhand dieses Plans können sich potenzielle Kapitalgeber/-innen und Geschäftspartner/-innen ein umfassendes Bild von deinen Ideen, Fähigkeiten und vor allem von den wirtschaftlichen Aussichten deines Konzepts machen. Je besser dein Businessplan ist, umso größer die Chance, dass du Partner/-innen und Kapital für die Unternehmensgründung findest!

Ein Businessplan hilft einer Existenzgründerin bzw. einem Existenzgründer auch, das eigene Vorhaben klar zu durchdenken, Schwachstellen zu entdecken oder sich einen Überblick über vorhandene Ressourcen zu verschaffen. Und vielleicht auch, rechtzeitig zu merken, dass die Geschäftsidee nicht funktionieren wird. Was der Businessplan im Einzelnen beinhaltet, könnt ihr der Abbildung oben entnehmen. Zum Aspekt Finanzplanung vgl. auch S. 43.

Marktanalyse – wonach befragen wir die Kunden?	
• Fragen zu Produkten	• Fragen zum Beschwerdemanagement
• Fragen zur Kundenbetreuung	• Fragen zum Service vor Ort
• Fragen zur Auftragsabwicklung	• Fragen zur Außendarstellung
• Fragen zur Lieferung	• Fragen zum Unternehmen allgemein

Themengebiete für eine Marktanalyse

Frage 5: Bitte bewerten Sie folgende Aussagen!	trifft völlig zu	trifft zu	teils/teils	trifft nicht zu	trifft gar nicht zu
Produkt X weist ein gutes Preis-Leistungs-Verhältnis auf.	☐	☐	☐	☐	☐
Produkt X hält, was in der Werbung versprochen wird.	☐	☐	☐	☐	☐
Produkt X entspricht meinen Erwartungen.	☐	☐	☐	☐	☐
Produkt X ist einfach zu verwenden.	☐	☐	☐	☐	☐

Frage 14: Wie zufrieden sind Sie mit folgenden Aspekten des telefonischen Kundenservice?	sehr zufrieden	zufrieden	weder zufrieden noch unzufrieden	unzufrieden	sehr unzufrieden
Erreichbarkeit	☐	☐	☐	☐	☐
Freundlichkeit	☐	☐	☐	☐	☐
Schnelligkeit	☐	☐	☐	☐	☐
Kompetenz	☐	☐	☐	☐	☐

Beispiele für Kundenbefragungen

Das Geschäftskonzept

Der Businessplan enthält das Geschäftskonzept, das sind die wichtigsten Punkte des Geschäftsvorhabens. Hier stellen die Schülerinnen und Schüler alles zusammen, worum es bei dem geplanten Unternehmen überhaupt geht und wie sie es umsetzen wollen.

Diese Kurzdarstellung kann man auch zur Vorlage bei Banken oder Sparkassen für mögliche Kredite oder Darlehen benutzen. Aber auch als Nachweis, dass an alles Wesentliche gedacht worden ist, sowie zur eigenen Planung, Steuerung und Kontrolle des Unternehmenszieles.

Die Marktanalyse

An der Schule, in der Umgebung und im Bekanntenkreis haben die Schülerinnen und Schüler eine Marktanalyse durchgeführt, um herauszufinden, welches Produkt oder welche Dienstleistungen ankommen könnten (vgl. Materialien oben). Die Klasse hat Fragebögen zur Kundenbefragung erstellt und ihre Ergebnisse mithilfe des Computers ausgewertet.

Auch eine Konkurrenzanalyse wurde durchgeführt, um herauszufinden, welche Mitbewerber mit welchen Produkten es auf dem Markt gibt.

1 Warum sollte eine Schülerfirma unbedingt Kontakte und/oder Partnerschaften mit realen Unternehmen unterhalten?

2 Führe eine Marktanalyse zu deiner Geschäftsidee durch. Wie gehst du vor? Erläutere deine Schritte.

3 Müssen die Eltern der an der Schülerfirma beteiligten Schülerinnen und Schüler eine schriftliche Zustimmung geben?

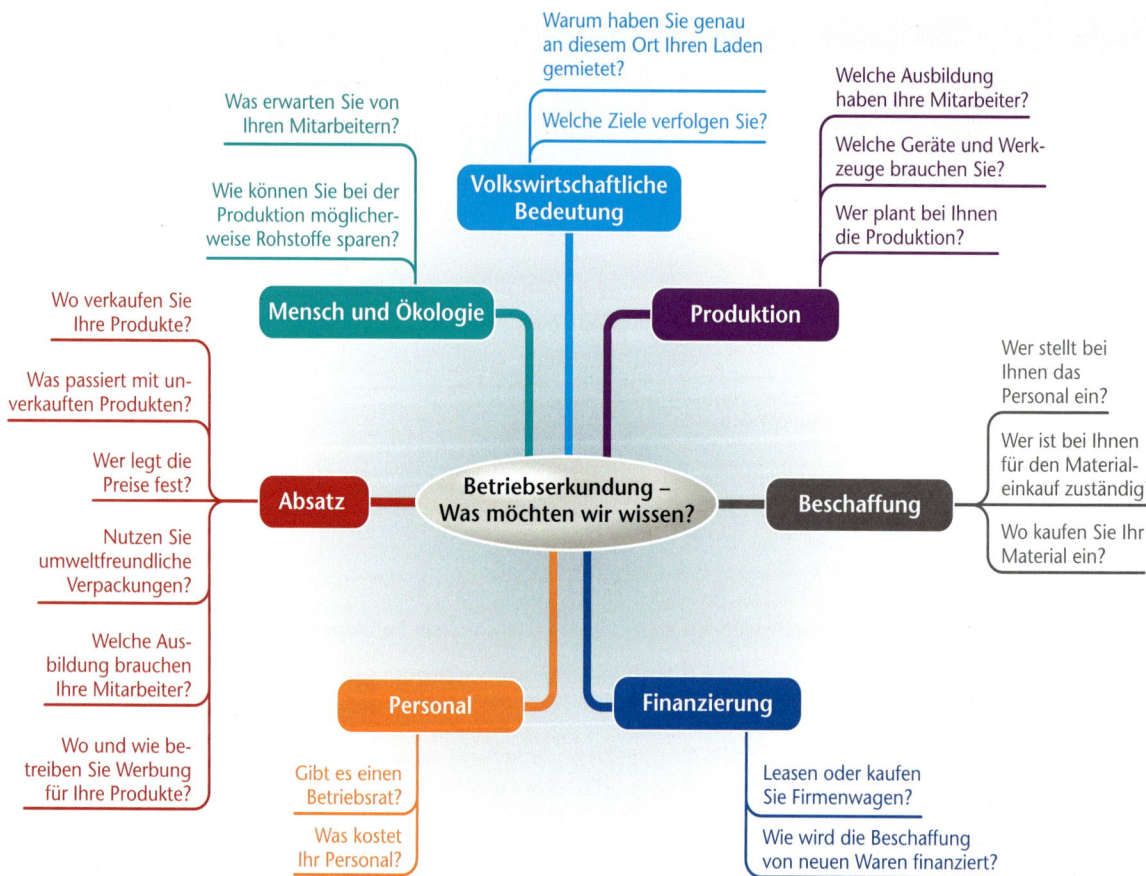

Anregungen für eine Betriebserkundung

Die Arbeit muss organisiert werden

Die Schülerfirma „Druck und Fun"

Die Klasse 9a möchte als Schülerfirma verschiedene Dienstleistungen rund um den Druck von Visitenkarten, Flyern, Schülerzeitung u. a. anbieten. Einige der Schülerinnen und Schüler haben sich schon spezialisiert auf die Bearbeitung von Texten oder Grafiken. Andere entwickeln ein Layout. Bei Visitenkarten müssen viele kleine Dinge beachtet werden, z. B. die Platzaufteilung, Schriftgröße oder Farbgestaltung. Wenn auch vieles digital gestaltet wird, so muss doch alles in einer bestimmten Reihenfolge organisiert werden.

Die Betriebserkundung in einer nahegelegenen Druckerei soll der Klasse Sicherheit bei der Umsetzung ihrer Ideen geben. Die Jugendlichen erfahren nun vor Ort, dass nicht gleich eine teure Computeranlage angeschafft werden muss – entscheidend ist eine gute Organisation.

Richtig organisieren heißt, dass jeder Mitarbeiter und jede Mitarbeiterin über die Arbeit des/der anderen Bescheid weiß. Die Arbeitsaufgaben wurden genau aufgeteilt. „Natürlich hängt das auch von der Größe des Betriebes, vom Produktionsprogramm und von der Rechtsform des Unternehmens ab", berichten sie.

> Die Organisation dient dazu, die betrieblichen Produktionsfaktoren so einzusetzen, dass jederzeit die Grundfunktionen Beschaffung, Produktion und Absatz erfüllt sind.

Ein älterer Betrieb hat längst Regelungen für sich wiederholende Vorgänge, für Arbeitsteilung und Aufgabenteilung eingeführt. Junge Unternehmen müssen Organisationsstrukturen erst erproben.

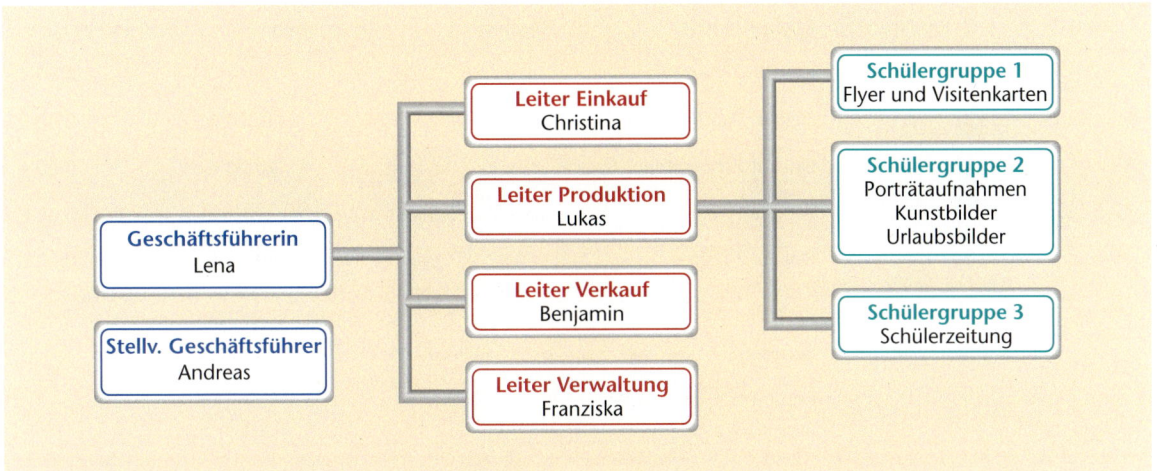

Aufbauorganisation der Schülerfirma „Druck und Fun"

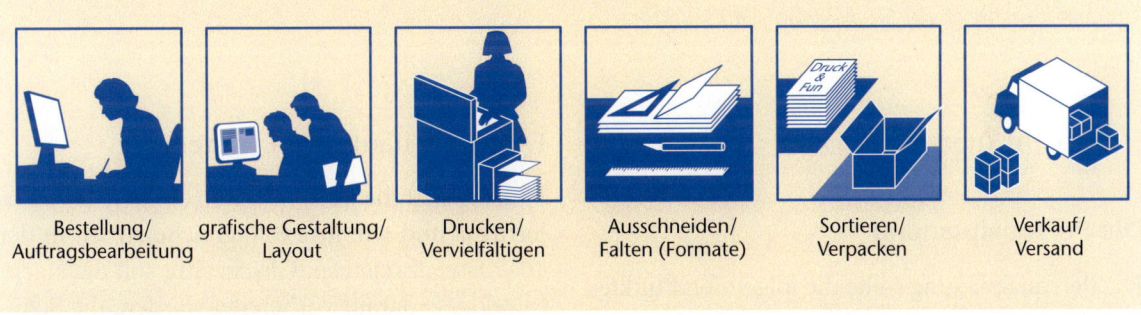

Ablauforganisation der Schülerfirma „Druck und Fun"

Organisationsformen

Jeder Betrieb hat einen Aufbau (Abteilungen, Gruppen, Stellen). Dadurch ist festgelegt, wer wo mit welchen Mitteln und welcher Verantwortung arbeitet und wer Weisungen erteilen darf.

> Die Aufbauorganisation regelt die Aufteilung der Aufgaben auf verschiedene Abteilungen und Arbeitsplätze.

Auch der Ablauf der Arbeit muss organisiert sein, wie, wann und warum Arbeiten erledigt werden müssen. Die Ablauforganisation regelt das räumliche und zeitliche Zusammenwirken von Menschen, Betriebs- und Arbeitsmitteln sowie Werkstoffen zur Erfüllung der Arbeitsaufgaben.

> Die Ablauforganisation steuert den Ablauf der betrieblichen Arbeitsprozesse.

1 Erläutere die Arbeitsorganisation in eurem privaten Haushalt.

2 Stelle die Aufbauorganisation deines Praktikumsbetriebes dar.

3 Die Organisation umfasst geplante, sich wiederholende Regelungen. Die Improvisation steht für ungeplante Regelungen. Finde dazu Situationen aus dem privaten Haushalt und dem Betrieb.

4 Erkläre, warum eine Organisation durchschaubar und flexibel sein sollte.

5 Entwerft die Aufbauorganisation für eine Schülerfirma (z. B. für Catering).

E 6 Welche Formen der Fertigung (Ablauforganisation) kennst du aus Klasse 8? Welche Form kommt für die Schülerfirma „Druck und Fun" infrage?

Datum	Beleg-Nr.	Buchungstext	Einnahmen	Ausgaben	Bestand in Euro
		Übertrag Vormonat			60,00 €
5.6.2011	32	Einkauf Papier		30,00 €	30,00 €
8.6	33	Einkauf Büromaterial		20,00 €	10,00 €
12.6	34	Verkauf Flyer	70,00 €		80,00 €
15.6	35	Einkauf T-Shirts		80,00 €	0,00 €
22.6	36	Verkauf T-Shirts	220,00 €		220,00 €
		Summen	290,00 €	130,00 €	
		Differenz (Einnahmen/ Ausgaben)	+ 160,00 €		
		Übertrag Vormonat	+ 60,00 €		
		Endsumme	+ 220,00 €		

Aus dem Kassenbuch der Schülerfirma „Druck und Fun"

Personal und Finanzen

Die Personalplanung

Die Personalplanung sollte die folgenden Punkte bestimmen:

1. Aufgaben sinnvoll verteilen,
2. Zuständigkeiten festlegen, Verantwortung delegieren,
3. Arbeitsabläufe regeln.

Der Geschäftsführer bzw. die Geschäftsführerin muss sich um alle wichtigen Dinge im Unternehmen kümmern und Entscheidungen treffen. Er oder sie hat damit auch die volle Verantwortung für das Unternehmen. Er/sie organisiert die Zuständigkeit der Mitarbeiter/-innen, beruft Sitzungen ein und lässt sich regelmäßig von den leitenden Mitarbeiterinnen und Mitarbeitern über den Stand des Geschäftes in der Schülerfirma berichten.
Die weiteren Abteilungen der Schülerfirma „Druck und Fun" sind:

• die Einkaufs- und Produktionsabteilung,
• die Verkaufs- und Marketingabteilung,
• die Finanz- und Verwaltungsabteilung.

Arbeite so, wie du es von Betrieben in Klasse 8 und auf den Seiten 42 bis 45 kennengelernt hast.

FAQ – die häufigsten Fragen

Nun arbeitet die Klasse 9 schon ein Jahr als Schülerfirma und will ihre erfolgreiche Arbeit in der 10. Klasse fortsetzen. Gleichzeitig soll die Nachfolgeklasse darauf vorbereitet werden, die Schülerfirma zu übernehmen. Sie laden daher diese Klasse zu einem Gespräch ein. Die Beteiligung an der Diskussion ist lebhaft und das Interesse für die Schülerfirma groß. Hier ein paar Auszüge:

Müssen wir eine richtige Buchhaltung betreiben?
Ja, aber erfahrungsgemäß reicht eine Excel-Tabelle oder ein handschriftliches Kassenbuch.

Ist es üblich, den Mitarbeitern Löhne zu zahlen?
„Zeit ist Geld", so denken viele Jugendliche. Und umso schwieriger ist es, sie für die ehrenamtliche Tätigkeit zu gewinnen. Ob aber eine Schülerfirma wirklich Löhne auszahlt, sollte vorher sorgfältig diskutiert werden.

Was machen wir mit unserem Gewinn?
Bei dieser Frage werden Schüler immer besonders kreativ. Am sinnvollsten ist jedoch die Reinvestition – also das Geld, das in der Druckerei erwirtschaftet wurde, für den Kauf beispielsweise eines neuen Grafikprogramms zu nutzen. Manchmal bietet sich auch an, etwas zu spenden (Förderverein, Theater oder andere Schulprojekte).

Vereinbarung über Sponsoring

zwischen dem Schulförderverein der … Schule
vertreten durch ………… (Name und Funktion)
und …. (Einrichtung/Unternehmen/Organisation)
vertreten durch ………….. (Name und Funktion)
(im Folgenden „Sponsor" genannt).

§ 1 – Zielsetzungen
z. B. Schwerpunkte des Schulprogramms
z. B. Aktivitäten, die der Sponsor unterstützt
§ 2 – Zuwendung
z. B. Höhe der Fördersumme, Verwendung
§ 3 – Leistungen des Schulfördervereins
z. B. wie auf den Sponsor verwiesen wird
§ 4 – Schlussbestimmungen
z. B. Laufzeit, Verlängerung, Kündigungsfrist
Ort: ………….   Datum: ………………..
Sponsor: ………..   Schulförderverein: ………..

(Quelle: www.nebs.de)

Hauptsponsor (Karikatur von Andreas Prüstel)

Wann ist es sinnvoll, Kooperationen zu schließen?
Kooperationen sind immer dann sinnvoll, wenn mehrere Partner ein gemeinsames Ziel verfolgen. Wollt ihr z. B. in eurer Schülerfirma das Sortiment erweitern – ist eine Kooperation mit anderen Klassen möglich. Oder ihr braucht Geld – dann sucht euch Partner, die euch sponsern. Das können ganz unterschiedliche Unternehmen sein: Krankenkassen, Geldinstitute, lokale Radiosender, Reisebüros, Verbände, Kommunen, Kammern.

Welche Rolle nimmt die Lehrkraft ein?
Lehrer/-innen sollten im Normalfall die Rolle von Beratern einnehmen. Wichtig ist, dass die Schülerinnen und Schüler selbst entscheiden und lernen, Verantwortung zu tragen. Der Lehrer ist dazu da, Konflikte zu lösen und gegebenenfalls Verträge abzuschließen. Denn dazu sind die Schülerinnen und Schüler nur bedingt befugt. Außerdem können Lehrer einen guten Kontakt zwischen Schüler- und Lehrerschaft herstellen.

Was schiefgehen kann

Auch wenn alles genau geplant ist, bestehen immer noch Risiken in der Planung. Um den Erfolg eines Unternehmens realistisch einschätzen zu können, muss man die Chancen und Risiken der Geschäftsidee prüfen und erkennen.

Eine der Hauptursachen für Schwierigkeiten und Pleiten liegt in der falschen Einschätzung der Risiken bei der Existenzgründung.

- Viele schätzen den Markt zu optimistisch ein.
- Der Wettbewerb der Mitbewerber und der Preiskampf werden unterschätzt.
- Der Markt der Waren ist zu gering.
- Die Belastungen durch Kredite, Löhne und Investitionen sind zu hoch.
- Die Gewinnschwelle wird nicht schnell genug erreicht.

Wie können die Risiken begrenzt werden?
- Sich viel Zeit für die Gründung lassen.
- Eine lange Vorbereitungszeit einplanen.
- Analysen erstellen – Marktforschung und Marktprognosen erstellen.
- Umfassende Beratung (auch von außerhalb der Schule) nutzen.
- Den Kreditrahmen weit spannen.

1 Wer den Schritt in die Selbstständigkeit gehen will, sollte die Vor- und Nachteile genau überlegen. Nenne einige Beispiele!

2 Welche Rechtsform sollte eine Schülerfirma haben? Befrage einige Experten dazu und gib deiner Klasse Auskunft.

Ⓜ Brainstorming: Was bedeutet ein Unternehmen für dich?

Die Mitarbeiterinnen und Mitarbeiter der Schülerfirma „Druck und Fun" sprechen über ihre Ansichten zur Bedeutung eines Unternehmens. Um eine bessere Übersicht zu erhalten und alle Meinungen festzuhalten, entwickelte sich während des Gesprächs das dargestellte Brainstorming-Diagramm.

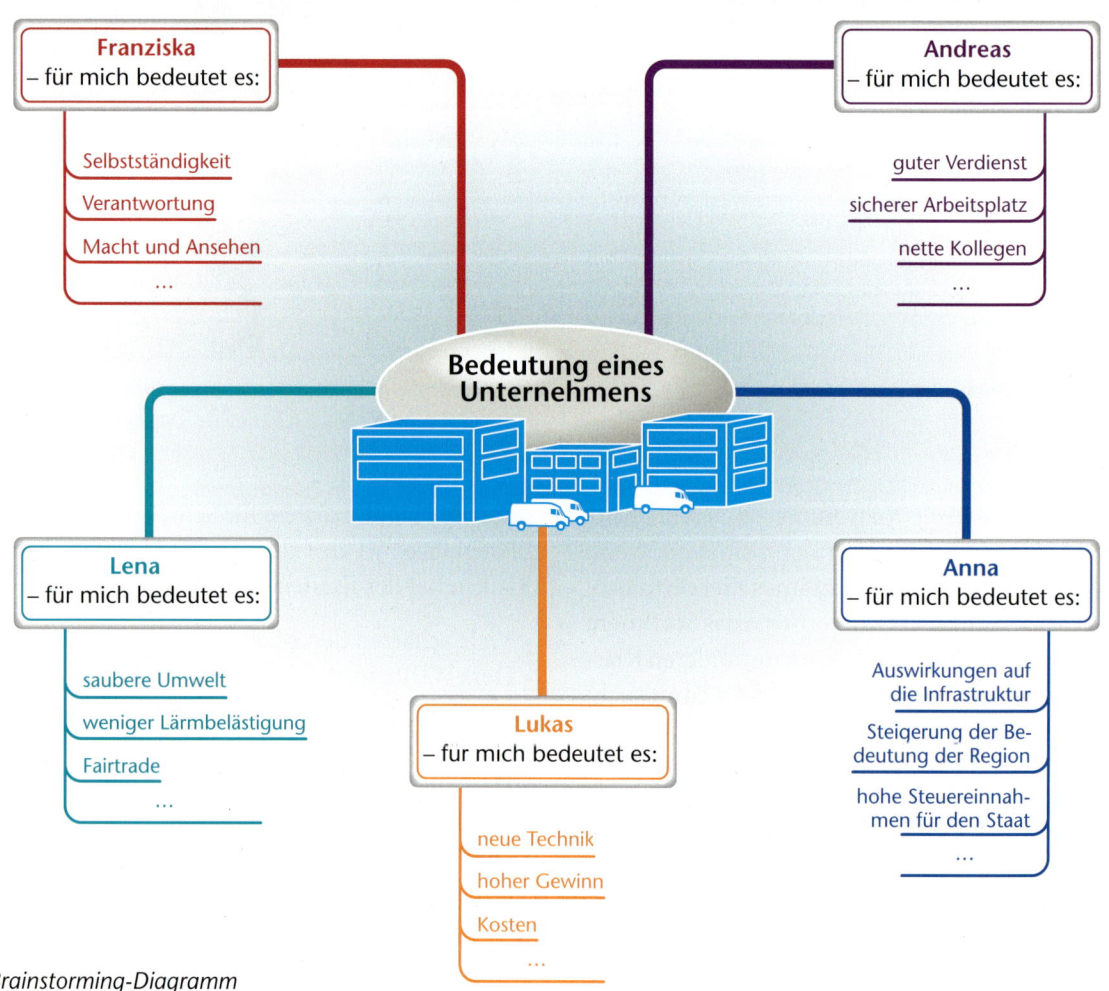

Brainstorming-Diagramm

Regeln für das Brainstorming

- Jede Idee, verrückt oder realistisch, ist willkommen.
- Die Menge zählt, nicht die Qualität.
- Killerphrasen, Kritik und Selbstkritik an den vorgebrachten Ideen sind streng verboten.
- Jeder darf Ideen der anderen aufgreifen und für eigene Ansätze verwenden. Es gibt keinen Urheberschutz.
- Jeder darf jeweils nur eine Idee vorbringen. Hat er mehrere Vorschläge, sollte er sie notieren, um sie nicht zu vergessen.

Ideen für die Umsetzung

Wenn ihr ein Brainstorming durchführen wollt, könnt ihr zum Festhalten eurer Ergebnisse neben der Tafel auch Moderationskarten oder Software nutzen.

Hierfür bietet sich zum Beispiel die kostenlose Software freeMind (free-mind.sourceforge.net) an. Auch kann die Onlineplattform: www.brainr. de (Stand 27.6.2011) benutzt werden.

3 Berufsorientierung: Sich informieren und entscheiden

Sich informieren …

… im Gespräch mit den Eltern

… in der Berufsberatung

… im Betriebspraktikum

… im Gespräch mit Freunden

und entscheiden, damit das Berufsleben

nicht so aussieht …,

sondern so …

Berufsperspektiven erkunden und planen

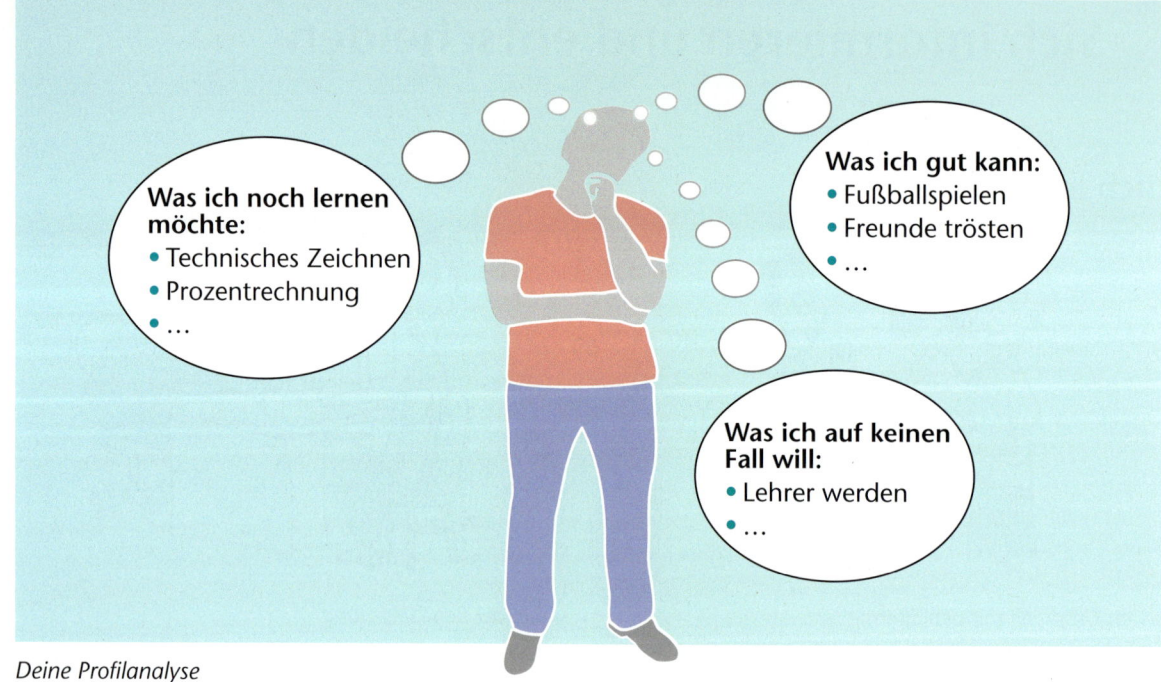

Was ich noch lernen möchte:
- Technisches Zeichnen
- Prozentrechnung
- …

Was ich gut kann:
- Fußballspielen
- Freunde trösten
- …

Was ich auf keinen Fall will:
- Lehrer werden
- …

Deine Profilanalyse

Wie finde ich meinen Beruf?

Max sitzt in der Klasse 9b der Realschule plus und träumt gerade vor sich hin. Seine Lehrerin, Frau Rippel, ist gerade dabei, in ein neues Thema einzuführen: „Berufsorientierung".
Sie erklärt, dass unter dem Begriff Berufsorientierung alle Maßnahmen und Informationen zu verstehen sind, die einem Menschen helfen einen Beruf zu finden.

> Berufsorientierung ist ein Prozess, der die eigenen Vorstellungen mit den Anforderungen der Arbeits- und Berufswelt zusammenführt.

Genau in dem Moment, in dem Frau Rippel erzählt und erzählt, ist der Klassenraum plötzlich hell erleuchtet und ein starkes Brummen ist zu hören. Alle Schüler halten sich erschrocken Augen und Ohren zu! Als der Lärm nachlässt, traut sich Sven als Erster, wieder die Augen zu öffnen. Vorne im Klassenraum, auf Frau Rippels Pult, steht ein junger Mensch in einem grauen glänzenden Anzug. Langsam kommt Bewegung in die Klasse und alle stehen ganz neugierig um den

fremden Jungen herum. Luisa fasst als Erste Mut und fragt den Jungen, woher er komme und warum er mitten in ihren Unterricht geplatzt sei?

Jobfinder X2040

Der Junge erzählt der Klasse, dass er eigentlich im Jahr 2040 lebe. Auf der Erde habe sich einiges verändert. Aufgrund der hohen Unzufriedenheit der arbeitenden Bevölkerung mit ihren Berufen hatte die Agentur für Arbeit im Jahr 2025 den Berufsfindungsroboter „Jobfinder X2040" entwickeln lassen. Von diesem Zeitpunkt an wurden alle Menschen, die nicht wussten, welchen Beruf sie ergreifen sollten, durch den Jobfinder X2040 geführt. Der Roboter schlug dem Berufsuchenden drei passende Berufe zur Auswahl vor.
Leider ist der Roboter von einem Virus zerstört worden. Das Problem ist nun, dass den Menschen die Fähigkeit abhanden gekommen ist, sich selbstständig einen passenden Beruf zu suchen. John, so heißt der Junge aus der Zukunft, bittet die Klasse, ihm bei seiner Berufswahl zu helfen.

Feedbackregeln

Das Feedback ist konstruktiv und konkret!

Die Feedback-Geberin spricht immer in der Ich-Form.

Um das Feedback zu verstehen und daraus zu lernen, ist es mitunter nötig und angebracht, Verständnisfragen zu stellen.

Der Feedback-Nehmer soll sich nicht rechtfertigen. Dem Feedback-Nehmer muss bewusst sein, dass es sich beim Feedback um eine subjektive Wahrnehmung handelt!

Die Feedback-Geberin bekommt immer die Möglichkeit auszureden.

Ob ein Feedback angenommen wird oder nicht, entscheidet schließlich der Feedback-Nehmer allein. Grundsätzlich ist jede Form von bewusster, fördernder Rückmeldung eine Bereicherung.

Was du bei einem Feedback beachten musst

Mein Profil

Die Klasse beschließt, John bei der Berufswahl zu helfen. Den passenden Beruf zu finden, ist ein langer Prozess, bei dem es nicht den einen richtigen Weg gibt! Auf der Suche nach dem passenden Beruf ist es sinnvoll, zunächst die eigenen Interessen und Wünsche, das eigene Wissen und Können zu erforschen und zu reflektieren. Hast du dir Klarheit darüber verschafft, werden die individuellen Kriterien mit dem Bedarf, den Möglichkeiten und Anforderungen der Arbeits- und Berufswelt abgeglichen.
Damit man die eigenen Stärken und Schwächen gut analysieren kann, fertigt man ein sogenanntes Profil von sich an.

Ein Profil ist ein komplexes Bild von deinen persönlichen Stärken und Schwächen.

Wenn du ein Profil von dir anfertigst, ist es wichtig, dich möglichst realistisch einzuschätzen. So werden deine wirklichen Stärken deutlich und du kannst Enttäuschungen vermeiden.

1 Betrachte die Illustration auf Seite 67. Warum denkst du, ist die junge Frau mit ihrer Berufswahl so unglücklich, der junge Mann aber nicht? Sammelt eure Vorstellungen in der Klasse.

2 Welche Vor- und Nachteile hätte es, wenn euch ein Roboter euren Beruf zuteilen würde? Diskutiert in der Klasse.

P 3 Profilanalyse: Fertige von dir eine Figur an (siehe Grafik links oben), die zeigt, was du kannst, was du noch lernen willst und was du auf keinen Fall im Berufsleben erleben möchtest.

E 4 Tausche mit deinem Nachbarn das Profil aus und lass dir ein Feedback geben. Beachte dabei die Feedback-Regeln!

Möglichkeiten zur Berufsberatung

Berufswahlmagazin

Lexikon der Ausbildungsberufe

Persönliches Beratungsgespräch

www.studienwahl.de

BiZ-Informationszentren

Internet

Informationsquellen zum Thema Ausbildung und Beruf

Sich richtig informieren: Berufsberatung und mehr

Die Berufswahl ist keine alltägliche Entscheidung. Sie wird dein zukünftiges Leben wesentlich beeinflussen. Deshalb solltest du dir dafür Zeit nehmen, um viele Informationen einzuholen und deinen Beratungsbedarf zu ermitteln.

Du bist nicht allein!

Gespräche über Berufe mit Eltern, Verwandten, Personen, die dich gut kennen, oder einem Vertrauenslehrer können eine erste Hilfe sein, um einen Einblick in unterschiedliche Arbeitswelten zu bekommen und diese mit deinen eigenen Fähigkeiten und Interessen abzugleichen.

Außerdem stehen dir zahlreiche Informations- und Beratungsmöglichkeiten zur Berufswahl zur Verfügung. Die Bundesagentur für Arbeit sowie die Kammern bieten dir ein kostenloses persönliches Gespräch mit einem Berufsberater bzw. einer Ausbildungsberaterin an.

Berufsberater verfügen über wichtige Informationen zu Berufen und Ausbildungswegen sowie Ausbildungsstellen.

Das Berufsinformationszentrum (BiZ) in deiner Region bietet Informationen und stellt dir Berufe vor, die du vielleicht noch nicht kennst. Außerdem findest du auf den Internetseiten der Agentur für Arbeit Tipps für die Studien- oder Berufswahl. So ist das „Berufe-Universium" eine spezielle Informationsseite für Jugendliche, auf der du auch deine Talente testen kannst.

Das Berufsberatungsgespräch

John hat sich über ein Beratungsgespräch bei der Agentur für Arbeit informiert und einen Termin vereinbart. Er ist ein wenig aufgeregt, da er nicht weiß, was ihn erwartet. Zu allem Überfluss hat John sein aktuelles Zeugnis vergessen!

Berufsberaterin: Guten Tag, John, schön, dass du dich so zeitig zu einem Beratungsgespräch bei

M Berufsberatung – Gespräch mit einem Experten

Vorbereitung
→ **ich mache mir Notizen**

- Wie habe ich mich bisher auf das Thema vorbereitet?
- Welche Anforderung habe ich an meinen „Traumberuf"?
- Habe ich schon konkrete Berufsvorstellungen oder noch keine Ahnung?
- Wo habe ich ein Praktikum absolviert?
- Welche Informationen benötige ich noch und welche Fragen möchte ich stellen?
- Wo finde ich die Berufsberatung und wo bekomme ich einen Termin?

Durchführung
→ **ich bin gut vorbereitet**

- Zettel, Stift, Zeugnis und Vorbereitungsfragen habe ich dabei.
- Ich werde wohl zunächst meine Interessen und evtl. meine Berufsvorstellung formulieren müssen.
- Ich traue mich, meine Fragen zu stellen.
- Wenn mir während des Gesprächs eine Frage einfällt oder ich etwas nicht verstehe frage ich sofort nach.
- Ich spreche in einem freundlichen Ton.

Auswertung
→ **auch hier helfen mir Notizen …**

- Wurden alle Fragen zu meiner Zufriedenheit beantwortet?
- Welche Schritte wurden bei der Berufsberatung geplant?
- Welche Fragen sind offen geblieben und wie kann ich sie beantworten?

Karikatur von Peter Kaczmarek

mir gemeldet hast. Dass zeigt mir, dass du an deiner Berufswahl interessiert bist.

John: Hallo, Frau Senft, ich habe gehört, dass Sie mir sagen können, was ich mal werden soll.

Berufsberaterin: Ich kann dir gerne bei der Berufswahl helfen, aber die Entscheidung musst du selbst treffen. Wie hast du dich denn bisher mit der Berufswahl auseinandergesetzt?

John: Eigentlich überhaupt nicht. Ich habe mir mal eine Liste erstellt mit Stichpunkten darüber, was ich gut kann und gerne mache. Zum Beispiel arbeite ich gerne am Computer.

Berufsberaterin: Computerspezialisten möchten doch alle werden. Aber ich sage dir, das wird nichts! Dafür brauchst du einen guten Schulabschluss, am besten Abitur.

John: Meine Mutter sagt auch, dass sie es sich nicht leisten kann, mir ein Studium zu bezahlen. Sie ist arbeitslos.

Berufsberaterin: Das ist schade. Dann sollten wir zunächst nach einem Ausbildungsberuf suchen. Eine Möglichkeit wäre zum Beispiel der Informatikkaufmann.

John: Und was macht man da?

Berufsberaterin: Hier, lies dir den Zettel durch.

John: Das mache ich unterwegs, weil ich jetzt mit meinen Freunden im Kino verabredet bin.

P 1 a) Wer kann dir beim Entscheidungsprozess der Berufswahl helfen? Lege eine Liste an. b) Suche nach Stichwörtern für eine Internetrecherche, mit denen du wichtige Internetseiten zur Berufsberatung erreichst. Notiere die Internetadressen. Nutze hierfür auch die Abbildung auf dieser Seite.

2 Analysiere das Berufsberatungsgespräch. Was haben die Berufsberaterin und der Schüler deiner Meinung nach gut und was nicht so gut gemacht?

P 3 Entwirf einen Ratgeber für ein Berufsberatungsgespräch. Berücksichtige auch Kleidung, Ortskenntnis, Pünktlichkeit und Verhalten während des Gesprächs.

Tätigkeitsbereiche		Berufsfelder
1. Handwerksberufe: Material verarbeiten, zusammenbauen und montieren.	6. Kaufmännische Berufe: bedienen und beraten, planen, organisieren, kalkulieren.	1. Bau, Architektur, Vermessung
2. Gestaltende Berufe: Berufe im künstlerischen und gestaltenden Bereich.	7. Verwaltungsberufe: planen, verwalten und organisieren.	2. Dienstleistung 3. Elektro 4. Gesellschafts-, Geisteswissenschaften
3. Technische Berufe: untersuchen und messen, bedienen und überwachen von Anlagen und Maschinen, Assistenzberufe.	8. Informationstechnische und journalistische Berufe: der Umgang mit dem geschriebenen Wort.	5. Gesundheit 6. IT, Computer 7. Kunst, Kultur, Gestaltung
4. Ernährungshandwerk: Verarbeitung von Nahrungsmitteln.	9. Soziale Berufe: versorgen und betreuen, erziehen, pflegen und therapieren.	8. Landwirtschaft, Natur, Umwelt 9. Medien 10. Metall, Maschinenbau 11. Naturwissenschaften
5. Grüne Berufe: bebauen und züchten, Land- und Forstwirtschaft, Gärtner, Tierpfleger.	10. Medienberufe: Umgang mit Medientechnik, Grafik und Design, Fotografie, Druck.	12. Produktion, Fertigung 13. Soziales, Pädagogik 14. Technik, Technologiefelder 15. Verkehr, Logistik 16. Wirtschaft, Verwaltung

Tätigkeitsbereiche und Berufsfelder: Einteilung der Berufe nach der Agentur für Arbeit

Den Berufe- und Ausbildungsdschungel ordnen

John hat sich im Internet über die möglichen Ausbildungsberufe informiert und ist nun völlig verwirrt und unmotiviert. Er hat eine Liste mit 348 Ausbildungsberufen gefunden. Wer soll denn da noch den Überblick behalten und die richtige Wahl für sich treffen können? Die Ausbildungswelt scheint ein undurchdringbarer Dschungel zu sein.

Das „Chaos" ordnen

Ganz klar, es müssen Kriterien zur Einteilung von Berufen her. Schließlich kannst du dir nicht jeden Beruf einzeln anschauen. Außerdem muss man dann noch darauf achten, welche Arten von Ausbildung es gibt. Eine einfache Unterteilung ist zum Beispiel, ob ein „Studium" oder eine „Betriebsausbildung" in Frage kommen.
Zunächst ist es sinnvoll, dass du dich noch einmal an dein eigenes Profil erinnerst. So kannst du

schnell feststellen, ob eine Berufsbeschreibung zu dir passt oder nicht. In der Abbildung oben sind einigen Tätigkeiten bestimmte Berufsgruppen zugeordnet. Dies kann dir eine erste Orientierung geben.
Eine andere Möglichkeit ist die Einteilung nach Berufsfeldern.

> Berufsfelder fassen Ausbildungsberufe mit ähnlichen Zielen und Inhalten zusammen.

Hier werden 16 Hauptkategorien (siehe Abbildung) unterschieden, wobei jede der Kategorien dann nochmals unterteilt wird. So gehören zum Beispiel zum Berufsfeld „Dienstleistungen" Berufe im Hotel- und Gaststättenwesen sowie Berufe rund um Sauberkeit und Hygiene.

> Das Berufsinformationszentrum (BiZ) unterstützt dich, den Beruf zu finden, der zu dir passt. Wenn deine Stärken zu den Tätigkeiten bestimmter Berufe passen, bist du auf dem richtigen Weg!

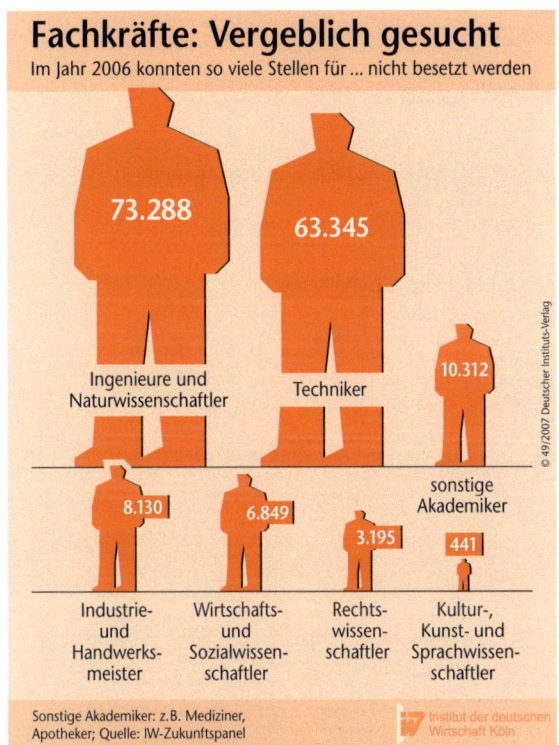

Fachkräfte: Vergeblich gesucht

Im Jahr 2006 konnten so viele Stellen für ... nicht besetzt werden

73.288 — Ingenieure und Naturwissenschaftler
63.345 — Techniker
10.312 — sonstige Akademiker
8.130 — Industrie- und Handwerksmeister
6.849 — Wirtschafts- und Sozialwissenschaftler
3.195 — Rechtswissenschaftler
441 — Kultur-, Kunst- und Sprachwissenschaftler

Sonstige Akademiker: z.B. Mediziner, Apotheker; Quelle: IW-Zukunftspanel

© 49/2007 Deutscher Instituts-Verlag

Institut der deutschen Wirtschaft Köln

Studium oder Berufsausbildung?

"This is where you'll be working. Don't worry if it's a little confusing at first. We'll have a few training sessions."

A.BACALL

Vielleicht doch lieber eine Ausbildung?

Jobben oder Ausbildung?

Nachdem die Schule abgeschlossen ist, möchten viele endlich Geld verdienen. Mit einem Führerschein kann man als Pizzabote gut ein paar Euro verdienen. Aber ist das wirklich sinnvoll?

Der Bedarf an ungelernten Arbeitskräften geht in Deutschland stetig zurück. Geringe Löhne und eine hohe Arbeitslosigkeit in dieser Bevölkerungsgruppe sind die Folge. Hinzu kommen geringe Karrierechancen. Ein ungelernter Arbeitnehmer kann sich viele Bedürfnisse nicht erfüllen.

Berufliche Bildungswege

Auf dem Weg zu einer Ausbildung stehen dir viele Möglichkeiten offen. Zunächst musst du entscheiden, ob du nach der vorgeschriebenen Schulzeit weiter zur Schule gehen oder einen Beruf erlernen möchtest.

Eine duale Ausbildung findet an zwei Orten statt: im Betrieb und in einer Berufsschule.

Das duale System findet häufig in Handwerks- und Dienstleistungsberufen Anwendung. Informationen über betriebliche Ausbildungsstellen in deiner Region bekommst du bei der Agentur für Arbeit oder durch direkte Nachfrage bei den Betrieben.

Handwerkskammern sowie Industrie- und Handelskammern bieten Ausbildungsplatzbörsen an. Beliebt sich auch Ausbildungsmessen wie die „Berufsinformationsbörse" in Pirmasens oder „Jobs for Future" in Mannheim. Einen Überblick über die Termine findest du im Internet unter www.planet-beruf.de (Stand 21.10.2011).

Eine andere Möglichkeit der Ausbildung ist der Besuch der Berufsfachschule. In einem einjährigen Vollzeitunterricht werden die Schülerinnen und Schüler entweder auf einen Ausbildungsberuf vorbereitet oder sie gelangen nach weiteren zwei Jahren zu einem Berufsabschluss.

An Berufsfachschulen werden über 40 Berufsabschlüsse angeboten.

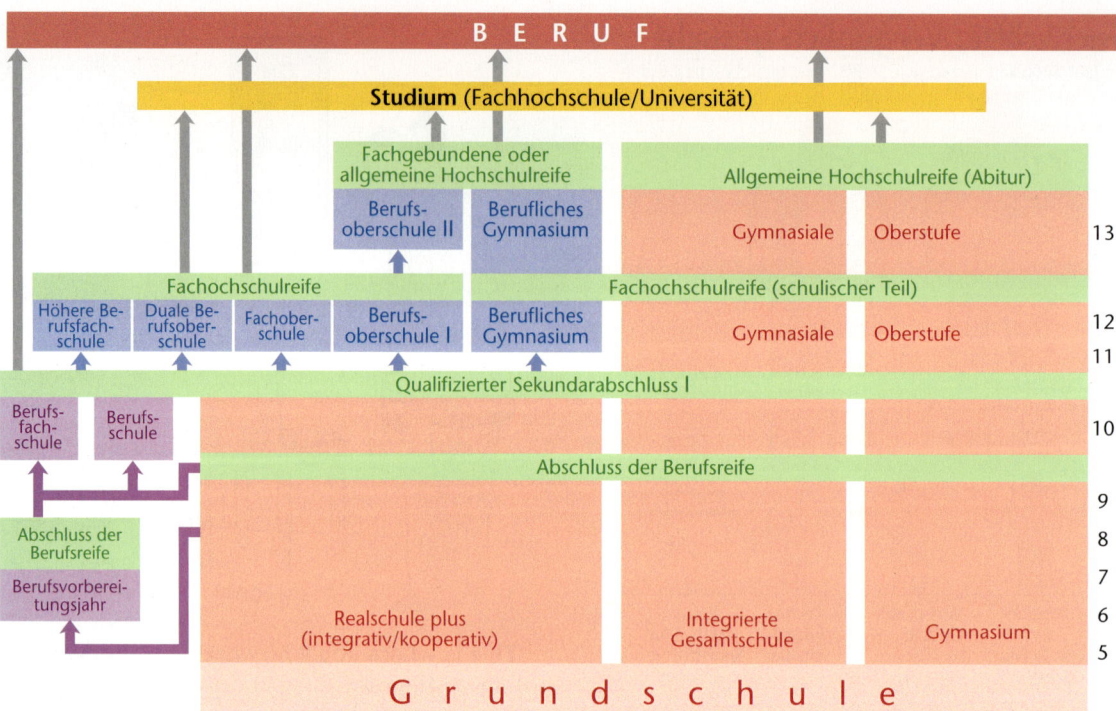

Bildungswege in Rheinland-Pfalz

Den Weg zum Studium einschlagen?

Auch für Schülerinnen und Schüler der Realschule plus gibt es viele Möglichkeiten, die Studienberechtigung zu erlangen. Am einfachsten ist es, wenn die eigene Realschule plus um eine Fachoberschule erweitert wurde. Diese führt, angelehnt an die drei Wahlpflichtfächer HuS, WuV und TuN, zur Fachhochschulreife, die zum Studium an allen Fachhochschulen berechtigt. Manche Studiengänge, z. B. Medizin oder Jura an der Universität, erfordern das Abitur. Aber wo ist der Unterschied? Und was ist besser?

Fachhochschule oder Universität?

Anwendbares Wissen oder theoretische Bildung?

In den Lehrveranstaltungen an der FH geht es häufiger um anwendbares Wissen, während an der Universität wesentlicher Teil des Studiums eine theoretische Bildung ist. Letztlich ist die Ausbildung an der Universität in der Tiefe anspruchsvoller, was aber nicht heißt, dass Unistudentinnen und -studenten generell schlauer sind.

Der Bezug zur Wirtschafts- und Arbeitswelt ist an Fachhochschulen meist höher, da Fachhochschulstudentinnen und -studenten vermehrt Praktika absolvieren und ihre Abschlussarbeiten oft in Unternehmen schreiben.

Nach Stundenplan oder Interessen studieren?

Als Vorteil empfinden Studierende an der Universität häufig, dass sie ihre Seminare in den höheren Semestern eher nach ihren Interessen auswählen können, während Studierende an Fachhochschulen vorwiegend feste Stundenpläne erhalten. Dies erfordert an Universitäten natürlich ein höheres Maß an Selbstdisziplin.

Zeit für ein Auslandssemester haben?

Die freieren Einteilungsmöglichkeiten des Studiums an der Universität bewirken vermutlich auch, dass Unistudentinnen und -studenten öfter Auslandspraktika oder Auslandssemester absolvieren, obwohl sich der Anteil der Auslandserfahrungen in den letzten Jahren auch an den Fachhochschulen erhöht hat.

	Vorteile	Nachteile
Studium	• gute Karrierechancen • höheres Einstiegsgehalt • größere Gehaltssteigerungen • breites Wissen • vielfältige Qualifikationen • geringeres Risiko der Arbeitslosigkeit (laut Statistik) • Eigenverantwortung zeigen können	• erfordert Selbstdisziplin, Ausdauer, Eigeninitiative • kein/kaum Einkommen während der Ausbildung • teilweise Bildungskredite und Schulden • später Berufseinstieg • Theoriekenntnisse/wenig Praxiserfahrung beim Unistudium
Ausbildung	• eigenes Einkommen mit Ausbildungsbeginn • schnelle praktische Erfahrungen • bei gutem Abschluss Chance der Weiterbeschäftigung im Betrieb • Selbstständigkeit ist möglich • als Handwerksmeister/-in studieren	• weniger Freiheiten für Entscheidungen • geringeres Einstiegsgehalt

Vorteile – Nachteile: Studium oder Ausbildung?

Persönliche Betreuung oder überfüllte Seminare?

Einen großen Vorteil haben Fachhochschulen häufig durch ihre übersichtliche Größe. Lehrende und Lernende kennen sich und somit ist die Betreuung persönlicher. In Universitäten sind Wartezeiten auf Seminare, überfüllte Seminarräume und Hörsäle hingegen keine Seltenheit.

Berufliche Aussichten?

Die Spitzenpositionen von Unternehmen werden bisher überwiegend von Universitätsabsolventen belegt. Wer eine wissenschaftliche Karriere anstrebt, sollte eher auf einen Universitätsabschluss setzen. FH-Absolventen werden vermehrt als Arbeitskräfte in der Wirtschaft nachgefragt.

Jetzt hast du vielleicht Lust auf ein Studium bekommen und fragst dich, ob das mit dem Abschluss der Berufsreife überhaupt zu erreichen ist. Du kannst den qualifizierten Sekundarabschluss I nachholen und auf einer Fachoberschule die Fachhochschulreife erwerben. Oder du machst deinen Meister und erwirbst damit die Studienberechtigung in einem Fach deiner Ausbildungsrichtung oder in Betriebswirtschaftslehre.

1 Ordne dich ein. Welche der angegebenen Interessensgebiete und Berufsfelder decken sich mit deinen Berufsvorstellungen? (Vgl. S. 72).

P 2 Finde heraus, welche Ausbildungseinrichtungen in deiner Region existieren. Welche fachlichen Schwerpunkte haben diese Einrichtungen?

3 Duale Ausbildung oder Berufsfachschule? Informiere dich und stelle Vor- und Nachteile zusammen.

P 4 Stelle mithilfe des Schemas Bildungswege fest, welche Wege es für dich zum Studium gibt.

5 Internet- und Recherchetipps:
a) „Check deine Talente" unter http://www.planet-beruf.de/BERUFE-Universum (Stand: 30.8.2011). Inwieweit stimmen die Vorschläge mit deinen Berufswünschen überein?
b) Fachhochschüler oder Hochschulabsolvent? Nutze diesen Onlinetest: http://studium-ratgeber.de/hochschultest.php (Stand: 30.8.2010).

3 Berufsorientierung: Sich informieren und entscheiden

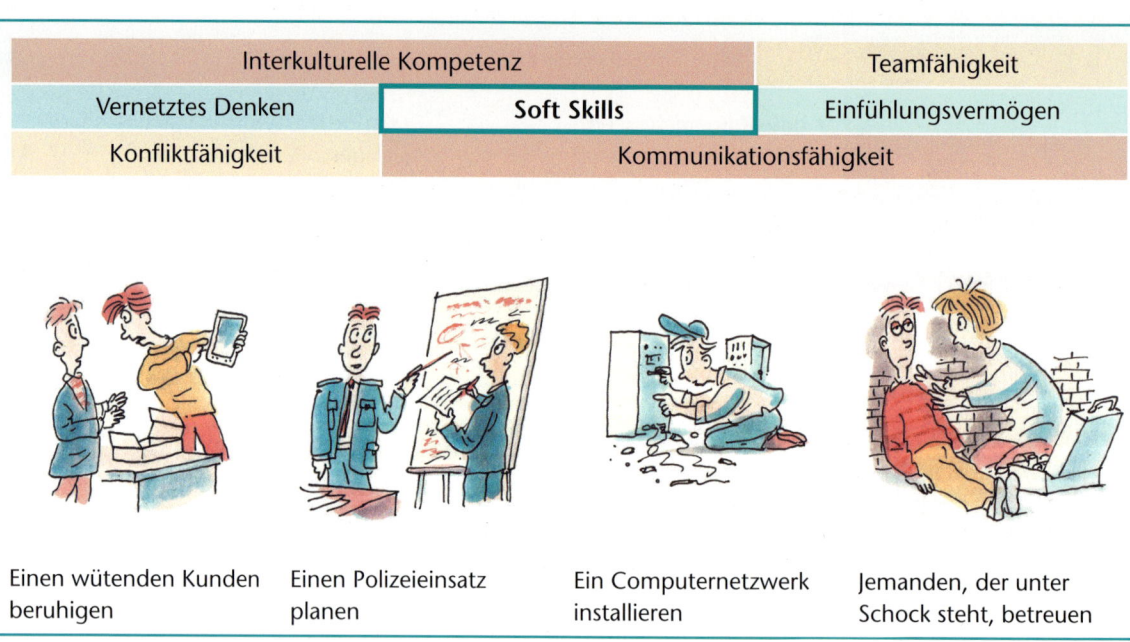

Interkulturelle Kompetenz		Teamfähigkeit
Vernetztes Denken	**Soft Skills**	Einfühlungsvermögen
Konfliktfähigkeit	Kommunikationsfähigkeit	

Einen wütenden Kunden beruhigen

Einen Polizeieinsatz planen

Ein Computernetzwerk installieren

Jemanden, der unter Schock steht, betreuen

Wichtige Kompetenzen in der Berufswelt

Berufliche Anforderungen heute und morgen

Wie sich die Berufswelt im Jahr 2040 verändert hat, schildert John am Beispiel des Bäckereihandwerks. Schon der Name der Ausbildung „Fachangestellter für Systembackwaren" verrät etwas über die drastischen Veränderungen. Die Produktion von Brötchen wurde so stark automatisiert, dass Auszubildende hauptsächlich in der Lage sein müssen, die unterschiedlichen Backprogramme auf dem Computer zu bedienen und die vollautomatisierte Produktion zu überwachen. Neben den immer höheren Anforderungen im Umgang mit Computern und Software (Hard Skills) erwarten Arbeitgeber/-innen heute vor allem Soft Skills von ihren Auszubildenden.

> Soft Skills sind Fähigkeiten, die dazu beitragen, gemeinsam Ziele in einer Gruppe zu erreichen (z. B. Teamfähigkeit, Einfühlungsvermögen).

Hinzu kommt, dass die Technik sich sehr schnell verändert, sodass man sich ständig fortbilden muss, um immer auf dem neuesten Stand zu sein. Natürlich sind die Anforderungen nicht bei allen Berufen gleich. Ob du in der IT-Branche arbeitest, eine Ausbildung als Tierpfleger/-in machst, Konditor/-in werden möchtest oder vielleicht sogar Kriminalkommissar/-in – jeder dieser Berufe erfordert ganz spezielle Kompetenzen, darunter auch Soft Skills.

Beispiel Kriminalkommissar/-in

Wenn du Kriminalkommissarin werden möchtest, musst du ein Teamplayer sein. Dass heißt, dass du gut in einer Gruppe arbeiten kannst und weißt, wann man sich zugunsten eines gemeinsamen Ziels etwas zurücknehmen muss. Du darfst nicht älter als 33 Jahre sein und brauchst einen Notendurchschnitt von 3,0 im Abitur. Außerdem darfst du als Frau nicht kleiner als 1,62 m, als Mann nicht kleiner als 1,66 m sein. Wenn du glaubst, dass du wie in einer Krimiserie wild durch die Gegend schießen kannst, solltest du lieber nicht Kriminalkommissarin werden.

Beispiel Tierpfleger/-in

Als Tierpfleger brauchst du weniger Gespür für Menschen als vielmehr ein Gespür für Tiere und ihre besonderen Bedürfnisse und Verhaltensweisen. Hier benötigst du kein Abitur, sondern einen guten mittleren Schulabschluss. Außerdem soll-

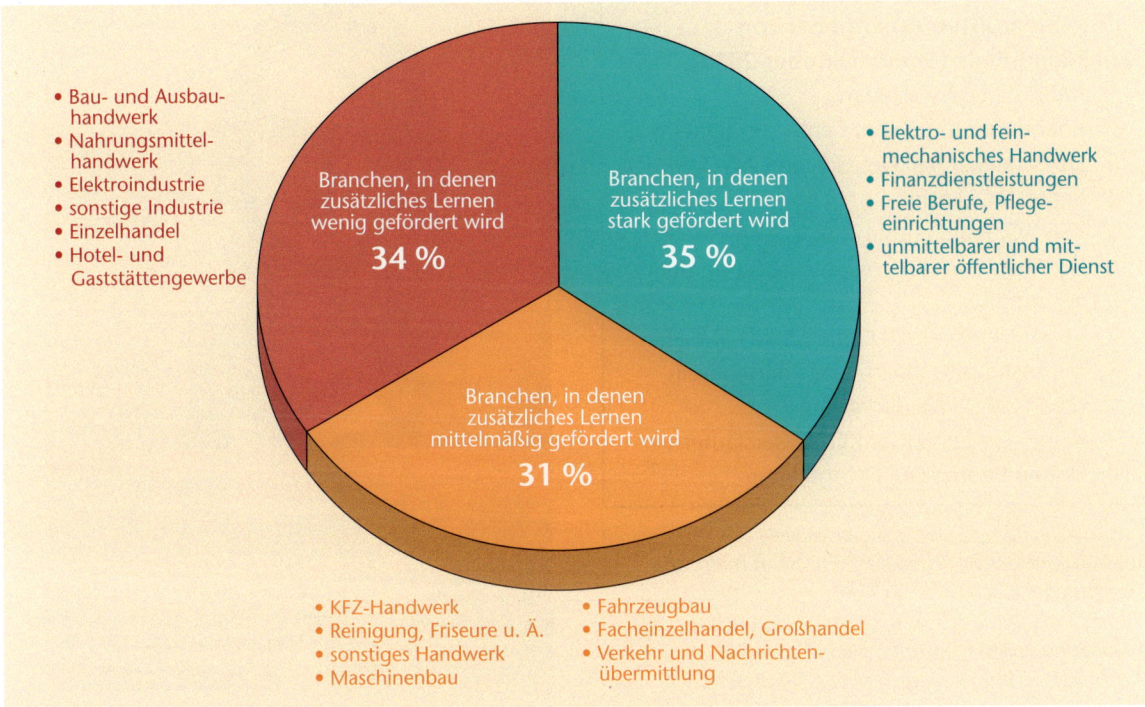

- Bau- und Ausbau-
  handwerk
- Nahrungsmittel-
  handwerk
- Elektroindustrie
- sonstige Industrie
- Einzelhandel
- Hotel- und
  Gaststättengewerbe

Branchen, in denen
zusätzliches Lernen
wenig gefördert wird
34 %

Branchen, in denen
zusätzliches Lernen
stark gefördert wird
35 %

- Elektro- und fein-
  mechanisches Handwerk
- Finanzdienstleistungen
- Freie Berufe, Pflege-
  einrichtungen
- unmittelbarer und mit-
  telbarer öffentlicher Dienst

Branchen, in denen
zusätzliches Lernen
mittelmäßig gefördert wird
31 %

- KFZ-Handwerk
- Reinigung, Friseure u. Ä.
- sonstiges Handwerk
- Maschinenbau

- Fahrzeugbau
- Facheinzelhandel, Großhandel
- Verkehr und Nachrichten-
  übermittlung

Wo Lernen gefördert wird

test du bereits ein Praktikum gemacht haben. Die Systematik der Tierwelt und vor allem das Verhalten der Tiere spielt während der Ausbildung eine große Rolle. Wie du dir vielleicht denken kannst, ist außerdem ein Sinn für Sauberkeit und Hygienebewusstsein von Bedeutung.

Beispiel Konditor/-in
Als Konditorin ist besonders dein Organisationstalent und Durchhaltevermögen gefragt: Du musst Teige anrühren, Bleche in den Ofen schieben und alle Torten und Kuchen pünktlich fertig haben und arbeitest die ganze Nacht durch. Später kannst du Eis und Schokoladenspezialitäten herstellen und die leckersten Füllungen und Cremes anrühren. Um mit der Ausbildung beginnen zu können, brauchst du den Abschluss der Berufsreife.

Beispiel Fachinformatiker/-in
Die IT-Branche ist ein Berufsfeld, das in der Zukunft immer mehr an Bedeutung gewinnt. Da du viel unterwegs bist, musst du mobil und flexibel sein. Als Fachinformatikerin für Systemintegrati-

on planst, installierst und wartest du Systeme der Informations- und Telekommunikationstechnik im eigenen Unternehmen oder für Kunden. Hier wird vor allem logisches Denken und Spaß an der Arbeit mit Computern verlangt.

> Moderne Berufswelt bedeutet, flexibel und mobil zu sein und sich ständig weiterzubilden!

1 Finde heraus, welche Soft Skills bei den hier vorgestellten Berufen verlangt werden.

E **2** Entwickle Kriterien bzw. Fragen, um
P herauszufinden, welche Soft Skills jemand besitzt, z. B. Kriterien für Teamfähigkeit.

3 Welche Anforderungen hättet du an einen idealen Arbeitgeber? Diskutiert in der Klasse, ob es solche Arbeitgeber gibt!

P **4** Recherchiere von zwei Ausbildungsberufen deiner Wahl die Anforderungen. Nutze dazu das Internet.

Die zehn größten Arbeitgeber von Rheinland-Pfalz (Stand: Oktober 2010)

1. BASF SE, Ludwigshafen
2. Boehringer Ingelheim GmbH, Ingelheim
3. DB Schenker Rail Deutschland AG, Mainz
4. Schott AG, Mainz
5. KSB AG, Frankenthal
6. Hornbach Holding AG, Neustadt an der Weinstraße
7. VINCI Deutschland GmbH, Ludwigshafen
8. Marienhaus Kranken- und Pflegegesellschaft mbH, Waldbreitbach
9. Keiper GmbH & Co. KG, Kaiserslautern
10. United Internet AG, Montabaur

Zur Abb. rechts: „Bei der DB gibt es viele abwechslungsreiche Tätigkeitsbereiche in mehr als 25 Berufen. Da ich mich für Elektronik, Software und komplexe Systeme interessiere, habe ich mich für die Ausbildung zur Mechatronikerin entschieden. Was mich noch überzeugt hat: Die DB bietet auch vielseitige Weiterbildungsmöglichkeiten.“

Ausbildung: gewerblich-technische Berufe

„Als Mechatronikerin bei der DB sorge ich dafür, dass Maschinen und Anlagen sicher laufen. Und **ich beruflich weiterkomme.“**

Die Deutsche Bahn wirbt um Auszubildende

Mein Profil und Anforderungen regionaler Unternehmen

John möchte ein konkretes Angebot für einen Ausbildungsplatz untersuchen. Hierfür hat er sich eine Liste der größten Arbeitgeber in der Region herausgesucht. Bei der Recherche stößt er auf die Stellenbörse der Deutschen Bahn. Er ist erstaunt darüber, dass dieses große Transport- und Verkehrsunternehmen in Rheinland-Pfalz rund 6900 Menschen beschäftigt (Stand 2011). Noch interessanter findet er, dass der Konzern immerhin mehr als 25 Berufe ausbildet. Das Angebot reicht von technischen Berufen über Ausbildungen im IT-Bereich bis hin zu Dienstleistungs- und serviceorientierten Ausbildungsberufen. John begrenzt die Auswahl auf Rheinland-Pfalz und gewerblich-technische Berufe wie Industriemechaniker/-in oder Mechatroniker/-in.

Infos rund um die Ausbildung in der Region erhältst du u. a. beim Girls' Day, bei Praxistagen, regionalen Messen oder auf den Internetseiten der Agentur für Arbeit.

Auf den Internetseiten der Deutschen Bahn hat John eine Stellenausschreibung für eine Ausbildung zum/zur Mechatroniker/-in gefunden. Die Ausschreibung ist lang, aber informativ. Zu folgenden Punkten wird etwas gesagt:

- Aufgabenbereiche
- theoretische Lehrinhalte
- Einsatzabteilungen
- Ausbildungsdauer
- Weiterbildungsmöglichkeiten
- Anforderungen an den Bewerber
- Ausbildungsorte
- Art des Bewerbungsschreibens

1 Analysiere das Ausbildungsangebot (S. 79) nach den genannten Punkten. Welche Informationen fehlen dir noch? Wie könntest du diese bekommen?

2 Die DB wirbt um zukünftige Azubis (siehe Abb.). Wie wirken das Foto und die Zitate der jungen Frau auf dich?

3 Recherchiere die zehn wichtigsten Arbeitgeber eines Bundeslandes deiner Wahl.

Azubi zum/zur Mechatroniker/-in

Ausschreibungsnummer: 123456

Unternehmensbereich:	DB AG Holding/zug. Unternehmen
Unternehmen:	DB Mobility Logistics AG
Abteilung:	HFS
Einsatzorte:	Rheinland-Pfalz (verschiedene Standorte)

Aufgaben:

Als Mechatroniker/-in setzen Sie Ihr Know-how in den Fachgebieten Maschinenbau, Elektrotechnik und Informatik in die Praxis um. Sie sind Spezialist/in für alle mechanischen Geräte und Maschinen, die mit elektrischen oder elektronischen Elementen verbunden sind. Sie montieren und warten komplexe Anlagen und Fahrzeuge wie den ICE. Dazu gehört auch das Programmieren, Installieren und Testen moderner Hard- und Softwarekomponenten sowie der Bau elektrischer, pneumatischer oder hydraulischer Steuerungen, z. B. für elektrische Triebzüge oder Reisezugwagen.

Wir vermitteln Ihnen Kenntnisse mechatronischer Systeme sowie ihrer Montage und Instandhaltung in Maschinen, Anlagen und Schienenfahrzeugen. Betriebliche und technische Kommunikation, Themen der Prozessoptimierung und des Qualitätsmanagements sowie vielfältige Arbeiten an Hard- und Softwarekomponenten runden Ihre Ausbildung ab.

Die Einsatzschwerpunkte in unseren Konzernunternehmen:
Bei der DB Regio AG werden Sie in modernen Instandhaltungswerkstätten unserer Fahrzeugflotte eingesetzt.
Bei den DB Services Gesellschaften werden Sie in Bau, Wartung und Instandhaltung von Aufzugsanlagen, Fahrtreppen, Rolltoren, mobilen Einstiegshilfen sowie der Installation von Elektrischen Baugruppen eingesetzt.

Die Ausbildung dauert 3,5 Jahre und kann bei guten Leistungen vorzeitig abgeschlossen werden. Ihre Weiterbildungsmöglichkeiten: IHK-Meister/-in (Industrie, Elektrotechnik), IHK-Techniker/-in, Fernstudiengänge FH (z. B. Dipl. Ing. Mechatronik).

Anforderungen:

Sie verfügen über einen sehr guten Hauptschulabschluss oder besser, mit guten Noten in den naturwissenschaftlichen Fächern sowie handwerkliches Fingerspitzengefühl und eine ausgeprägte technische Begabung. Außerdem zählen Selbstständigkeit und Verständnis für Funktionen und Konstruktionen technischer Geräte zu Ihren Stärken.

Zusätzliche Informationen:

Ausbildungsplätze zum/zur Mechatroniker/-in bieten die Konzernunternehmen der Deutschen Bahn an folgenden Einsatzorten in Rheinland-Pfalz an:
Kaiserslautern (DB Regio, DB Services), Ludwigshafen (DB Regio), Trier (DB Regio)

Wir freuen uns über Ihre Onlinebewerbung an unseren Ausbildungsservice, der Ihre Bewerbung zentral koordiniert. Gern prüfen wir Ihre Bewerbung auch auf weitere Ausbildungsmöglichkeiten innerhalb des Konzerns.

Ausführliche Informationen zu den ausbildenden Konzernunternehmen und unseren Ausbildungsberufen erhalten sie unter www.deutschebahn.com/konzern und www.deutschebahn.com/schueler.

Besetzung ab:	01. 09. 2012	
Bewerbungsfrist von:	20. 09. 2011	bis: 31. 12. 2011
Anzahl der Arbeitsplätze:	3	
Voll-/Teilzeit:	Vollzeit	

Für weitere Fragen stehen wir Ihnen gerne zur Verfügung.

Ansprechpartner Personalabteilung
Frau Sonja T.
Tel: 0123 456789, Fax: 0123 4567890

Bewerbungsanschrift:
DB Mobility Logistics AG
Ausbildungsservice
Presselstr. 17
70191 Stuttgart

Schulabschluss bei Mechatronikern
Ausbildungsanfänger/-innen 2008 (in %)

ohne Hauptschulabschluss
Sonstige 5 % 1 % 6 % Hauptschul-abschluss

Hochschul-reife 24 %

mittlerer Bildungs-abschluss 64 %

Was verdient man in der Ausbildung zum/zur Mechatroniker/-in?
Beispielhafte Ausbildungsvergütungen pro Monat (nicht auf DB bezogen)

1. Ausbildungsjahr: 755 bis 774 Euro
2. Ausbildungsjahr: 805 bis 819 Euro
3. Ausbildungsjahr: 861 bis 884 Euro
4. Ausbildungsjahr: 905 bis 942 Euro

Daten und Fakten zum Beruf Mechatroniker/-in

Johns Profil

Was ich gerne mache:
„Ich spiele in einer Band als Drummer und verbringe viel Zeit am Computer (Chatten und so).“

Meine Lieblingsfächer:
„Englisch und Wirtschaft“

Mein Schülerpraktikum:
„In einer Fahrradwerkstatt. Nicht so mein Ding …, aber die Kundengespräche haben mir Spaß gemacht.“

Mein Schulabschluss:
„Ich versuche mein Abitur zu schaffen.“

Mechatroniker – passt das zu mir?

John findet die Stellenausschreibung zum/zur Mechatroniker/-in sehr interessant, obwohl er gestehen muss, dass er einige Wörter nicht so ganz verstanden hat. Zum Beispiel kennt er nicht den Unterschied zwischen Elektrik und Elektronik. Er möchte also noch mehr zu den Inhalten der Ausbildung erfahren. Er weiß inzwischen, dass auf der Internetseite „Berufenet“ der Agentur für Arbeit ausführliche Beschreibungen von Ausbildungsberufen zu finden sind.

Das Anforderungsprofil beinhaltet alle Erwartungen des Arbeitgebers! Passt dein Profil zu den Anforderungen, dann sind das ideale Bedingungen!

Auf der gleichen Internetseite findet er ein Video, das ihm typische Arbeitsorte eines Mechatronikers vorstellt. Dort werden jede Menge technischer Geräte gezeigt, die durch einen Computer gesteuert werden. Ein Mechatroniker muss sich mit dem Aufbau und der Programmierung solcher Geräte auskennen.

In einem Steckbrief über den Beruf des Mechatronikers findet er außerdem heraus, was ein Auszubildender verdient und welcher Schulabschluss von den Betrieben gefordert wird. Interessant ist, dass man für diesen Beruf eigentlich keine bestimmte Schulbildung benötigt.

Die DB bietet einen relativ sicheren Arbeitsplatz, wenn man nach der Ausbildung übernommen wird. Da man mit diesem Beruf sehr viele Maschinen bedienen und warten kann, hat man viel Abwechslung. Allerdings ist das Gehalt als Mechatroniker nicht sehr hoch. Im Bundesdurchschnitt verdient man ca. 2.200 Euro (brutto).

Bei der Suche nach einem Ausbildungsplatz sollte man das Tätigkeitsfeld, den geforderten Schulabschluss, die Verdienst- und Karrieremöglichkeiten sowie die beruflichen Einsatzmöglichkeiten prüfen.

Nun hat John viele Informationen zu diesem Beruf gesammelt. Als Nächstes muss er überlegen, ob das Berufsbild zu seinem Profil passt.

Ihre Bewerbung

Sie sind interessiert an einem der hier aufgeführten Ausbildungsberufe? Dann informieren Sie sich auf unserer Internetseite und bewerben Sie sich bei uns mit folgenden Unterlagen:

- Anschreiben mit Ihrem gewünschten Ausbildungsberuf und -ort sowie einer kurzen Begründung, warum Sie sich für diese Ausbildung interessieren und wo Ihre Stärken liegen
- Lebenslauf
- Kopien der letzten beiden Schulzeugnisse
- Praktikumszeugnis (wenn vorhanden)

Nach erfolgreicher schriftlicher Bewerbung folgen:
- ein persönliches Gespräch, um sich gegenseitig kennenzulernen
- berufsspezifische Eignungstests
- je nach Berufswahl medizinische Untersuchungen

Die „Azubi-Lok" am 3.9.2007 in Leipzig

Die Azubi-Lok mit dem Slogan „Wir Menschen sind alle gleich" wurde von Offenburger Azubis entworfen. In dem Wettbewerb „Bahnazubis gegen Hass und Gewalt" engagieren sich Auszubildende der DB seit dem Jahr 2000 für mehr Zivilcourage und kollegiale Zusammenarbeit.

Einfach, schnell, online. Alle Stellenangebote und die Möglichkeit der Onlinebewerbung finden Sie unter *www.deutschebahn.com/stellenboerse.*

Weiterführende Informationen rund um den Arbeitgeber DB, die Ausbildungsberufe sowie Anprechpartner aus Ihrer Region finden Sie unter *www.deutschebahn.com/schueler.*

Wie bewerben?

Nachdem John den Ausbildungsberuf analysiert hat, möchte er noch wissen, welche Bestandteile das Bewerbungsschreiben enthalten soll. Hierfür hat er auf den Internetseiten der Deutschen Bahn eine Broschüre gefunden, in der Aussagen dazu gemacht werden (siehe Abb.). In der Ausschreibung zur Ausbildungsstelle steht außerdem, dass man gerne auch eine Onlinebewerbung einreichen kann. Das findet er spannend. Von einem Freund hat er gehört, dass man dabei unbedingt darauf achten soll, nur ein einzelnes Dokument mit einem aussagekräftigen Betreff („Bewerbung als Mechatroniker") zu verschicken.

Ist das Unternehmen interessant?

Für den einen oder anderen Azubi ist nicht nur die Ausbildungsstelle wichtig, sondern auch das Drumherum. Dazu gehört zum Beispiel, ob der Ausbildungsbetrieb Weiterbildungen anbietet. So hat man die Möglichkeit, seine Qualifikationen zu verbessern und eventuell sogar eine Anstellung mit mehr Verantwortung zu erreichen.

Aber auch die Arbeitsatmosphäre ist wichtig. Die DB fördert beispielsweise mit dem Wettbewerb „Bahnazubis gegen Hass und Gewalt – Gemeinsam für ein tolerantes und respektvolles Miteinander" die Zivilcourage von Auszubildenden.

1 Würdest du John raten, sich für eine Ausbildung zum Mechatroniker bei der DB zu bewerben? Vergleiche die Stellenausschreibung mit Johns Kurzprofil (S. 80). Was passt und was nicht?

2 Vergleiche dein Profil mit den Anforderungen dieses Unternehmens. Welche Anforderungen erfüllst du schon, woran musst du noch arbeiten?

E P 3 Fertige eine Onlinebewerbung an und versende sie in einem Dokument (Tipps findest du auf S. 95).

P 4 Welche Erwartungen hast du an deine Ausbildung und deinen Betrieb? Diskutiert über den Wettbewerb „Bahnazubis gegen Hass und Gewalt".

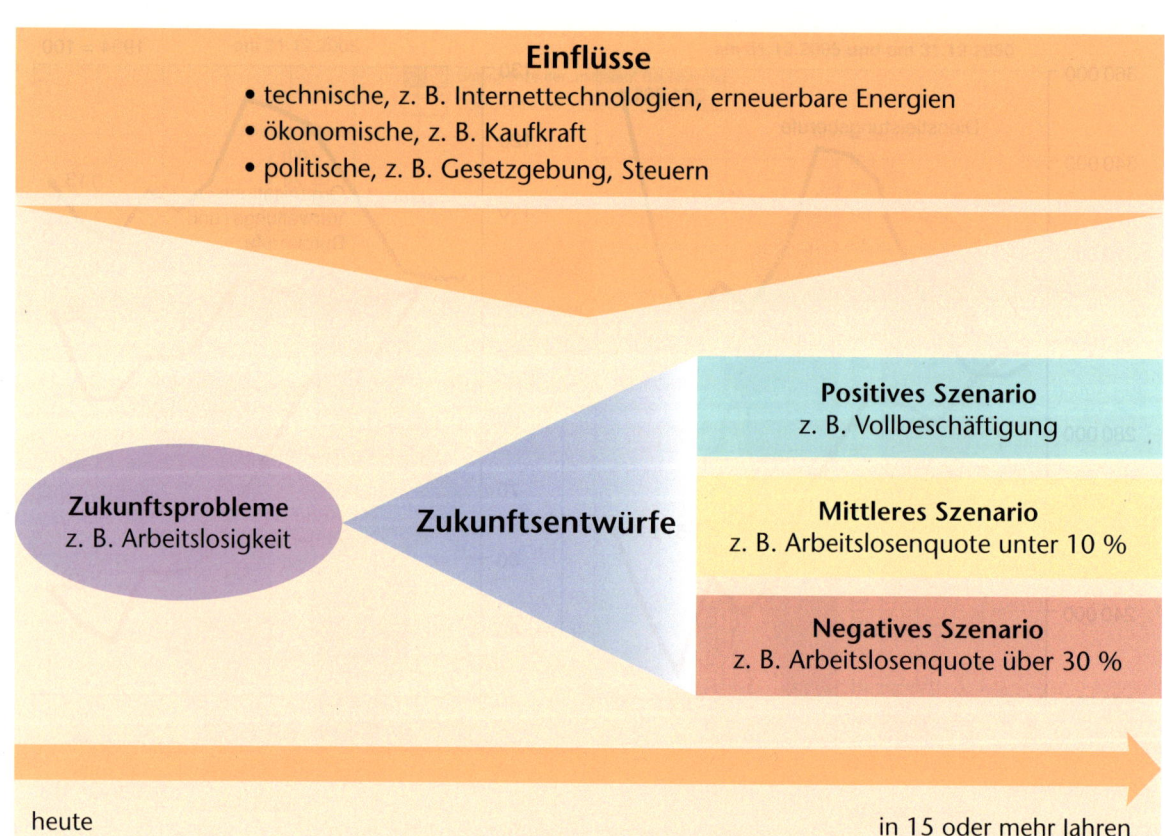

Selbst Szenarien entwickeln

vorhanden. Letzte Woche titelte eine große Zeitung: „Unser Land verliert."

Szenario II: Ein Land voller Ideen

Die Regierung hat die Folgen des demografischen Wandels rechtzeitig erkannt. Zum einen wurde mit den Unternehmen eine Initiative „Pro Familie" gegründet. Darin hatten sich Unternehmen bereit erklärt, neben familienfreundlicheren Arbeitszeiten verstärkt auch Betreuungskapazitäten anzubieten. Diese und andere Maßnahmen sollen die Geburtenrate erhöhen.

Zum anderen haben die Menschen erkannt, dass der negative Trend ohne einen Zuzug an Ausländern nicht zu stoppen ist. Im Jahr 2030 hat sich die Bevölkerungsstruktur deutlich verbessert. Auch ausländische Unternehmen siedeln sich nun aufgrund des toleranten Klimas an.

Bildung ist jedoch der zentrale Faktor. Durch die besondere Förderung von Kompetenzen in der Schule, wie beispielsweise dem Umgang mit Technik, zeigen die Jugendlichen verstärkt Interesse an technischen Ausbildungen und Studiengängen. Der Austausch mit anderen europäischen Schulen ist selbstverständlich geworden, der Ganztagsbetrieb in einem lernfördernden Umfeld ab dem Kindergarten ist Standard. Die Erwerbsquote ist zwar insgesamt geschrumpft, aber dafür ist das Angebot an Fachkräften im Verhältnis zu unqualifizierten Arbeitnehmern gestiegen. Hochqualifizierte beiderlei Geschlechts nehmen das Bundesland als tolerantes, ideenreiches und attraktives Lebensumfeld wahr.

Selbst Szenarien entwickeln

Ein Szenario zu entwickeln, ist gar nicht so einfach. Es kann dir aber eine gute Orientierung bieten, z. B. bei der Berufswahl. Wir wollen uns nun ansehen, welche Schritte man beachten muss, wenn man einen Zukunftsentwurf beschreibt.

M Die Szenario-Methode

Thema suchen	wichtige Faktoren finden	Entwicklungen aufzeigen	Szenarien aufschreiben

1. Schritt:
Ein Thema finden

Zuerst müsst ihr euch ein Thema überlegen, das für euch in der Zukunft wichtig sein kann. Zum Beispiel, „Welche Freizeitmöglichkeiten wird es in der Zukunft geben?" oder „Wie sieht die Familie der Zukunft aus?"
Hier interessieren natürlich besonders berufsbezogene Themen wie beispielsweise: „Mein Arbeitsplatz in der Zukunft."

2. Schritt:
Identifizierung relevanter Faktoren

Jetzt müsst ihr euch überlegen, welche Faktoren die Zukunft zu eurem Thema beeinflussen können. Die Entwicklung der Wirtschaft, neue Technologien, Bevölkerungszahlen, Anzahl an Lehrern, politische Entscheidungen und noch viele andere Faktoren können beispielsweise den Arbeitsmarkt der Zukunft beeinflussen.

3. Schritt:
Entwicklungstendenzen aufzeigen

Die relevanten Faktoren können sich in der Zukunft unterschiedlich entwickeln. Beispielsweise könnten die Menschen wieder mehr Kinder bekommen oder noch weniger. Je nachdem kann sich unsere Bevölkerung positiv oder negativ entwickeln. Es kann sein, dass in Zukunft noch mehr Fachkräfte in der IT-Branche gebraucht werden oder dass im Bereich erneuerbarer Energien viele Arbeitsplätze entstehen.

4. Schritt:
Entwicklung von Szenarien

Nicht leicht ist es, die unterschiedlichen Faktoren und ihre Entwicklungen in Beziehung zueinander zu setzen. Überlegt euch zuerst, ob ihr ein positives oder ein negatives Zukunftsbild entwerfen wollt. Danach fragt ihr euch, wie sich die einzelnen Faktoren entwickeln müssen, damit dies auch in Zukunft eintritt. Die Szenarien auf den vorangegangen Seiten können euch als Anregung dienen.

Konsequenzen ableiten

Was passiert nun, wenn die einzelnen Zukunftsentwürfe eintreffen und Realität werden? Das ist die schwierigste Frage bei der Entwicklung von Szenarien. Denn nun geht es darum, seinen eigenen persönlichen Lebensplan zu entwerfen.

Um das Szenario zu nutzen, könnt ihr:
- eure Chancen und Risiken bestimmen,
- überlegen, wie ihr Chancen nutzen könnt,
- überlegen, wie ihr Risiken vermindern könnt,
- einen eigenen Lebensplan entwerfen.

1 a) Erkläre, was man unter demografischem Wandel versteht. b) Suche Meldungen dazu in der Zeitung oder dem Internet.

P 2 Teilt die Klasse in verschiedene Gruppen ein und entwickelt eigene Szenarien über den Arbeitsmarkt der Zukunft.

3 Wie siehst du deine momentanen Berufschancen? Diskutiert in der Klasse anhand der beschriebenen Szenarien.

4 Analysiere die Grafik auf Seite 83 und stelle eine Verbindung zu den Szenarien her.

Industriekletterer bei der Arbeit am Westportal des Reichstagsgebäudes

Mit einer soliden Ausbildung hoch hinaus: Industriekletterer/-kletterin

Industriekletterer gibt es erst seit ca. 80 Jahren. Die ersten Industriekletterer halfen beispielsweise beim Bau der Golden Gate Bridge oder des Hoover Staudamms in Amerika. Dort gehörten Sie zu den bestbezahlten Arbeitern.

Der Beruf des Industriekletterers bzw. der Industriekletterin ist **kein Ausbildungsberuf**. Die meisten Industriekletterer haben vorher eine Ausbildung absolviert, zum Beispiel Dachdecker/-in, Schreiner/-in oder Gebäudereiniger/-in.

Abwärts nicht aufwärts!

Eine der bekanntesten Kletteraktionen war die Verhüllung des gesamten Reichstages im Jahr 1995. Damals verhüllten 100 Kletterinnen und Kletterer für das Künstlerehepaar Christo das Gebäude mit über 100 000 Quadratmetern Plane.

Industrieklettern ist nicht mit dem Sportklettern zu vergleichen. Dies erkennt man bereits daran, dass Industriekletterer sich meist von einem Gebäude abseilen und nicht hinaufklettern. In drei speziellen Kursen kann man zum Industriekletterer ausgebildet werden. Insgesamt dauert die komplette Ausbildung circa drei Wochen.

Sicherheit wird großgeschrieben

Im Gegensatz zum Sportklettern gibt es auch ganz besondere Sicherheitsvorkehrungen. So arbeiten die Kletterer fast alle mit einer zweiten Sicherung. Neben dem Trageseil wird ein zweites Seil ausschließlich zur Sicherung benutzt. Sollte einmal das Trageseil versagen, blockiert das Sicherungsgerät automatisch und verhindert so den Absturz des Arbeiters. Jedes verwendete Seil muss mindestens 22 Kilonewton aushalten. Dies entspricht einem Gewicht von zwei Tonnen. Selbstverständlich muss man beim Arbeiten einen Helm tragen. Der folgende Text gibt euch einen Einblick in den Alltag einer Industriekletterin.

Wo und wie wird gearbeitet?

- Draußen oder drinnen?
- Stehend oder sitzend?
- Schmutzig oder sauber?

Wie sind die Arbeitszeiten gestaltet?

- Überstunden?
- Arbeiten am Wochenende?
- Schichtarbeit?

Arbeitsaufgaben

- Welche Aufgaben nerven?
- Was macht Spaß?
- Mit wem arbeitet man zusammen?

Verdienst und Karriere

- Wie viel kann man verdienen?
- Welche Karrierechancen hat man?

Tipps für deinen Fragebogen

Welche Arbeiten machen in Ihrem Beruf keinen Spaß?

Hoch hinaus

Sabine, eine ausgebildete Gebäudereinigerin, ist eine der wenigen Frauen, die als Industriekletterrinnen arbeiten. Morgens um sieben Uhr beginnt ihr Arbeitstag. Erste Station ist ein Gebäude, an dem Schrauben nachgezogen werden müssen. Sabine und ihr Team haben Glück. Sie können die schwere Ausrüstung mit dem Fahrstuhl bis in den zehnten Stock schaffen. Die restlichen zwei Stockwerke müssen zu Fuß geschafft werden. Auf dem Dach weht ein eisiger Wind. Der Abstieg wird vorbereitet. Jeder Handgriff sitzt. Nun beginnt der Abstieg. Die Wände werden überprüft und die notwendigen Ausbesserungsarbeiten werden vorgenommen. Man arbeitet Hand in Hand. Auf die Teamkollegen muss man sich verlassen können. Danach wird alles wieder ordnungsgemäß eingepackt und das Team macht sich auf den Weg zur nächsten Arbeitsstelle. Der Hafen ist einer von Sabines Lieblingsarbeitsorten. Hier sollen sie bei alten Museumskranen Wartungsarbeiten vornehmen. Die alten Greifarme müssen inspiziert, teilweise gereinigt und neu

geschmiert werden. Der Blick über den Hafen ist herrlich, allein für die tolle Kulisse hat sich der Beruf gelohnt. Allerdings muss man im Hafen wegen der starken Winde aufpassen.
Die letzte Station für Sabine und ihr Team ist ein altes Gebäude, bei dem das Dach inspiziert werden muss. Hier müssen die Kletterer zum ersten Mal hochklettern. Nach fast zehn Stunden ist Sabines Arbeitstag zu Ende. In ihrem Beruf muss sie sehr flexibel sein und auch innovativ. Viele Arbeiten sind sehr anstrengend und das Zusammenlegen der Seile macht wenig Spaß. Trotzdem hat Sabine ihren Traumberuf gefunden.

1 An welchen Arbeitsorten ist eine Industriekletterin tätig und welche Anforderungen werden an diesen Beruf gestellt?

P 2 Entwickle einen Fragebogen, um dich über einen Ausbildungsberuf genauer zu informieren. Die Tipps oben helfen dir.

3 Was unterscheidet den Industriekletterer von anderen Berufen?

Kenne deine Kompetenzen

	Sozial-kompetenzen	Methoden-kompetenzen	Fachkompetenzen/technische Kompetenzen	Interkulturelle Kompetenzen
Konkretes Problem	Streit schlichten	Bewerbung für ein Betriebspraktikum schreiben	Fahrradpanne beheben	Ortsbeschreibung in einer fremden Sprache
Notwendige Fähigkeiten	zuhören	Textverarbeitung am Computer	handwerkliches Geschick	Fremdsprachen-kenntnisse
Mögliche Situationen im Beruf	Kunden-beschwerde	eine Rechnung schreiben	Reparaturauftrag für eine Heizung	eine Dienstreise im Ausland

Meine Kompetenzen und wobei ich sie schon gebraucht habe

Interview mit einem Ausbilder für Industriekletterer

John hat einen staatlich anerkannten Ausbilder für Industriekletterer zu diesem interessanten Berufsbild befragt.

John: Können Sie mir in einem Satz sagen, was ein Industriekletterer macht?

Ausbilder: Industriekletterer erledigen ganz unterschiedliche Arbeiten, von Reinigungs- bis zu Montagearbeiten, indem sie sich mit einer speziellen Technik abseilen.

John: Welche Kompetenzen muss man für den Beruf mitbringen?

Ausbilder: Die wichtigsten Voraussetzungen sind absolute Teamfähigkeit, körperliche Belastbarkeit und handwerkliches Geschick.

> Kompetenzen sind Fähigkeiten und Fertigkeiten, um in bestimmten Gebieten und Situationen Probleme lösen zu können.

John: Wer kann Industriekletterer werden?

Ausbilder: Industriekletterer kann jeder werden. Es empfiehlt sich aber, vorher eine handwerkliche Ausbildung absolviert zu haben. Viele, die bei uns anfangen, sind gelernte Maurer, Dachdecker, Techniker oder Monteure.

John: Wie finde ich heraus, ob der Beruf des Kletterers für mich geeignet ist?

Ausbilder: Zunächst sollte man schwindelfrei sein und ein paar Schnupperkurse im Klettern belegen. Dabei kann man feststellen, ob einem das lange In-der-Luft-Hängen liegt. Zu Beginn der Ausbildung muss man ein ärztliches Attest über seine körperliche Tauglichkeit für Höhenarbeiten vorlegen. Auch während des späteren Arbeitslebens muss sich ein Industriekletterer regelmäßig von einem Facharzt für Arbeitsmedizin untersuchen lassen.

John: Gibt es auch Frauen, die diesen Beruf erlernen?

Ausbilder: Leider nur sehr wenige! Viele trauen sich die hohe körperliche Belastung nicht zu.

John: Gibt es auch unangenehme Tätigkeiten in diesem Beruf?

Ausbilder: Klar, beispielsweise Taubendreck entfernen, macht kaum jemandem Spaß. Außerdem ist die Arbeit bei Kälte oder Regen anstrengend und manchmal unangenehm. Die Arbeitszeiten sind nicht immer regelmäßig.

Der Kompetenzenbaum

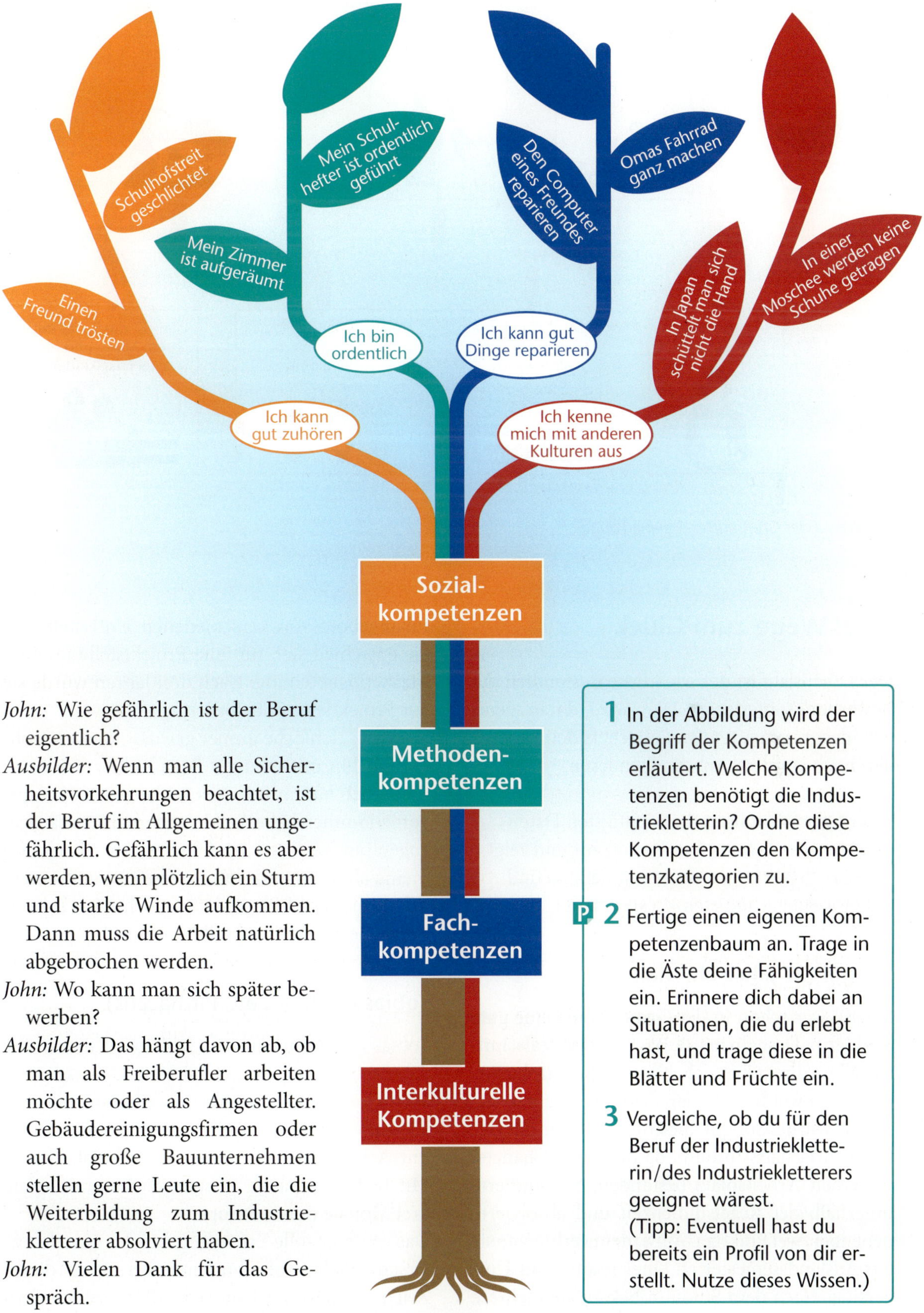

Schulhofstreit geschlichtet

Mein Schul-
hefter ist ordentlich
geführt

Den Computer
eines Freundes
reparieren

Omas Fahrrad
ganz machen

Mein Zimmer
ist aufgeräumt

Einen
Freund trösten

Ich bin
ordentlich

Ich kann gut
Dinge reparieren

In Japan
schüttelt man sich
nicht die Hand

In einer
Moschee werden keine
Schuhe getragen

Ich kann
gut zuhören

Ich kenne
mich mit anderen
Kulturen aus

**Sozial-
kompetenzen**

**Methoden-
kompetenzen**

**Fach-
kompetenzen**

**Interkulturelle
Kompetenzen**

John: Wie gefährlich ist der Beruf eigentlich?

Ausbilder: Wenn man alle Sicherheitsvorkehrungen beachtet, ist der Beruf im Allgemeinen ungefährlich. Gefährlich kann es aber werden, wenn plötzlich ein Sturm und starke Winde aufkommen. Dann muss die Arbeit natürlich abgebrochen werden.

John: Wo kann man sich später bewerben?

Ausbilder: Das hängt davon ab, ob man als Freiberufler arbeiten möchte oder als Angestellter. Gebäudereinigungsfirmen oder auch große Bauunternehmen stellen gerne Leute ein, die die Weiterbildung zum Industriekletterer absolviert haben.

John: Vielen Dank für das Gespräch.

1 In der Abbildung wird der Begriff der Kompetenzen erläutert. Welche Kompetenzen benötigt die Industriekletterin? Ordne diese Kompetenzen den Kompetenzkategorien zu.

P 2 Fertige einen eigenen Kompetenzenbaum an. Trage in die Äste deine Fähigkeiten ein. Erinnere dich dabei an Situationen, die du erlebt hast, und trage diese in die Blätter und Früchte ein.

3 Vergleiche, ob du für den Beruf der Industriekletterin/des Industriekletterers geeignet wärest.
(Tipp: Eventuell hast du bereits ein Profil von dir erstellt. Nutze dieses Wissen.)

Lebenslauf und Bewerbung

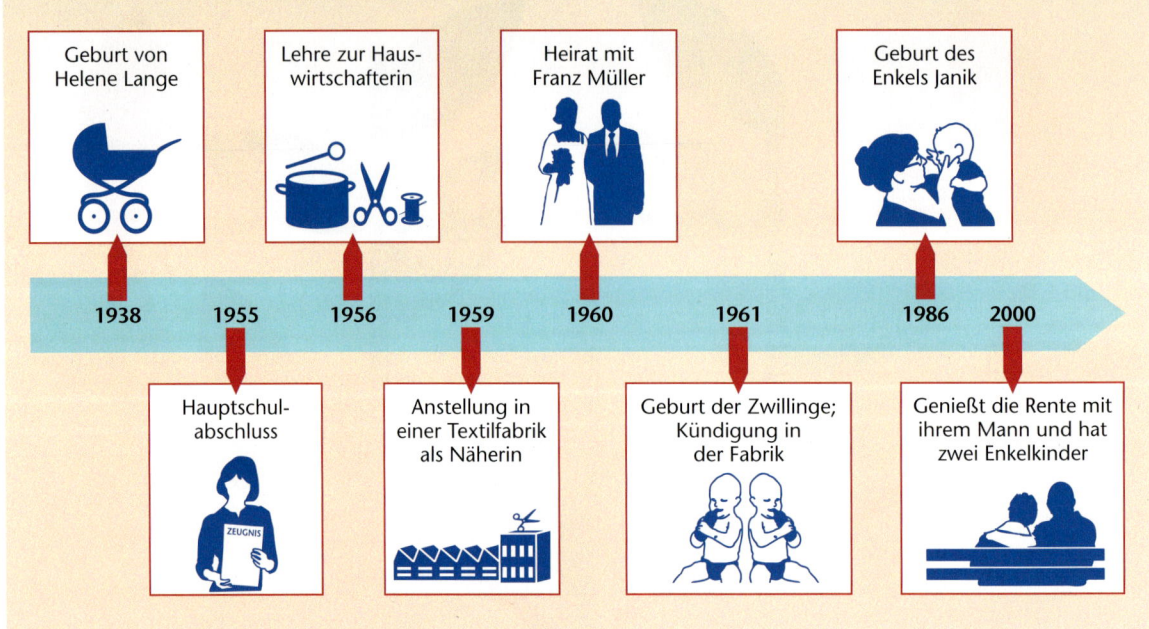

Lebenslauf der Großmutter, Helene Lange

Zwei Wege zum Glück

Der Lebenslauf ist der wichtigste Bestandteil der Bewerbungsunterlagen. Dies wird daran deutlich, dass die meisten Personalchefs den Lebenslauf noch vor dem Anschreiben lesen.

> Der Lebenslauf listet die wichtigsten Daten im (Berufs-)Leben einer Person auf und zeigt, welche Erfahrungen sie gesammelt hat und über welche Kompetenzen sie verfügt.

Songül (27 Jahre alt, Mainz)

Songül war schon in der Grundschule eine gute Schülerin. Deshalb hat sie nach ihrem Realschulabschluss direkt ihr Fachabitur nachgemacht. Für die Eltern war immer klar, dass ihre Tochter studieren würde. Songül entschied sich für ein Betriebswirtschaftsstudium, da dort gute Chancen für einen Arbeitsplatz bestanden. Sie studierte innerhalb der Regelstudienzeit und absolvierte nebenbei zwei Praktika. Außerdem verbrachte sie ein Auslandssemester an einer spanischen Universität. Nach dem Studium bekam sie mehrere Jobangebote von verschiedenen Unternehmen. Sie entschied sich für eine Projektstelle in einer Marketingabteilung. Nach drei Jahren wurde sie zur Projektleiterin befördert.

SONGÜL: „Ich habe immer gewusst, was ich wollte, und bin mit meinem Beruf sehr zufrieden." Eigentlich hat immer alles geklappt, was ich mir vorgenommen habe. Seitdem ich zu Hause ausgezogen bin, vermisse ich öfters meine Eltern und meine alten Freunde. Für Freizeit ist in meinem Leben nicht viel Platz, dafür möchte ich irgendwann die Marketingabteilung leiten."

Tobias (29 Jahre alt, Pirmasens)

Tobias war immer ein sehr lebhaftes Kind. In der Schule beteiligte er sich viel an Diskussionen. Wenn ihn der Unterricht langweilte, störte er oft. Deshalb flog er vom Gymnasium und schaffte mit Ach und Krach seinen Realschulabschluss. Mit 18 Jahren packte er seine Sachen und reiste drei Monate durch Europa.

Das war eine tolle Erfahrung, bei der er viele unterschiedliche Kulturen kennenlernte. In dieser Zeit beschloss er, sich mehr für die Gesellschaft zu

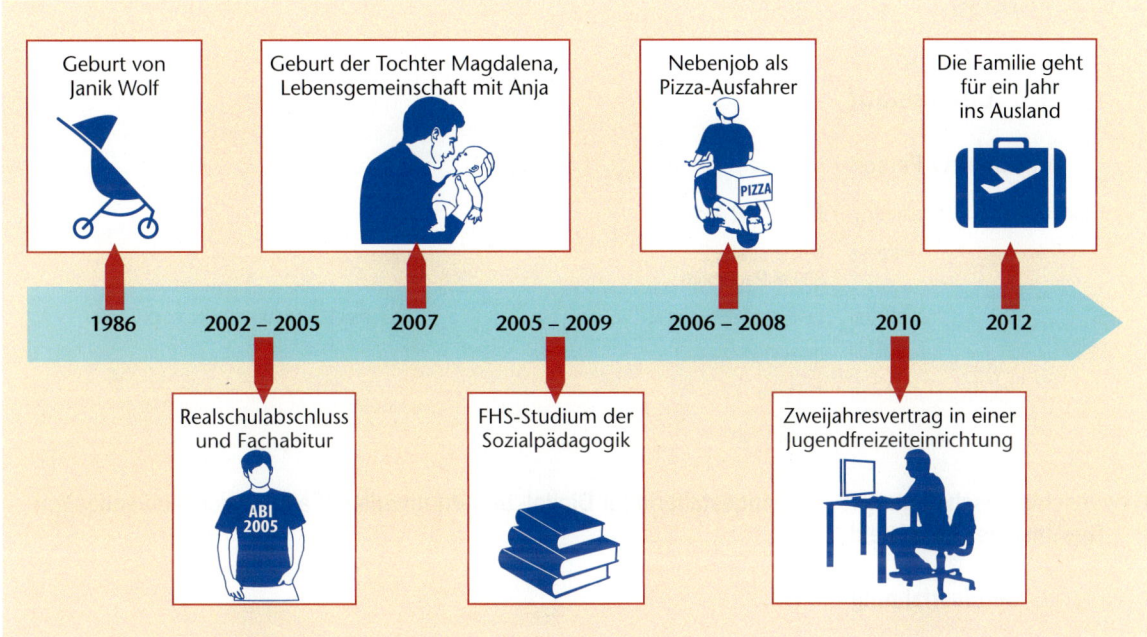

Lebenslauf von Janik, dem Enkel von Helene Lange

engagieren. Deshalb absolvierte er ein freiwilliges soziales Jahr in Nigeria. Das Leben dort war ganz anders als in Deutschland. So viel Armut und Probleme hätte er sich nie vorstellen können.

Zurück in Deutschland begann eine harte Zeit. Seine Freundin überzeugte ihn, eine Schreinerlehre zu beginnen. Doch wegen seines schlechten Schulabschlusses fand er nur schwer eine Lehrstelle und an das alte Leben konnte er sich nur mit Mühe wieder gewöhnen. Als es dann mit der Lehrstelle klappte, war er sehr glücklich.

Nach seiner erfolgreichen Abschlussprüfung konnte ihn der Betrieb nicht übernehmen und Tobias wurde arbeitslos. Dies war eine schlimme Zeit, beinahe hätten er und seine Freundin sich getrennt. Er probierte in dieser Zeit in der Garage seiner Eltern viel aus. Er hatte die Idee, alte Möbel zu restaurieren und bei Ebay zu verkaufen. Am Anfang lief das Geschäft nur schleppend. Mittlerweile hat er jedoch eine eigene Firma mit einer Holzwerkstatt und fünf Angestellten. Die Möbelstücke verkauft er auch über seine eigene Homepage. Ach ja, und seine Freundin erwartet bereits ihr zweites Kind. Heiraten wollen sie aber trotzdem nicht, ist irgendwie uncool.

TOBIAS: „Ich habe viel in meinem Leben erlebt! Dabei dachte ich manchmal, ich schaff' das alles nicht. Aber meine Freundin und meine Familie haben mir immer geholfen. Im Moment ist mir alles ein bisschen zu viel, die Firma, die Kinder, Familie, die Arbeit, meine Lebenspartnerin. Ich habe kaum noch Zeit für mich. Vielleicht verkaufen wir den Laden und gehen nach Afrika …"

1 Wie findest du die Lebensläufe von Songül und Tobias? Diskutiert darüber.

2 Was finden deiner Meinung nach Personalchefs an den Lebensläufen von Songül und Tobias gut und was nicht so gut? Fertige eine Liste an.

3 Vergleiche den Lebenslauf der Großmutter mit dem ihres Enkels. Nenne Unterschiede und finde Ursachen dafür.

P 4 Auf Seite 92/93 findest du das Muster eines Europass-Lebenslaufs. Informiere dich darüber und fülle selbst einen solchen online aus: www.europass-info.de

Europass
Lebenslauf

Angaben zur Person

Nachname(n) / Vorname(n)	**MUSTER Marina**
Adresse	Musterstraße 2 33098 Paderborn
Telefon	(+49-xxx) xxx xx xx
E-Mail	muster@xxx.de
Staatsangehörigkeit	Deutsch
Geburtsdatum	02/04/1990

Mobil | (+49-xxx) xxx xx xx

Gewünschte Beschäftigung / Gewünschtes Berufsfeld

Mediengestalterin für Digital- und Printmedien (Fachbereich Mediendesign)

Berufserfahrung

Zeitraum	10/2000 →
Beruf oder Funktion	Mediengestalterin
Wichtigste Tätigkeiten und Zuständigkeiten	- Mitarbeit bei der Konzeption, Gestaltung und Realisierung neuer Online-Portale - Unterstützung bei der inhaltlichen und grafischen Optimierung bestehender Projekte - Entwicklung von Screens mit Photoshop - Umsetzung von Screens mit HTML und CSS - Opitmierung von Quellcodes für unterschiedliche Browser - Grafische Erstellung von Newslettern - Digitale Bildbearbeitung - Digitale Nachbearbeitung von Videofilmschnitten - Erstellung von Layouts für diverse Printprodukte
Name und Adresse des Arbeitgebers	Muster-Werbeagentur GmbH Musterweg 35, 33129 Paderborn
Tätigkeitsbereich oder Branche	Werbeagentur

Schul- und Berufsbildung

Zeitraum	09/2006 - 09/2009
Bezeichnung der erworbenen Qualifikation	Mediengestalterin in Digital- und Printmedien (Fachrichtung Mediendesign)
Name und Art der Bildungs- oder Ausbildungseinrichtung	Muster-Werbeagentur GmBH Musterweg 35, 33129 Paderborn
Stufe der nationalen oder internationalen Klassifikation	ISCED 3
Zeitraum	09/2000 - 08/2006
Bezeichnung der erworbenen Qualifikation	Mittlere Reife (Realschulabschluss)
Name und Art der Bildungs- oder Ausbildungseinrichtung	Lise-Meitner-Realschule Paderborn
Stufe der nationalen oder internationalen Klassifikation	ISCED 3

Weitere Informationen zum Europass finden Sie unter http://europass.cedefop.europa.eu
© Europäische Union, 2002-2010 24082010

Persönliche Fähigkeiten und Kompetenzen

Muttersprache(n) | **Deutsch /Spanisch**

Sonstige Sprache(n)

Selbstbeurteilung

Europäische Kompetenzstufe (*)

	Verstehen			Sprechen				Schreiben	
	Hören		Lesen		An Gesprächen teilnehmen		Zusammenhängendes Sprechen		
Englisch	A2	Elementare Sprachverwendung	B2	Selbstständige Sprachverwendung	B2	Selbstständige Sprachverwendung	B1	Selbstständige Sprachverwendung	B2	Selbstständige Sprachverwendung
Französisch	A1	Elementare Sprachverwendung	A2	Elementare Sprachverwendung	A1	Elementare Sprachverwendung	A1	Elementare Sprachverwendung	A2	Elementare Sprachverwendung

(*) Referenzniveau des gemeinsamen europäischen Referenzrahmens für Sprachen

Soziale Fähigkeiten und Kompetenzen

- Großes Verantwortungsbewusstsein
- Teamfähigkeit

Organisatorische Fähigkeiten und Kompetenzen

- Gute Fähigkeit, mich selbst zu organisieren, im Voraus zu planen und dabei komplexe organisatorische Zusammenhänge zu berücksichtigen
- Gutes Zeitmanagement
- Gute Fähigkeit, Prioritäten zu setzen

Diese Fähigkeiten habe ich während der Ausbildung als auch bei der Vereinsarbeit (Mitarbeit bei der Erstellung der Spielpläne und Organisation von Reisen im Fußballverein) erworben.

IKT-Kenntnisse und Kompetenzen

- Sehr gute Kenntnisse im Umgang mit folgenden Software-Programmen und Technologien: Adobe Creative Suite (Photoshop, Illustrator, Flash), W3C (XHTML, HTML, CSS, Browser-Plugins) sowie PHP, Javascript, MySQL und Smarty
- Sehr gute Kenntnisse im Umgang mit den gängigen MS-Office-Tools
- Vertraut sowohl mit PC und MAC

Künstlerische Fähigkeiten und Kompetenzen

- Gespür für gutes Design
- Erstellung von Grußkarten und Briefpapier für Familie und Freundeskreis

Sonstige Fähigkeiten und Kompetenzen

- Kreativ im Entwickeln von Ideen für Projekte
- Mut zu improvisieren und Neues auszuprobieren

Führerschein(e) | B, BE

Zusätzliche Angaben

- Mitglied im Fußballverein
- Joggen

Anlagen

In Kopie:
- Arbeitszeugnis der Muster Werbeagentur GmbH
- Berufsabschlusszeugnis Mediengestalterin
- europass Zeugniserläuterung „Mediengestalter/in Digital- und Print"
- Realabschlusszeugnis

Keine Alltagskleidung auf dem Bewerbungsfoto

„Hiermit bewerbe ich mich …"
als erster Satz klingt langweilig!

Unterschrift mit blauem Kugelschreiber

Rechtschreib- und Grammatikfehler sind ungeschickt!

Bei Onlinebewerbungen nur ein Dokument
(PDF-Datei) versenden.

Der Lebenslauf ist ein Verkaufsprospekt!

Geheimtipps für deine Bewerbung

Das richtige Outfit zählt

Der eigene Weg: Bewerbungen schreiben

Eine gute Bewerbung ist das Eintrittstor in eure berufliche Zukunft. Damit ihr zu einem Bewerbungsgespräch eingeladen werdet, ist es wichtig, eine Top-Bewerbung abzugeben.

Was gehört alles zu einer Top-Bewerbung? Bewerbung heißt, für sich zu werben. Dabei sollte man nicht übertreiben, aber auch nichts verschenken. Wer also über besondere Begabungen oder Talente verfügt, bereits Qualifikationen nachweisen kann, sollte dies dem zukünftigen Arbeitgeber mitteilen. Auch Auslandseinsätze, die Mitarbeit an besonderen Projekten kann man in einer Bewerbung erwähnen.

Dabei darf man sich nicht entmutigen lassen, wenn man erst mal mehrere Absagen bekommt. Katja hat schon mehr als dreißig Absagen erhalten und sich ihren ganzen Frust in ihrem Tagebuch von der Seele geschrieben.

„Ich verstehe nicht, warum ich so viele Absagen bekommen habe. Wahrscheinlich bekomme ich nie einen Ausbildungsplatz, obwohl ich mir doch wahnsinnig Mühe gegeben habe!

Für das Anschreiben habe ich mir viel Zeit genommen und versucht, genau zu beschreiben, warum ich gerne in diesem Unternehmen arbeiten möchte und welche Qualifikationen ich mitbringe. Da ich nur wenig Geld habe, habe ich das billigste Papier gekauft.

Einige Unternehmen wollten eine Online-Bewerbung. Das war mir aber zu kompliziert. Ein Brief ist doch auch o.k.! Wobei ich die Briefe nie so richtig gefaltet bekommen habe.

Eine Freundin von mir hatte sich schlichte Bewerbungsmappen gekauft. Die waren mir aber auch zu teuer und ich war froh, als ich ein Sonderangebot entdeckte. Das Muster auf den Mappen – japanische Mangas – war zwar etwas ausgefallen, aber ich fand sie cool.

Ich habe jeder Bewerbung ein tolles Bild von mir beigelegt. Am schönsten fand ich das von meinem letzten Mallorca-Urlaub.

Tipps für eine Online-Bewerbung

- Lege dir eine seriöse E-Mail-Adresse zu.

- Verschicke keine HTML-Mails.

- Lege dir eine Signatur zu.

- Wähle einen aussagekräftigen Betreff.

- Formuliere den Text deines Anschreibens sorgfältig.

- Füge deiner Bewerbung eine Attachment-Liste bei.

- Halte Anzahl und Größe der Attachments möglichst gering.

- Gib deinem Anhang einen aussagekräftigen Namen (z. B. „Bewerbung zum Mechatroniker").

- Stelle fest, ob deine Mail angekommen ist.

Geheimtipps für deine Bewerbung

Aussichtsreiches Bewerben?

Für den Lebenslauf habe ich mir extra eine Vorlage aus dem Internet gesucht. Dort findet man viele Tipps, was man bei Bewerbungen alles beachten muss. Ich habe gelesen, dass man in den Lebenslauf alle beruflichen und schulischen Erfahrungen in chronologischer Reihenfolge auflisten soll.
Da ich seit vier Jahren auf dem Weihnachtsmarkt arbeite, habe ich jedes Jahr einzeln aufgelistet.
Ach ja, Hobbys und besondere Qualifikationen soll man auch in den Lebenslauf schreiben. Da ich in meiner Freizeit am liebsten bei Facebook chatte oder einfach chille, habe ich chatten und chillen reingeschrieben.
Eine Freundin von mir hat ihre Zeit in der Computerschule aufgeführt und die ganzen Kurse, die sie belegt hat. Das fand ich ein bisschen zu angeberisch. Außerdem ist Lesen ja wohl kein richtiges Hobby, oder?
Irgendwie bin ich mittlerweile so frustriert, dass ich mir gar keine richtige Mühe mehr gebe."

1 Wer von euch hat schon Erfahrungen mit Bewerbungsschreiben gemacht? Sprecht in der Klasse darüber, worauf es dabei ankommt.

2 Finde heraus, was Katja alles falsch gemacht hat, und fertige eine Hitliste mit den wichtigsten Grundsätzen zum Verfassen einer Bewerbung an.

P 3 Entwirf ein Bewerbungsschreiben und lass es von deinem Nachbarn oder deiner Nachbarin korrigieren.

4 Ihr seid nun Personalleiter/-in. Jeder von euch bekommt einen Stapel mit zehn Bewerbungen. Welchen Bewerber/welche Bewerberin würdet ihr einstellen und warum?
Begründet und diskutiert eure Auswahl in der Klasse.

5 Das richtige Outfit für ein Bewerbungsgespräch – was passt, was nicht in der Zeichnung links oben?

Wer bist du, was kannst du?

Auswahlverfahren

Für Unternehmen ist die Auswahl von qualifizierten und guten Mitarbeitern sehr wichtig. Deshalb verwenden sie auf den Auswahlprozess viel Zeit und setzen unterschiedliche Verfahren und Methoden ein, um die beste Mitarbeiterin zu gewinnen. Aber auch für euch ist es wichtig zu erfahren, ob das Unternehmen, bei dem ihr euch beworben habt, euren Vorstellungen entspricht.

> Mit Auswahlverfahren versucht man die Mitarbeiter zu finden, die am besten zum Unternehmen und den Anforderungen des Arbeitsplatzes passen.

Das Auswahlinterview

Das beliebteste Auswahlverfahren ist das Auswahlinterview. Dafür gibt es viele Namen: Bewerbungsgespräch, Einstellungsgespräch, Vorstellungsgespräch usw. Die Interviews finden meist zwischen der Personalleiterin, einem Fachvorgesetzten und der Bewerberin/dem Bewerber statt. Manchmal werden auch gleichzeitig mehrere Bewerber interviewt. Das Unternehmen möchte in so einem Gespräch herausfinden, ob man wirklich motiviert ist und warum man sich gerade bei ihnen beworben hat. Die Bewerberin soll aber auch die Chance erhalten, sich über das Unternehmen zu informieren: Wie viel Geld werde ich verdienen? Wie sind meine Arbeitszeiten? Arbeite ich im Team? Gibt es einen Ausbildungsplan? Dem Interviewverfahren wird häufig vorgeworfen, dass es nicht objektiv genug ist.

> Der Eindruck, den du beim Auswahlinterview hinterlässt, entscheidet zu einem großen Teil über deine Chancen, deinen Wunschberuf zu erlernen.

Das Assessment Center

Große Unternehmen, die sehr viele Auszubildende einstellen, benutzen häufig Assessment Center (AC), um ihre Auswahl zu optimieren. Das Assessment Center ist ein Verfahren, bei dem über ein bis zwei Tage verteilt die Bewerber/-in verschiedene Aufgabenstellungen bearbeiten müssen. Häufig werden Rollenspiele zur Teamfähigkeit durchgeführt oder knifflige Problemstellungen vorgelegt. Aber auch Tests und Vorstellungsgespräche sind meist fester Bestandteil von ACs. Bei Assessment Centern schneiden häufig Personen gut ab, die besonders redegewandt sind und sich gut präsentieren können.

1. Welche positiven Aspekte haben Tests?

☑ Tests sind besonders objektiv.

☐ Tests zeigen, ob du intelligent bist oder nicht.

☑ Leistungstests sind gut geeignet, um bestimmte Fähigkeiten zu prüfen (z. B. mathematische Kenntnisse).

☑ Mit Tests kann man sehr viele Bewerber in kurzer Zeit beurteilen.

2. Welche negativen Aspekte haben Tests

☑ Tests sagen wenig über das wirkliche Verhalten im Beruf aus!

☐ Tests sind langweilig.

☑ Leute mit Prüfungsangst haben es bei Tests schwerer.

☑ Bei Tests wird nicht auf deine individuellen Fähigkeiten und Probleme Rücksicht genommen.

Vor- und Nachteile von Tests

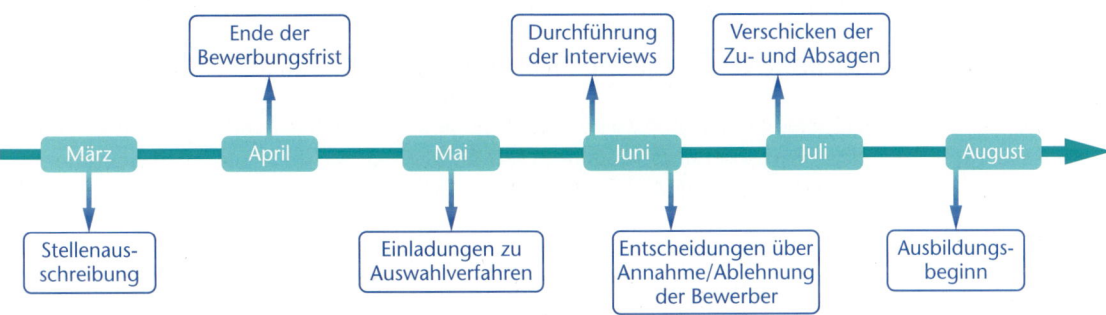

Phasen der Bewerbung

Tests

Verschiedene Testarten sind weitere Verfahren, die man benutzt, um Fähigkeiten und Fertigkeiten von Bewerberinnen und Bewerbern abzuprüfen. Leistungstests dienen beispielsweise der Überprüfung mathematischer oder sprachlicher Vorkenntnisse. Hierbei müssen die Bewerber verschiedene Aufgaben aus dem jeweiligen Fachgebiet lösen. Diese Tests werden häufig von Großunternehmen, Banken und öffentlichen Verwaltungen durchgeführt. Sie können jedoch nicht zeigen, ob eine Bewerberin später im Betrieb in der Lage ist, konkrete Probleme zu lösen.

> Tests überprüfen die Fertigkeiten und Fähigkeiten des Bewerbers. Sie sind neben den Bewerbungsunterlagen wichtige Entscheidungshilfen für den Arbeitgeber.

Psychologische Tests versuchen die Persönlichkeit eines Bewerbers ans Licht zu bringen. Mit solchen Tests kann man feststellen, ob jemand belastbar ist oder ob bei ihm ein bestimmter Charaktertyp ausgeprägt ist. Solche Charakter-

typen können beispielsweise der „Autoritätstyp" oder der „Teamplayer" sein. Dabei kann man nicht sagen, dass der eine Typ besser wäre als der andere; beide werden gebraucht. Für das Unternehmen ist es wichtig, die für die zu besetzende Stelle passende Bewerberin zu finden.

1 Diskutiert die Vor- und Nachteile der vorgestellten Auswahlverfahren.

P 2 Entwickelt in Dreier-Teams Aufgaben, die zeigen, ob jemand teamfähig ist, und testet sie in der Klasse.

P 3 Übe das Lösen von Testaufgaben. Nutze dazu das Material der Arbeitsagentur: http://www.arbeitsagentur.de/zentraler-Content/Veroeffentlichungen/Sonstiges/Orientierungshilfe.pdf

E 4 Mache Vorschläge, um die Objektivität eines Auswahlinterviews zu erhöhen.

E 5 Ladet eine Personalchefin oder einen ehemaligen Schüler zu einem Expertengespräch in die Klasse ein.

Frage	Antwort	Gute Antwort, weil …
Wie geht es Ihnen?	Danke gut. Ich bin nur ein wenig nervös, weil dieses Gespräch sehr wichtig für mich ist.	Ehrlich und selbstbewusst, Wertschätzung des Betriebes.
Warum haben Sie sich für diesen Beruf entschieden?	Wie Sie meinem Lebenslauf entnehmen können, habe ich ja bereits ein Praktikum in diesem Beruf absolviert und es hat mir sehr gut gefallen, weil ich viele verschiedene Arbeiten ausführen durfte.\ Besonders gut an dem Beruf Kaufmann im Einzelhandel gefällt mir der Umgang mit Menschen. Ich berate und helfe ihnen gern bei der Kaufentscheidung. Außerdem macht mir der Umgang mit Zahlen Spaß, ich habe immer gerne gerechnet und bin darin sehr gut.	Überzeugende, selbstbewusste Antwort, Bewerber hat Praxiserfahrung und kennt den Beruf. Arbeitet gerne und packt gerne an.
Wissen Sie, wie die Berufsausbildung aussieht?	Ich denke schon. Ich habe mir den Ausbildungsrahmenplan im Internet angeschaut und war positiv überrascht, wie vielseitig der Beruf ist. Der Umgang mit Kunden ist das eine, aber es gibt noch viele weitere Tätigkeiten. Logistik und Lager gehören dazu und im dritten Lehrjahr auch der Kassenabschluss. Außerdem muss man natürlich viel über das Sortiment wissen.	Bewerber hat sich gut informiert, selbstbewusste Antwort.

Gute Antworten auf typische Fragen 1   *(Quelle: Azubi-azubine.de; Stand: 2.9.2011)*

Interview mit einem Personalchef

John möchte gerne herausfinden, worauf es bei einem Vorstellungsgespräch wirklich ankommt. Deshalb interviewt er einen Personalchef:

John: Worauf achten Sie bei Bewerbern?

Personalchef: Zum einen sind das Kleinigkeiten, die aber wichtig für den Eindruck sind, den eine Bewerberin oder ein Bewerber macht. Zum Beispiel: Ist sie oder er ordentlich angezogen und kommt sie oder er pünktlich zum Gespräch?

John: Warum ist so etwas wichtig?

Personalchef: Wissen Sie, jemanden, der gewisse Grundregeln nicht beherrscht, den möchte ich gar nicht in meinem Unternehmen sehen.

John: Ich habe mal gehört, der erste Eindruck sei entscheidend.

Personalchef: Ja, ob man einen guten Draht zur Bewerberin oder zum Bewerber hat, entscheidet sich oft schon in den ersten Minuten des Gesprächs. Das heißt aber nicht, dass objektive Kriterien wie Zeugnisnoten und besondere Fähigkeiten keine Rolle spielen. So etwas ist natürlich auch sehr wichtig.

John: Welche Rolle spielt denn die Körperhaltung?

Personalchef: Die Köperhaltung sagt sehr viel über eine Person aus. Jemand, der in gebückter Haltung hereinkommt und ein bisschen wie ein „nasser Sack" im Stuhl sitzt, der wird es schwerhaben.

John: Was würden Sie einer Bewerberin oder einem Bewerber als gute Vorbereitung empfehlen?

Personalchef: Wichtig ist, sich gut über das Unternehmen zu informieren, damit man überzeugend erklären kann, warum man gerade bei diesem Unternehmen arbeiten möchte.

John: Ist das alles?

Personalchef: Die Motivation der Bewerberin oder des Bewerbers spielt natürlich eine große Rolle. Und sie oder er sollte sich auf keinen Fall verstellen. So etwas merke ich sofort! Es kommt sehr darauf an, authentisch zu sein.

Frage	Antwort	Gute Antwort, weil …
Welche Nachteile sehen Sie in diesem Beruf?	Ich weiß, dass es unregelmäßige Arbeitszeiten gibt und dass man zum Beispiel am Samstag und abends lange arbeiten muss. Aber das nehme ich gerne in Kauf.	Ehrliche und überzeugende Antwort, realistische Einschätzung.
Welche Schulfächer fallen Ihnen leicht und welche schwer? Und warum ist das so?	Ich bin sehr gut in Deutsch und Mathematik. Weniger gut bin ich in reinen Lernfächern wie Geschichte und Erdkunde. Ich kann zwar auch Dinge auswendig lernen, aber lieber mag ich es, wenn ich mein Wissen anwenden kann oder mich sprachlich ausdrücken muss. Und ich glaube, dass man in den Dingen besser ist, die einen wirklich interessieren.	Überzeugende Antwort, Schwächen werden gut begründet.
Was würden Sie tun, wenn Sie von uns eine Absage erhielten?	Natürlich wäre ich erst mal enttäuscht, da ich gerne in Ihrem Unternehmen lernen würde. Aber ich würde mich dann sofort weiter intensiv bewerben und hoffen, dass ich einen anderen Ausbildungsplatz finde.	Bewerber zeigt, dass er mit Rückschlägen gut umgehen kann und stabil ist.

Gute Antworten auf typische Fragen 2   *(Quelle: Azubi-azubine.de; Stand: 2.9.2011)*

Und wenn man keinen Erfolg hat, sollte man dies nicht persönlich nehmen.

John: Wie meinen Sie das?

Personalchef: Jedes Unternehmen legt auf unterschiedliche Aspekte Wert. Während man für die eine Stelle einen besonders akkuraten und sorgfältigen Mitarbeiter braucht, kann für eine andere Stelle jemand, der ständig neue Ideen hat, der oder die Richtige sein.

John: Darf man den Personalchef fragen, wie viel man verdienen wird?

Personalchef: Ja, klar! Organisatorische Fragen, wie Gehaltsfragen, Arbeitszeiten und Urlaub klärt man aber erst am Ende des Gesprächs. Wichtig ist auch zu fragen, welche Aufgaben mit der Stelle verbunden sind.

John: Warum das?

Personalchef: Nur wenn die Anforderungen an die Bewerberin bzw. den Bewerber mit ihren oder seinen Fähigkeiten übereinstimmen, werden am Ende beide Seiten glücklich!

1 Arbeite aus dem Interview heraus, was man beim Vorstellungsgespräch beachten muss.

2 Wer von euch hatte schon mal ein Vorstellungsgespräch? Tauscht euch in der Klasse aus.

P 3 Entwickle weitere Fragen, die in einem Vorstellungsgespräch vorkommen könnten, und überlege dir gute Antworten!

4 Bereitet euch auf ein Vorstellungsgespräch vor, indem ihr ein Rollenspiel durchführt. Besetzt die Rollen des Personalleiters/der Personalleiterin, des Geschäftsführers/der Geschäftsführerin und des Bewerbers/der Bewerberin. Benutzt dafür die Anschreiben, die ihr selbst angefertigt habt (vgl. S. 95).

Gesetzliche Regelungen zur Berufsausbildung

Das steht im Ausbildungsvertrag:

- Berufsbezeichnung
- Sachlich-zeitliche Gliederung der Berufsausbildung
- Ziel der Ausbildung
- Beginn und Dauer der Ausbildung
- Ausbildungsorte
- Dauer der regelmäßigen täglichen Arbeitszeit

- Höhe der Ausbildungsvergütung
- Urlaubszeiten
- Kündigungsregelungen
- Unterschrift vom Ausbilder (Verantwortlicher des Betriebes)
- Unterschrift des Auszubildenden (bei Minderjährigen auch der Eltern/Erziehungsberechtigten)

Wesentliche Inhalte des Berufsausbildungsvertrages

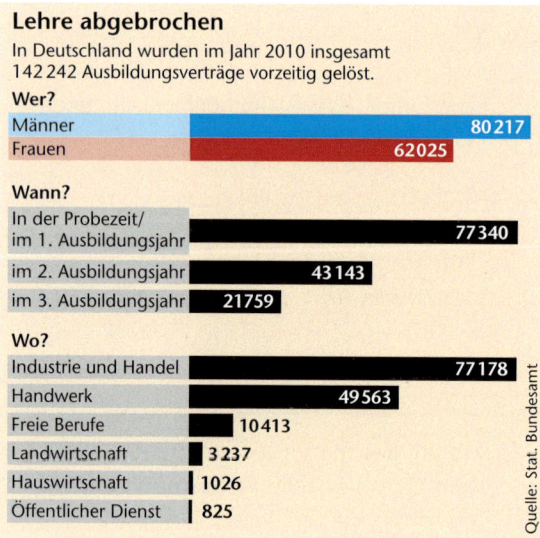

Wer bricht die Lehre ab? In welchen Branchen?

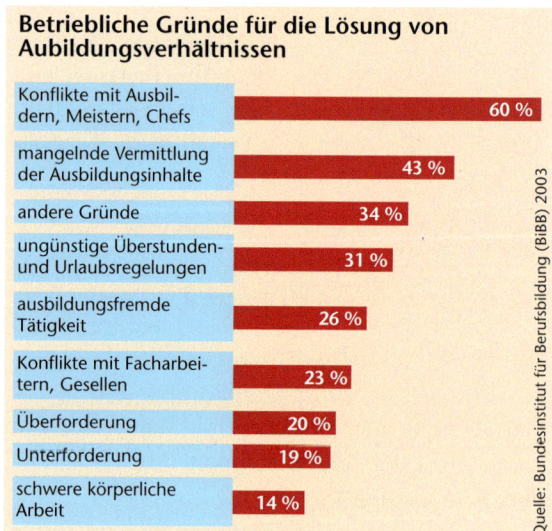

Warum wird die Lehre abgebrochen?

Die Bestandteile des Ausbildungsvertrages kennen

John hat sich schließlich dazu entschlossen, eine Ausbildung als Mechatroniker zu beginnen. Dazu geht seine neue Chefin mit ihm noch einmal den Ausbildungsvertrag durch.

> Im Ausbildungsvertrag sind viele Rechte und Pflichten, die das Verhältnis zwischen Auszubildendem und dem ausbildenden Betrieb regeln, festgehalten.

Als wichtigster Bestandteil wird das Ziel der Ausbildung, mit welchen Aufgaben du betraut wirst und wann du wo während deiner Ausbildungs-

zeit arbeiten wirst, angegeben. Außerdem wird geregelt, wann die Ausbildung beginnt. Dies ist für viele Ausbildungsberufe im September.

Was für dich sicherlich wichtig ist, ist wie hoch deine Vergütung im Monat ist, wie viel du täglich arbeiten musst und wie viel Urlaub dir im Jahr zusteht. Dafür gibt es Mindestanforderungen, die in verschiedenen Gesetzen stehen. Das Bundesurlaubsgesetz schreibt vor, dass man mit 18 Jahren mindestens 24 Tage Urlaub im Jahr haben muss. Wenn du noch nicht volljährig bist, hast du ein paar Tage mehr Urlaubsanspruch.

Eine Arbeitswoche hat sechs Werktage. Sie geht von Montag bis Samstag. Ist dein Urlaub in Werktagen angegeben, musst du sechs Tage Urlaub pro Woche rechnen – auch wenn du nur fünf Tage

Beurteilungen im Arbeitszeugnis
Beispiel: Fachkompetenz

Ein Arbeitgeber ist seit 1963 gesetzlich verpflichtet, dem Arbeitnehmer ein wohlwollendes Zeugnis auszustellen, um ihm eine Chance auf dem Arbeitsmarkt zu geben.
Wer verstehen will, was im Zeugnis wirklich gemeint ist, muss den Code der Personalchefs kennen.

sehr gut	John setzte seine **sehr guten** Fachkenntnisse **stets** sicher und zielgerichtet in der Praxis ein.
gut	John setzte seine **guten** Fachkenntnisse **jederzeit** sicher und zielgerichtet in der Praxis ein.
befriedigend	John setzte seine (guten) Fachkenntnisse sicher und zielgerichtet in der Praxis ein.
ausreichend	John setzte seine Fachkenntnisse **auf zufriedenstellende Weise** in der Praxis ein.
mangelhaft	John setzte seine Fachkenntnisse **im Wesentlichen** sicher und zielgerichtet in der Praxis ein.

Die Geheimnisse der Zeugnissprache

Checkliste Arbeitszeugnis

- Trägt das Zeugnis eine Überschrift?
- Wurde das Zeugnis auf dem üblicherweise verwendeten Firmenbogen geschrieben?
- Sind dein Vor- und Nachname korrekt geschrieben?
- Werden Geburtsdatum und Geburtsort richtig wiedergegeben?
- Sind Beginn und Ende des Arbeitsverhältnisses angegeben?
- Ist die von dir ausgeübte Tätigkeit vollständig und genau beschrieben?
- Sind deine Leistungen ausführlich und richtig beurteilt?
- Entsprechen die Angaben zur Führung im Dienst den Tatsachen?
- Wird der Grund für die Beendigung des Arbeitsverhältnisses genannt?
- Äußert dein Arbeitgeber sein Bedauern über dein Ausscheiden aus dem Arbeitsverhältnis?
- Enthält die Schlussformulierung Wünsche des Arbeitgebers für deine berufliche Zukunft?
- Sind Ort und Datum der Zeugnisausstellung genannt?
- Ist das Zeugnis vom Firmenchef oder einer vertretungsberechtigten Person unterschrieben?

So prüfst du ein qualifiziertes Zeugnis

die Woche arbeitest. Du musst in diesem Fall die Urlaubstage durch sechs teilen, um zu sehen, wie viele Wochen Urlaub du hast.
Außerdem ist es wichtig, dass die Probezeit im Vertrag geregelt ist. Während der Probezeit kann dein Arbeitgeber dich ohne Angabe von Gründen entlassen. Die Probezeit beträgt mindestens einen Monat und darf maximal vier Monate betragen. Danach genießen Auszubildende einen besonderen Schutz und dürfen nur wegen besonders schwerer Vergehen entlassen werden, beispielsweise bei Diebstahl.
Was in keinem Vertrag fehlen darf, ist die Unterschrift von dir und deinem Arbeitgeber. Die Unterschrift zeigt, dass du mit dem Vertrag einverstanden bist. Bei Minderjährigen müssen

auch die Eltern oder Erziehungsberechtigten unterschreiben. Dein Arbeitgeber muss die Rechtsvorschriften aus dem Berufsbildungsgesetz und dem Jugendarbeitsschutzgesetz beachten.

 1 Lege dar, welche Bestandteile ein Ausbildungsvertrag enthalten muss.

2 Recherchiere den Unterschied zwischen Arbeits- und Werktagen. Was bedeutet dies für deinen Urlaubsanspruch in deinem bevorzugten Ausbildungsberuf?

3 Entwerft zu zweit Traumausbildungsverträge, die zeigen, wie ihr euch eine ideale Ausbildung vorstellen würdet.

Deine Rechte …

- angemessene Vergütung

- kostenlose Ausbildungsmittel

- nur Arbeiten, die dem Ausbildungsziel dienen

- Anspruch auf ein Zeugnis

- max. 40-Stunden-Woche

Deine Pflichten …

- Aufgaben sorgfältig ausführen

- Anweisungen befolgen

- Regeln im Betrieb beachten

- ein Berichtsheft führen

- die Betriebsgeheimnisse wahren

- die Berufsschule besuchen

Rechte und Pflichten von Auszubildenden nach dem Berufsbildungsgesetz (BBiG)

Rechte und Pflichten von Auszubildenden

Lehrlinge gab es schon im Mittelalter …

Die Wurzeln der heutigen dualen Berufsausbildung reichen bis ins Hochmittelalter (11. bis 13. Jahrhundert) zurück. Vor allem Jungen konnten in handwerklichen Berufen (Schmied, Bäcker usw.) in die Lehre gehen. Für Mädchen gab es die weiblichen Zünfte wie die Seiden- oder Garnmacherin.

Lehre mit Familienanschluss

Zur damaligen Zeit lebte man mit der Familie des Meisters unter einem Dach. Die Lehre umfasste ganzheitlich das Familien- und Berufsleben. Häufig wurde ein Junge bereits mit zehn Jahren zu einer Handwerkerfamilie geschickt. Die eigentliche Lehre begann meist mit 14 Jahren und endete nach drei bis vier Jahren mit der Gesellenprüfung.

Der Meister hatte sich um den Lehrling wie um einen Sohn zu kümmern. Er achtete darauf, dass der Lehrling keinen Alkohol trank und rechtzeitig ins Bett ging. Im Gegenzug musste der Lehrling unbedingten Gehorsam leisten und alles, was ihm aufgetragen wurde, erledigen. Er durfte außerdem während der Lehrjahre sich nicht vermählen und musste aus einer ehrbaren Familie stammen.

Nur Kost und Logis

Während der Lehrzeit bekam man keinen Lohn. Oft mussten die Eltern des Lehrlings sogar eine Art „Lehrgeld" bezahlen, damit ihr Kind aufgenommen wurde. Der Meister hatte für Unterkunft und Essen zu sorgen. Erst gegen Ende des 18. Jh. wurde den Lehrlingen ein kleiner Lohn gezahlt. Allerdings lebten sie zu diesem Zeitpunkt auch nicht mehr mit dem Meister unter einem Dach.

Nicht wie Vieh halten

Im Mittelalter begann der Arbeitstag sehr früh. Mit den ersten Sonnenstrahlen stand man auf und mit Beginn der Dunkelheit endete der Arbeitstag. Die Lehrlinge arbeiteten sechs Tage in der Woche zehn bis zwölf Stunden. Pausen gab es nur, wenn der Meister es anordnete. Vor allem konnte der Meister den Lehrlingen alle möglichen Tätigkeiten auftragen, beispielsweise auch, die Wohnung zu säubern oder die Ställe auszumisten.

Das Jugendarbeitsschutzgesetz regelt:

Ärztliche Untersuchung

Erstuntersuchung;
Bescheinigung über ärztliche
Untersuchung (nicht älter als
14 Monate)

Wochenarbeitszeit

5 Tage = 40 Stunden
grundsätzlich;
Ausnahme: Landwirtschaft
während der Erntezeit

Urlaub

Jünger als
16 Jahre   17 Jahre   18 Jahre
30 Tage   27 Tage   25 Tage

Ununterbrochene Freizeit

12 Stunden pro Tag
grundsätzlich;
Ausnahme: keine

Frühester Arbeitsanfang

6.00 Uhr grundsätzlich;
5.00 Uhr Landwirtschaft,
Bäckerei, Konditoreien;
Ausnahme: 4.00 Uhr
Jugendliche über 17 Jahren in
Bäckereien

Höchstschichtzeit

10 Stunden grundsätzlich;
Ausnahme:
8 Stunden: Bergbau
11 Stunden: Gaststätten,
Landwirtschaft, Tierhaltung,
Baustellen

Spätester Arbeitsschluss

20.00 Uhr grundsätzlich;
22.00 Uhr Gaststätten,
Schausteller;
21.00 Uhr Landwirtschaft;
23.00 Uhr Schichtbetriebe

Ruhepausen

sind eine Arbeitsunterbrechung
von mindestens 15 Minuten;
bei einer Arbeitszeit von 4 ½
bis 6 Stunden:
mindestens 30 Minuten;
bei einer Arbeitszeit von mehr
als 6 Stunden: 60 Minuten

Verboten

Akkordarbeit,
gefährliche Arbeit,
Samstagsarbeit,
Sonntagsarbeit
(Es gibt Ausnahmen.)

Der Spruch „Lehrjahre sind keine Herrenjahre" stammt aus jener Zeit. Der Lehrling konnte dem Meister nie tüchtig genug sein. Schließlich sollte die harte Ausbildung den jungen Menschen auf das bevorstehende Leben vorbereiten. Zu alledem war der Lehrling dem Spott und den Streichen der Gesellen ausgesetzt.

Einige Lehrlinge konnten die harte und oft auch demütigende Behandlung nicht aushalten und flohen aus dem Haus des Meisters. Die Zünfte hatten dann zu prüfen, ob der Lehrling grundlos geflüchtet war oder ob ein Vergehen des Meisters vorlag. War die Flucht grundlos, wurde der Lehrling aus der Zunft ausgeschlossen. Ansonsten drohten dem Meister hohe Strafen.

Um Missstände zu vermeiden, gaben Zünfte Verordnungen zum Schutz der Lehrlinge heraus. Darin hieß es beispielsweise: „mit der Zucht […] gebührende Bescheidenheit" walten zu lassen „und also den Jungen, so ihm vertrauet, für einen Menschen und kein Vieh zu halten".

Wenn die Lehrzeit zu Ende war, fertigte der Lehrling sein Gesellenstück an und wurde vom Meister verabschiedet. Häufig ging der frischgebackene Geselle dann auf Wanderschaft.

Heute sind Rechte und Schutz der Lehrlinge vor allem in zwei Gesetzen geregelt: im Berufsbildungsgesetz (BBiG) und im Jugendarbeitsschutzgesetz (JArbSchG).

1 Lege dar, welche Rechte und welche Probleme Lehrlinge im Mittelalter hatten.

2 Welche Probleme der Lehrlinge im Mittelalter sind heute durch das BBiG und durch das JArbSchG geregelt und wie? Recherchiere in den Gesetzestexten im Internet.

3 Welche Möglichkeiten gibt es, sich für eine gute Ausbildung einzusetzen?

Ⓜ Stationenarbeit: „Mein Weg in den Beruf!"

Immer mehr Jugendliche wissen nicht Bescheid, was sie in der Ausbildung erwartet! Zum Beispiel wissen sie nicht, welche Pflichten man als Auszubildende oder Auszubildender hat oder wie ein Ausbildungsvertrag aussieht. Deshalb sollt ihr zu Experten ausgebildet werden, die Jugendliche gut beraten können. Wenn ihr alle Stationen durchlaufen habt, könnt ihr euch „Azubi-Berater" nennen.

Und so geht ihr vor:

1. An den Stationen schnuppern

Ehe es richtig losgeht, stellt die Lehrerin bzw. der Lehrer euch alle Stationen vor und ihr könnt Fragen zu den Arbeitsaufträgen stellen.

2. Zum Experten werden

Jetzt geht es los! Es gibt drei Pflichtstationen und zwei Wahlstationen sowie eine Pausenstation. Die Pflichtstationen musst du bearbeiten. Aus den Wahlstationen kannst du dir eine aussuchen. Du bleibst nur so lange an einer Station, bis du die Aufgabe gelöst hast. Wenn du eine Pause brauchst, gehst du einfach an die Pausenstation!

3. Hilfestellung geben

Wenn du etwas nicht verstehst, kannst du jederzeit die Lehrerin bzw. den Lehrer fragen oder Mitschüler/-innen. Wenn du alle Stationen geschafft hast, kannst du deine Mitschüler/-innen unterstützen.

4. Auswertung

Diskutiert in der Klasse gemeinsam eure Ergebnisse.

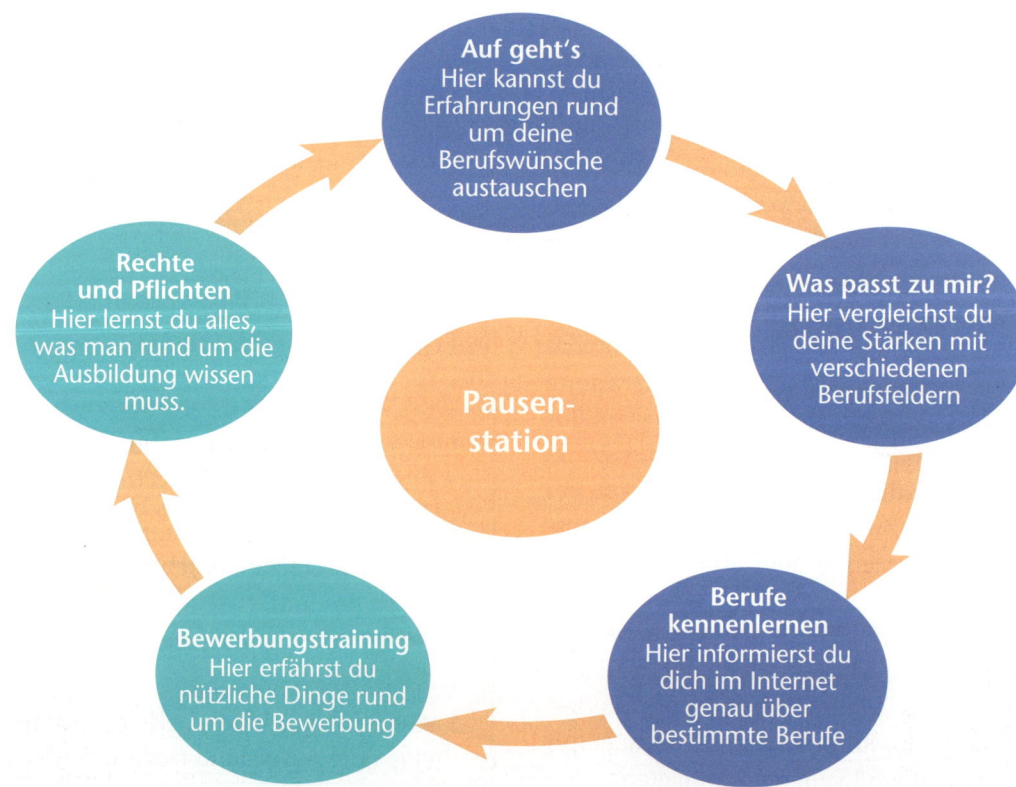

4 Die soziale Marktwirtschaft

Was bedeutet soziale Marktwirtschaft?

Funktionsfähige Märkte – freie Marktwirtschaft

Sozialer Ausgleich – soziale Marktwirtschaft

Von der freien zur sozialen Marktwirtschaft

Jedes Land muss seine Wirtschaft gut organisieren. Je besser dies gelingt, desto besser leben die Menschen. So entstand Mitte des 18. Jh. die Theorie der freien Marktwirtschaft und in den 1950er-Jahren die soziale Marktwirtschaft.

Freie Marktwirtschaft

Die freie Marktwirtschaft funktioniert durch einen freien Wettbewerb zwischen den Produzenten von Waren oder den Anbietern von Dienstleistungen. Freiheitliche Grundrechte sind die Voraussetzung dafür. Die Produktionsmittel (z. B. Maschinen, Rohstoffe, Gebäude, Fabrikgelände) gehören den Produzenten. Niemand darf den Produzenten Vorschriften machen, was sie produzieren, wie viel sie produzieren, welche Rohstoffe sie verwenden, welche Technologien sie einsetzen usw. Jeder Unternehmer trägt die Risiken für seine Geschäfte selbst. Der Wettbewerb zwingt die Produzenten, ihre Pläne an der Nachfrage auszurichten, und regelt den Preis. Der Staat mischt sich nicht in die Wirtschaft ein.

> In der freien Marktwirtschaft regeln sich die Wirtschaftsprozesse über den Markt (Angebot und Nachfrage). Sie beruht auf dem privaten Eigentum an Produktionsmitteln.

Soziale Marktwirtschaft

Nach dem Zweiten Weltkrieg führte der damalige Wirtschaftsminister und spätere Bundeskanzler Ludwig Erhard die soziale Marktwirtschaft in der Bundesrepublik Deutschland ein.

Die Marktwirtschaft geht von folgendem Menschenbild aus:

- Der Mensch hat Bedürfnisse und muss sie befriedigen.
- Der Mensch ist ein soziales Wesen und lebt und handelt in der Gesellschaft.
- Der Mensch ist egoistisch und vor allem daran interessiert, dass es ihm selbst gut geht.

Die Marktwirtschaft berücksichtigt den Egoismus des Menschen und nutzt ihn zum Wohle aller aus.

Freie Marktwirtschaft	Private Planung	⇒	Unternehmer planen selbstständig und unabhängig ihre Produktion.
	Privateigentum	⇒	Die Produktionsmittel gehören den Produzenten.
	Wettbewerb	⇒	Konkurrenz der Produzenten gibt Käufern Einfluss auf das Angebot.
	Gewinnprinzip	⇒	Zentraler Antrieb der Markwirtschaft ist das Interesse am Gewinn.
	Preisbildung am Markt	⇒	Die Preise regeln sich durch Angebot und Nachfrage am Markt.
Soziale Marktwirtschaft	Ordnungsrahmen durch den Staat	⇒	Freiheitsrechte im Grundgesetz, Vertragsrecht, Sicherung des Wettbewerbs, Verbraucher- und Umweltschutz.
	Soziale Absicherung durch den Staat	⇒	System der Sozialversicherungen (bei Krankheit, Unfall, Arbeitslosigkeit, Pflege, Alter) und staatliche Sozialleistungen (z. B. Kindergeld).

Ordnungselemente der sozialen Marktwirtschaft

Die freie Marktwirtschaft ist nicht immer gerecht, denn die Einkommensunterschiede sind zum Teil sehr groß, sozial Schwache werden benachteiligt und große Unternehmen diktieren die Preise auf dem Markt. Um Ungerechtigkeiten entgegenzusteuern, greift der Staat mit Gesetzen in das Wirtschaftsgeschehen ein. Diese staatliche Einmischung ist notwendig, bedenkt man die Lebensrisiken, denen ein Mensch ausgesetzt ist. Krankheit, Unfall, Arbeitslosigkeit und Alter verschlechtern die Position der Betroffenen auf dem Markt: Sie können als Arbeitnehmer nicht mehr arbeiten oder haben als Verbraucher nur wenig Geld.

> Soziale Marktwirtschaft bedeutet, die Freiheit auf dem Markt da einzuschränken, wo sie den Schwachen benachteiligt oder den Interessen der Gesellschaft schadet.

In der sozialen Marktwirtschaft darf der Staat den Wirtschaftsprozess nicht behindern, muss aber dafür sorgen, dass Privatinteressen nicht das Interesse aller verletzen.

Dabei geht es nicht darum, dass der Staat den Menschen die Sorge und Verantwortung für ihr Leben abnimmt. Vielmehr soll er den Menschen die Möglichkeit geben, ihr Leben auf einer soliden sozialen Grundlage (z. B. Einkommen, Wohnung) selbst zu meistern.

1 „Die Marktwirtschaft nutzt den Egoismus des Einzelnen zum Wohl aller". Wie funktioniert das? Erkläre mit Beispielen.

2 Ludwig Erhard formulierte folgenden Leitsatz: „Ich will mich aus eigener Kraft bewähren, ich will das Risiko des Lebens selbst tragen, will für mein Schicksal selbst verantwortlich sein. Sorge du, Staat, dafür, dass ich dazu in der Lage bin." Diskutiert diese Aussage in der Klasse.

Ⓔ 3 „Eigentum verpflichtet. Sein Gebrauch soll zugleich dem Wohle der Allgemeinheit dienen." (GG, Art. 14) Erläutere dies.

Wichtige Aufgaben des Staates	
Bundesrepublik:	soziale Leistungen
	Verteidigung
	Europäische Union
	zwischenstaatliche Beziehungen
	Verkehr
	Wohnungsbau
	Subventionen
	Bildung, Forschung
Länder:	Bildung
	Kultur
	Sicherheitsangelegenheiten
	Gesundheitswesen
	Subventionen
	Sozial- und Jugendhilfe
	Verkehr
Kommunen:	Einrichtungen der Daseinsvorsorge (Ver- und Entsorgung)
	Ortsstraßen
	Bildungseinrichtungen
	Einrichtungen des Gesundheitswesens

Die Aufgaben des Staates

Wofür gibt der Staat sein Geld aus?

Die meisten Staatsausgaben stehen fest. Durch Gesetze und vertragliche Verpflichtungen entstehen Ansprüche, die erfüllt werden müssen. Unaufschiebbare Projekte müssen realisiert werden. Dafür gibt der Staat sein Geld aus (einige Beispiele):

• Beim Staat sind viele Beamte und Angestellte beschäftigt. Die Gehaltszahlungen müssen jeden Monat erfolgen.
• Der Straßenunterhalt und der Winterdienst auf den Autobahnen müssen gewährleistet sein.
• Die Sozialleistungen (z. B. Kindergeld, Wohngeld) werden bei Vorliegen der Voraussetzungen bezahlt.
• Wenn der Staat Kredite aufgenommen hat, sind dafür Zinsen fällig.
• Der Wohntrakt einer Bundeswehrkaserne bedarf einer grundlegenden Sanierung. Ein weiteres Hinauszögern der Maßnahme ist unmöglich.
• Die Beiträge für die Mitgliedschaft in internationalen Organisationen müssen regelmäßig erfolgen.

Die Aufgaben des Staates müssen finanziert werden

Der Staat hat vielfältige Aufgaben zu erfüllen. So wollen wir alle in Frieden leben. Er sorgt also für unsere Sicherheit nach außen wie nach innen. Dafür gibt es die Armee und die Polizei. In der sozialen Marktwirtschaft kommen weitere wichtige Aufgaben hinzu:

• Einen rechtlichen Rahmen für Wirtschaft und Arbeit schaffen: Er regelt z. B. die Lebensmittelauszeichnung und Internetgeschäfte.
• Den Wettbewerb sichern: Er geht z. B. gegen Preisabsprachen von Unternehmen vor.
• Arbeitskräfte im Dienst der Allgemeinheit beschäftigen: z. B. Polizisten und Lehrer.
• Infrastruktur und öffentliche Einrichtungen bereitstellen, die dem Wohle aller dienen: Er baut und unterhält z. B. Straßen und Schulen.
• Die Bürger sozial absichern: Der Staat sichert jedem Bürger ein menschenwürdiges Dasein, z. B. durch Kindergeld, Wohngeld, Sozialhilfe.

• Die Umwelt schützen: Er erlässt z. B. Gesetze zum Umweltschutz und fördert umweltfreundliche Technologien.

> Die Aufgaben des Staates umfassen die innere und äußere Sicherheit sowie die Daseinsvorsorge.

Der Staat braucht also viel Geld. Jeder von uns muss daher Abgaben in Form von Steuern, Beiträgen oder Gebühren leisten (s. S. 110), um die Leistungen des Staates mitzufinanzieren.

> Abgaben sind alle Pflichtzahlungen, die vom Staat erhoben werden.

Diese Abgaben und zugleich die Staatsausgaben sind in den letzten Jahren stetig gewachsen. Drastische Sparmaßnahmen und Steuererhöhungen bedeuten schmerzhafte Einschnitte für die Bürger.

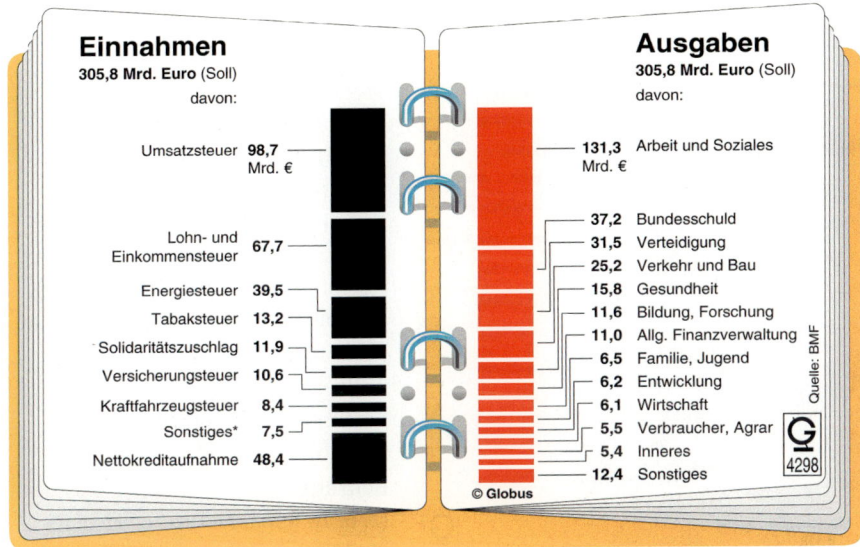

Der Bundeshaushalt 2011

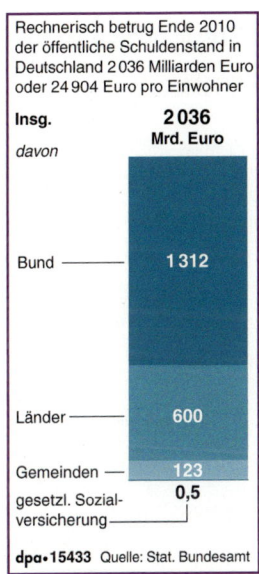

Staatsverschuldung 2010

Der Haushaltsplan des Staates

Die Gelder, die der Staat einnimmt und zur Finanzierung seiner Aufgaben benötigt, werden in einem Haushaltsplan erfasst. Ebenso wie im privaten Haushalt müssen beim Aufstellen eines solchen Haushaltsplanes u. a. folgende Grundsätze eingehalten werden:

- Vollständigkeit: Im Haushaltsplan sind alle voraussichtlichen Einnahmen und Ausgaben zu veranschlagen.
- Jährlichkeit: Für jedes Jahr ist ein Haushaltsplan zu erarbeiten.
- Klarheit: Es muss klar erkennbar sein, für welche Zwecke und aus welchem Grund Gelder benötigt werden.
- Öffentlichkeit: Jeder Bürger hat das Recht zum Einblick in den Haushaltsplan.
- Gesamtdeckung: Alle Einnahmen dienen als Deckung für alle Ausgaben. Damit soll eine bevorzugte Deckung bestimmter Ausgaben verhindert werden.

> Der Haushaltsplan eines Staates ist vergleichbar mit dem Haushaltsbuch eines privaten Haushaltes. Alle Einnahmen und Ausgaben müssen vorausschauend lückenlos aufgeführt werden.

Der Haushaltsplan muss für den Gesamtbetrag der veranschlagten Ausgaben die erforderliche Deckung ausweisen. Somit passiert es immer wieder, dass der Staat für die Deckung der Ausgaben Kredite aufnehmen muss. Ein Ziel der Finanzpolitiker ist es, den Schuldenberg nicht zu groß werden zu lassen. Dies ist angesichts dringend notwendiger Investitionen zur Verbesserung der Lebensverhältnisse nicht immer einfach.

1 Informiert euch über den Haushaltsplan eurer Gemeinde. Welche Einnahmen und Ausgaben sind geplant? In welchen Bereichen wird investiert?

2 Vergleiche die Gliederung eines privaten und öffentlichen Haushaltsplanes. Wo gibt es Abweichungen?

E 3 Welche Ereignisse können dafür verantwortlich sein, dass der Plan mit der Realität nicht übereinstimmt?

4 Erkundige dich im Internet über die aktuelle Höhe der Staatsverschuldung.

P 5 Welche Möglichkeiten seht ihr zum Abbau von Schulden in einem privaten Haushalt oder im Staat? Teilt euch zur Beratung in zwei Gruppen auf.

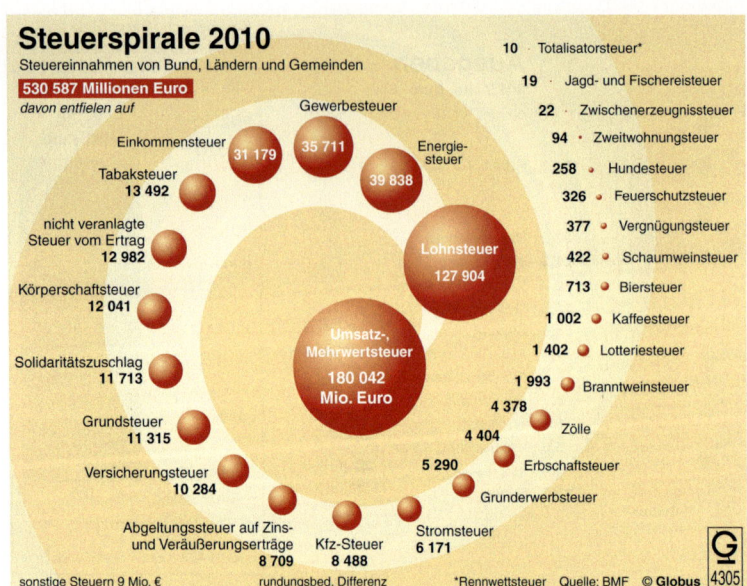

Steuerspirale 2010
Steuereinnahmen von Bund, Ländern und Gemeinden
530 587 Millionen Euro
davon entfielen auf

Gewerbesteuer

Einkommensteuer 31 179 35 711

Energiesteuer 39 838

Tabaksteuer 13 492

nicht veranlagte Steuer vom Ertrag 12 982

Lohnsteuer 127 904

Körperschaftsteuer 12 041

Umsatz-, Mehrwertsteuer 180 042 Mio. Euro

Solidaritätszuschlag 11 713

Grundsteuer 11 315

Versicherungsteuer 10 284

Abgeltungsteuer auf Zins- und Veräußerungserträge 8 709

Kfz-Steuer 8 488

Stromsteuer 6 171

10 · Totalisatorsteuer*
19 · Jagd- und Fischereisteuer
22 · Zwischenerzeugnissteuer
94 · Zweitwohnungsteuer
258 · Hundesteuer
326 · Feuerschutzsteuer
377 · Vergnügungsteuer
422 · Schaumweinsteuer
713 · Biersteuer
1 002 · Kaffeesteuer
1 402 · Lotteriesteuer
1 993 · Branntweinsteuer
4 378 · Zölle
4 404 · Erbschaftsteuer
5 290 · Grunderwerbsteuer

sonstige Steuern 9 Mio. €   rundungsbed. Differenz   *Rennwettsteuer   Quelle: BMF   © Globus 4305

Steuern
Verbrauchs-, Besitz- und Verkehrssteuern

Geldbußen bei Ordnungswidrigkeiten
(z. B. Falschparken)

Gebühren
Benutzungsgebühren (z. B. Gebühren für Parken, Freibad, Rundfunk); Verwaltungsgebühren (z. B. für Kfz-Zulassung)

Zölle
Ausfuhrzölle, Einfuhrzölle, Schutzzölle

Beiträge
(z. B. zu Kanalisation, Sozialversicherung)

Die Steuereinnahmen von Bund, Ländern und Gemeinden 2010   *Einnahmen des Staates*

Die Einnahmen des Staates

Die wichtigste Einnahmequelle des Staates sind die Steuern. An erster Stelle steht die Umsatz- bzw. Mehrwertsteuer, die die Verbraucher auf Waren und Dienstleistungen entrichten müssen.

> Steuern sind Zwangsabgaben, die Arbeitgeber und Arbeitnehmer an den Staat abführen müssen.

Anders als bei Gebühren und Beiträgen erhält der Steuerpflichtige hier kein Anrecht auf eine spezielle Gegenleistung. Wie wir wissen, dienen alle Steuereinnahmen der Finanzierung aller staatlichen Ausgaben (s. S. 109).
Gebühren sind Abgaben, die der einzelne Bürger zahlen muss, wenn er bestimmte Leistungen in Anspruch nimmt. Das kann für die Benutzung von Autobahnen sein oder die Verwaltungsgebühr für die Ausstellung eines Reisepasses oder für eine Eheschließung.
Beiträge sind dann zu zahlen, wenn der Staat bestimmte Leistungen bereitstellt, auch wenn der Einzelne diese Leistung gar nicht in Anspruch nimmt. Beispiele dafür sind die Beiträge für Wasser und Abwasser oder aber auch Sozialversicherungsbeiträge.

Die Einteilung von Steuern

Bund, Länder und Gemeinden decken den Großteil ihres Finanzbedarfs durch ca. 50 verschiedene Steuern. Einteilungsmöglichkeiten erleichtern die Orientierung. Direkte Steuern zahlt der Steuerzahler unmittelbar an das Finanzamt (z. B. Kfz-Steuer, Grundsteuer, Einkommensteuer). Indirekte Steuern werden über den Warenpreis erhoben. Bei Genussmitteln können sie schnell über 50 % des Preises betragen. Beispiele sind die Kaffeesteuer, Mehrwertsteuer, Mineralölsteuer.

> Die Einteilung in direkte und indirekte Steuern kennzeichnet die Erhebungsart.

Wer z. B. ein Grundstück, einen Hund oder ein Einkommen besitzt, zahlt darauf Besitzsteuern. Wenn rechtliche oder wirtschaftliche Transaktionen vorgenommen werden, sind darauf Verkehrssteuern zu entrichten (z. B. Mehrwert- oder Umsatzsteuer). Auf bestimmte Verbrauchsgüter werden Verbrauchssteuern erhoben (z. B. Mineralölsteuer, Kfz-Steuer, Tabaksteuer, Ökosteuer).

> Die Einteilung in Besitzsteuern, Verkehrssteuern und Verbrauchssteuern kennzeichnet den jeweiligen Steuergegenstand.

Allgemeine Monats-Lohnsteuertabelle 2011 (Auszug)

ab EUR	StK	Kinder–freibetrag Steuer	0 Kinder SolZ	KiSt	1 Kind SolZ	KiSt	2 Kinder SolZ	KiSt
2235,00	I	278,66	15,32	25,08	6,83	11,19	–	0,33
	II	248,41	–	–	3,31	8,78	–	–
	III	79,00	–	7,11	–	–	–	–
	IV	278,66	15,32	25,08	10,95	17,92	6,83	11,19
	V	521,66	28,69	46,95	–	–	–	–
	VI	552,66	30,39	49,74	–	–	–	–
2238,00	I	279,41	15,36	25,14	6,87	11,25	–	0,37
	II	249,16	–	–	3,45	8,84	–	–
	III	79,50	–	7,15	–	–	–	–
	IV	279,41	15,36	25,14	10,99	17,98	6,87	11,25
	V	522,66	28,74	47,04	–	–	–	–
	VI	553,50	30,44	49,81	–	–	–	–
2241,00	I	280,08	15,40	25,20	6,90	11,30	–	0,40
	II	249,83	–	–	3,56	8,89	–	–
	III	80,16	–	7,21	–	–	–	–
	IV	280,08	15,40	25,20	11,02	18,04	6,90	11,30
	V	523,66	28,80	47,13	–	–	–	–
	VI	554,50	30,49	49,90	–	–	–	–

Legende: StK = Steuerklasse; SolZ = Solidaritätszuschlag; KiSt = Kirchensteuer

Auszug aus einer Lohnsteuertabelle

Steuerklasse I: für ledige, geschiedene, verwitwete Arbeitnehmer.
Steuerklasse II: für ledige, geschiedene, verwitwete Arbeitnehmer, die zugleich Alleinerziehende sind.
Steuerklasse III: für verheiratete Arbeitnehmer oder Verwitwete im Todesjahr und dem folgenden Kalenderjahr.
Steuerklasse IV: für verheiratete Arbeitnehmer, wenn beide Lohn beziehen. Wahlmöglichkeit zwischen den Steuerklassenkombinationen IV+IV oder III+V.
Steuerklasse V: für Arbeitnehmer, deren Ehegatte in der Steuerklasse III versteuert wird.
Steuerklasse VI: Bei mehreren Beschäftigungsverhältnissen erhält der erste Arbeitgeber eine Steuerkarte mit der Steuerklasse, die dem Arbeitnehmer laut Familienstand zusteht. Jeder weitere Arbeitgeber erhält eine Steuerkarte mit Steuerklasse VI.

Die Steuerklassen

Die Einkommensteuer der privaten Haushalte

Wer Einkommen bezieht, muss dafür Steuern bezahlen. Löhne und Gehälter sind in den meisten privaten Haushalten das Haupteinkommen.

Folgende Einkommen müssen zum Beispiel versteuert werden: Löhne und Gehälter, Kapitalvermögen (z. B. Sparzinsen, Aktiengewinne) sowie Einnahmen aus Vermietung oder Verpachtung.

Die Lohnsteuer ist eine besondere Form der Einkommensteuer. Sie betrifft jeden Arbeitnehmer, also auch Schüler und Studenten, die einem Ferienjob nachgehen. Allerdings hat der Staat ein Existenzminimum festgelegt, das steuerfrei bleibt. Bis zu diesem Grundfreibetrag (8004 Euro im Jahr/Stand 2011) fällt keine Einkommensteuer an. Mithilfe der Steuerklasse ermittelt der Arbeitgeber die Höhe der Lohnsteuer vom Bruttolohn (s. S. 113). Die Lohnsteuer wird durch den Arbeitgeber direkt vom Lohn abgezogen und an das Finanzamt überwiesen.

Die Steuerklassen werden anhand der sozialen Situation der Arbeitnehmer festgelegt. Dabei wird die Anzahl der Kinder, der Familienstand und die Anzahl der Personen im Haushalt, die Lohn oder Gehalt bekommen, berücksichtigt.

1 Erkundige dich, welche Steuern und Beiträge Auszubildende bezahlen müssen.

2 Weshalb gibt es den Grundfreibetrag?

3 Vergleiche anhand der Lohnsteuertabelle die Steuerbelastung eines Singles und eines Familienvaters mit zwei Kindern. Beide verdienen 2235 Euro im Monat.

P 4 Angesichts der Staatsverschuldung 2011 wollen Politiker den Spitzensteuersatz von 42 auf 49 Prozent anheben. Somit werden die Spitzenverdiener verstärkt zur Kasse gebeten. Ist das gerecht?

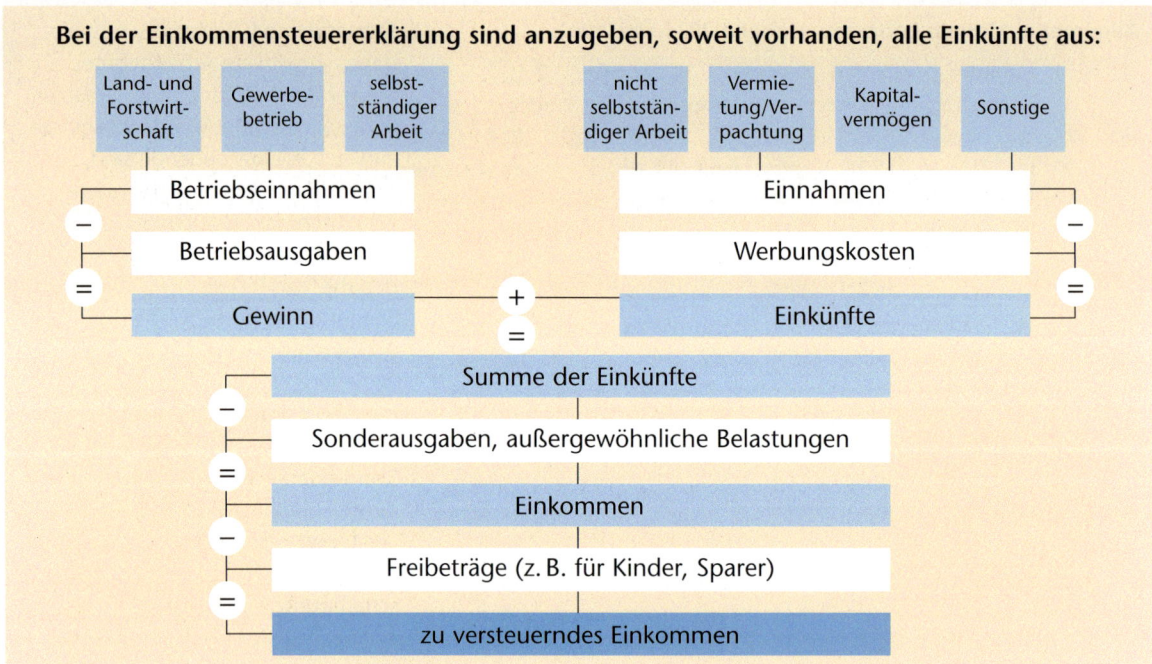

Bei der Einkommensteuererklärung sind anzugeben, soweit vorhanden, alle Einkünfte aus:

Sozialer Ausgleich – soziale Marktwirtschaft

Die Einkommensteuererklärung

Für die Steuererklärung gibt es vom Finanzamt Vordrucke. Hier trägt man nicht nur die Einkünfte wie den Lohn und die Einnahmen aus der Vermietung ein, sondern auch die Ausgaben. Das Finanzamt rechnet dabei vom Jahresbruttoverdienst nach Abzug aller anrechenbaren und belegbaren Ausgaben das zu versteuernde Einkommen aus. Zu viel gezahlte Lohnsteuer wird zurückgezahlt.

> Vom Finanzamt wird nur das anerkannt, was auch mit Belegen nachgewiesen wird.

Es ist ratsam, bereits im Laufe des Jahres alle notwendigen Unterlagen zu sammeln und Belege wie Kassenzettel, Rechnungen usw. aufzuheben. Natürlich berücksichtigt das Finanzamt nicht den Kauf des Bikinis für den Sommerurlaub oder den Restaurantbesuch mit Freunden. Als zu berücksichtigende Ausgaben gelten die folgenden:
Werbungskosten sind Ausgaben, die dazu dienen, Einkünfte zu sichern. Alle Ausgaben für die Berufstätigkeit wie Arbeitskleidung, benötigte Fachliteratur, Fahrtkosten zur Arbeit usw., die den bereits in die Lohnsteuertabellen eingearbeiteten Pauschbetrag von 1000 Euro im Jahr (Stand 2011) überschreiten, sind anrechenbar.
Sonderausgaben sind Vorsorgeausgaben z. B. für Versicherungen (z. B. private Rente, Haftpflicht) oder Kosten für die eigene Berufsausbildung. Der Staat hat ein Interesse an privater Absicherung und begünstigt sie deshalb steuerlich.
Außergewöhnliche Belastungen sind Aufwendungen, die andere Personen nicht haben. Dazu gehören die Ausbildungskosten für Kinder genauso wie die Kosten bei einem Todesfall oder bei der Unterstützung bedürftiger Familienmitglieder.
Freibeträge gelten bei den entsprechenden Voraussetzungen z. B. für Kinder oder für Sparer.

> Das zu versteuernde Einkommen wird vom Finanzamt nach Abzug aller anrechenbaren Belastungen und Freibeträge errechnet.

Vom Bruttolohn zum Nettolohn

Als Gegenleistung für geleistete Arbeit erhält der Arbeitnehmer oder die Angestellte einen Lohn

Lohnabrechnung		Erklärung
Grundlohn		vertraglich vereinbarter Lohn zwischen Arbeitgeber und Arbeitnehmer
+ Zulagen		für besondere Leistungen, Gefahren, Betriebszugehörigkeit, Urlaubs- und Weihnachtsgeld
+ Zuschläge		für Überstunden, Nachtarbeit, Sonn- und Feiertagsarbeit
= Bruttolohn		Grundlage für alle Abzüge
gesetzliche Abzüge	– Lohnsteuer	Abgabe an den Staat zur Finanzierung staatlicher Aufgaben
	– Solidaritätsbeitrag	Sonderabgabe für den Aufbau der neuen Bundesländer
	– Kirchensteuer	wird vom Staat an die Kirche weitergeleitet
	– Sozialversicherung	Beiträge zur Renten-, Arbeitslosen-, Kranken- und Pflegeversicherung
= Nettolohn		wird dem Arbeitnehmer auf das Girokonto überwiesen

So wird der Lohn berechnet

Vom Bruttolohn zum Nettolohn

Jana Rolle erhält für ihre Arbeit einen Stundenlohn von 14,00 €. Im Monat August hat sie an 20 Arbeitstagen je 8 Stunden gearbeitet. Sie ist unverheiratet und hat keine Kinder.
20 x 8 = 160 Stunden x 14,00 € = 2240,00 €
(keine Zulagen oder Zuschläge)

Bruttolohn: 2240,00 €

Steuern (laut Lohnsteuertabelle, s. S. 111)
• Lohnsteuer: 279,41 €
• Kirchensteuer: 25,14 €
• Solidaritätsbeitrag: 15,36 €

Sozialversicherungsbeiträge (in Prozent vom Bruttolohn)
• Krankenversicherung
  (z. B. AOK Arbeitnehmer 8,2 %):   183,68 €
• Rentenversicherung
  (Hälfte von 19,9 %):   222,88 €
• Arbeitslosenversicherung
  (Hälfte von 2,8 %):   31,36 €
• Pflegeversicherung (Hälfte von 1,95 %): 21,84 €

= Nettolohn: 1460,33 €

Ein Rechenbeispiel

bzw. ein Gehalt. Der im Arbeitsvertrag schriftlich festgelegte sogenannte Bruttolohn wird jedoch nicht ausgezahlt.
Neben der Lohnsteuer werden Beiträge für die Renten-, Arbeitslosen-, Kranken- und Pflegeversicherung (s. S. 22) abgezogen. Das sind die Sozialabgaben. Wer einer Kirchengemeinschaft angehört, dem wird außerdem die Kirchensteuer abgezogen. Nach der Wiedervereinigung Deutschlands wurde für den Aufbau der neuen Bundesländer der Solidaritätsbeitrag eingeführt, eine Sondersteuer, die ebenfalls jeder Steuerzahler leisten muss. Dann erst erfolgt die Überweisung des Nettolohns auf das Konto des jeweiligen Empfängers. Bei den Sozialversicherungsbeiträgen für Rente, Pflege und Arbeitslosigkeit legt der Gesetzgeber genaue Prozentsätze vom Bruttolohn fest. Die Krankenkassen bestimmen ihre Beiträge teilweise selbst. Die gesamten Versicherungsbeiträge bieten einen Schutz für alle Bürgerinnen und Bürger.

Die Lohnabrechnung gibt Auskunft über den Bruttolohn, die Abzüge und den Nettolohn.

1 Erkundige dich im Religionsunterricht, welche Leistungen mit der Kirchensteuer erbracht werden.

P **2** Oft wird auch der Begriff der Lohnnebenkosten im Zusammenhang mit der Lohnabrechnung genannt. Recherchiere im Internet, was darunter zu verstehen ist. Siehe auch S. 51.

3 Erkundige dich nach den aktuellen Prozentsätzen für die Renten-, Kranken-, Arbeitslosen- und Pflegeversicherung.

4 Berechne den Nettolohn von Frau Hille (verheiratet, ein Kind), die 2236 € brutto verdient (s. Beispiel).

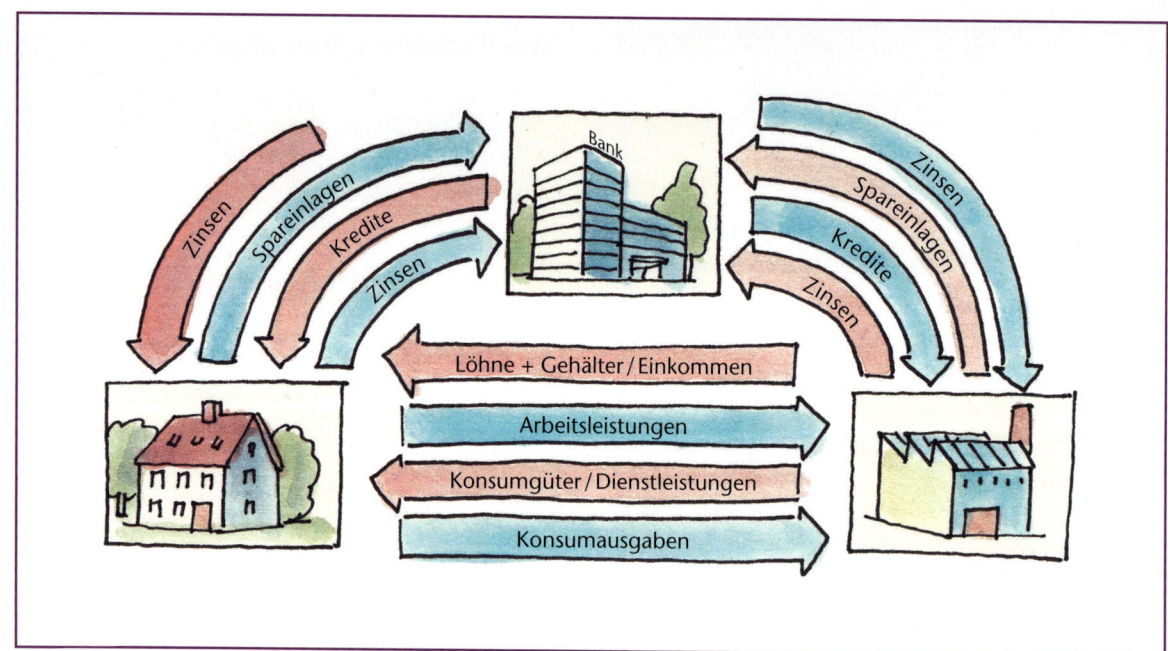

Zinsen
Spareinlagen
Kredite
Zinsen

Bank

Zinsen
Spareinlagen
Kredite
Zinsen

Löhne + Gehälter / Einkommen

Arbeitsleistungen

Konsumgüter / Dienstleistungen

Konsumausgaben

Die Rolle der Geldinstitute im Wirtschaftskreislauf

Die Geldinstitute im Wirtschaftskreislauf

Der einfache Wirtschaftskreislauf

Sissy arbeitet und verdient Geld, davon möchte sie sich eine Couch kaufen. Das Modell des einfachen Wirtschaftkreislaufes zeigt dir, welche Geldströme dabei entstehen.

Sissy tauscht ihr Geld gegen die Couch ein. Das Geld hat sie zuvor bei einem Unternehmen verdient. Das Unternehmen hat für Sissys Arbeitskraft bezahlt. Sissy gibt das Geld nun für ein Produkt eines anderen Unternehmens wieder aus. Ein Geldkreislauf zwischen privaten Haushalten und Unternehmen entsteht. Welche Rolle spielen darin die Geldinstitute, wie die Banken und Sparkassen allgemein genannt werden?

Die Rolle der Geldinstitute

Sissy verwendet nicht ihr gesamtes erarbeitetes Geld, um Sachgüter und Dienstleistungen zu kaufen, einen Teil spart sie. Sie bringt das Geld zur Bank und bekommt Zinsen dafür. Josef möchte sich ein neues Auto kaufen. Dafür hat er noch nicht genügend Geld gespart. Die Bank leiht Josef das fehlende Geld und er zahlt es über einen längeren Zeitraum mit Zinsen zurück.

Ohne einen Kredit aufzunehmen, könnte sich Josef – wie viele andere Menschen auch – nicht sofort ein Auto kaufen. Das würde aber für das Automobilwerk weniger Umsatz, weniger Produktion und weniger Arbeitsplätze bedeuten. Mit ihren Krediten unterstützen Banken die Wirtschaft.

Auch eine Firma kann sich bei einer Bank Geld leihen, um z. B. neue Maschinen zu kaufen. Wie die privaten Haushalte müssen auch die Unternehmen das geliehene Geld mit Zinsen an die Bank zurückzahlen. Aus diesen Einkünften bezahlt die Bank dann die Zinsen für die Anleger. Und natürlich legen auch Unternehmen Geld, das sie momentan nicht investieren wollen, bei den Banken und Sparkassen an und erhalten dafür Zinsen. So schließt sich der Kreislauf.

> Geldinstitute wickeln den Zahlungsverkehr ab. Sie ermöglichen Geldanlagen und gewähren Kredite. Die Zinsen sind der Preis für geliehenes Geld.

Für die Europäische Zentralbank (EZB) stellen sich folgende Herausforderungen:

Steuerung der Geldmenge

Devisenhandel (Handel und Verkauf von anderen Währungen)

Geldversorgung

Förderung und Unterstützung der Zusammenarbeit zwischen den EU-Mitgliedsländern im Bereich der Wirtschafts- und Finanzpolitik

Förderung des zwischenstaatlichen Zahlungsverkehrs

keine Finanzierung von öffentlichen Haushaltsdefiziten (z. B. um den spanischen Staatshaushalt auszugleichen)

Überwachung der Währungsreserven der Mitgliedsstaaten

Spitzenziel: Aufrechterhaltung der Geldwertstabilität

Die Europäische Zentralbank in Frankfurt am Main

Aufgaben der Europäischen Zentralbank

Die Europäische Zentralbank

Mit der Einführung von Münz-, Papier- und Buchgeld wurde es notwendig, dass eine Institution darüber wacht, dass nicht unbegrenzt Geld hergestellt wird, für das es keine Waren gibt. Bis zur Einführung des Euro wachte in jedem europäischen Staat die Nationalbank über die Stabilität der Landeswährung. Nach der Währungsunion übernahm diese Aufgabe 1999 die Europäische Zentralbank (EZB), in der die nationalen Zentralbanken zusammenarbeiten. Die EZB hat ihren Sitz in Frankfurt am Main. Dort werden alle wichtigen Entscheidungen getroffen, die mit der gemeinsamen Währung der Euro-Länder im Zusammenhang stehen.

Hauptaufgabe der Europäischen Zentralbank ist es, die Stabilität der Euro-Währung zu sichern.

Die EZB als „Hüterin der Währung"

Von einer stabilen Währung sprechen wir immer dann, wenn für einen Geldwert auch ein entsprechender Güterwert vorhanden ist. Eine stabile Währung und damit auch stabile Preise sichern die Kaufkraft der Privatleute und Unternehmen, sorgen für Wirtschaftswachstum und Beschäftigung und schützen Spareinlagen und Einkünfte.

Die Kaufkraft des Geldes zeigt an, wie viele Güter und Dienstleistungen wir in welcher Qualität mit unserem Geld kaufen können.

In Deutschland setzt die Deutsche Bundesbank die Beschlüsse der EZB um. Sie sorgt für einen sicheren Zahlungsverkehr, stellt ausreichend Bargeld bereit und berät die Bundesregierung in währungspolitischen Fragen.

1 Sissy bekommt Sparzinsen, Josef muss Kreditzinsen bezahlen. Welche Zinsen sind vermutlich höher? Begründe.

2 Die Wirtschaft funktioniert nicht ohne Banken. Erkläre dies an Beispielen.

E 3 Ein Unternehmen erhält von der Bank keinen Kredit. Erkläre die Folgen.

E 4 Erkläre, was Geldwertstabilität bedeutet und wodurch sie gefährdet ist.

Abnahme der Kaufkraft

Zunahme der Kaufkraft

Löhne und Preise bestimmen die Kaufkraft

Leitzins und Kaufkraft

Wirtschaftliche Zusammenhänge sind kompliziert. Um sie verständlich erklären zu können, müssen wir sie vereinfachen. Diese Vereinfachung nennen wir Modell. Ein solches Modell nutzen wir, um die Bemühungen der EZB um die Geldwertstabilität zu betrachten.

Der Leitzins bestimmt das Zinsniveau

Die Europäische Zentralbank setzt die Höhe des Leitzinses fest. Die Geschäftsbanken der Euro-Zone richten ihre Zinssätze daran aus. Erhöht die EZB den Leitzins, erhöhen die Geschäftsbanken ihre Kredit- und Sparzinssätze.

> Der Leitzins der EZB ist das wichtigste Instrument der Geldpolitik in der EU.

Bei einem hohen Zinsniveau geht die Nachfrage nach Krediten bei den Unternehmen und den privaten Haushalten zurück, denn wer will schon geliehenes Geld mit hohen Zinsen zurückzahlen?

Sparen dagegen loht sich bei hohen Zinsen. Doch das Geld, das die Haushalte sparen, steht für den Konsum nicht zur Verfügung; die Nachfrage nach Produkten sinkt. Den Unternehmen bleibt nur übrig, die Preise für Güter und Dienstleistungen zu senken, um doch noch etwas zu verkaufen. Diese Situation bezeichnen wir auch als Angebotsüberhang.

Deflation – die Preise fallen

Nun könnte man denken, dass sinkende Preise ein Grund zur Freude sind. Doch die Freude währt nicht lange. Fallende Preise sind nur dann positiv, wenn die Güter auch günstiger produziert werden können. Wenn die Preise dagegen auf breiter Front fallen, die Produktionskosten jedoch unverändert bleiben, spricht man von Deflation und das ist Ausdruck einer wirtschaftlichen Krise.

Bei einer drohenden Wirtschaftskrise werden die Verbraucher vorsichtiger. Sie befürchten Einkommensverluste, weil sie den Arbeitsplatz verlieren könnten. Deshalb konsumieren sie noch weniger. Die Unternehmen bleiben auf ihren Waren sitzen. Das für eine Volkswirtschaft notwendige

Anstieg der Verbraucherpreise in Deutschland
jeweils gegenüber dem Vorjahr in %

2005	2006	2007	2008	2009	2010
1,5	1,6	2,3	2,6	0,4	1,1

Quelle: Stat. Bundesamt

Durchschnittliches Sparguthaben in Deutschland
in Euro je Einwohner (2009)

Hessen	31 520
Hamburg	22 330
Rheinland-Pfalz	16 830
Sachsen	11 230
Sachsen-Anhalt	9 800
Brandenburg	9 420

Quelle: Deutsche Bundesbank, Postbank

Die Preise fallen, Geschäftsaufgabe

Die Bankhäuser holen in Waschkörben mit einem Möbelwagen Geldscheine von der Reichsbank ab (1923)

Gleichgewicht zwischen Geld- und Gütermenge ist gestört. Niedrige Löhne und sogar Entlassungen sind unausweichlich.

> Bei einer Deflation verringert sich die Geldmenge einer Volkswirtschaft. Die Nachfrage nach Produkten und Dienstleistungen ist geringer als das Angebot.

Inflation – die Preise steigen

Irgendwann ist der Zeitpunkt gekommen, an dem Haushalte und Unternehmen wieder dazu übergehen, das gesparte Geld auszugeben. Auch die EZB kann dazu beitragen, indem sie die Leitzinsen senkt. Damit sinken auch die Spar- und Kreditzinssätze der Geschäftsbanken. Die Folge: Sparen lohnt sich nicht mehr so sehr und es wird wieder mehr Geld ausgegeben.

Unternehmen erweitern ihre Produktion, investieren in neue Maschinen und stellen Arbeitskräfte ein. Gesicherte Einkommen der privaten Haushalte kurbeln den Konsum an. Nun besteht die Gefahr, dass die Nachfrage nach Gütern und

Dienstleistungen schneller wächst als deren Produktion. Diese Situation bezeichnen wir als Nachfrageüberhang. Eine erhöhte Nachfrage bei geringem Angebot führt zu steigenden Preisen.

> Bei einer Inflation erhöht sich die Geldmenge einer Volkswirtschaft. Die Nachfrage nach Produkten und Dienstleistungen ist größer als das Angebot.

1 Erkläre anhand der Grafik S. 116 den Zusammenhang zwischen Löhnen, Preisen und Kaufkraft.

2 Suche Gründe für die unterschiedlichen Sparguthaben in den einzelnen Bundesländern (siehe Diagramm oben).

P 3 Erläutere die beiden Fotos und das Diagramm zu den Verbraucherpreisen im Zusammenhang mit Deflation und Inflation.

E 4 Inflationszeiten sind gut für Schuldner, schlecht für Sparer. Erkläre diese Aussage.

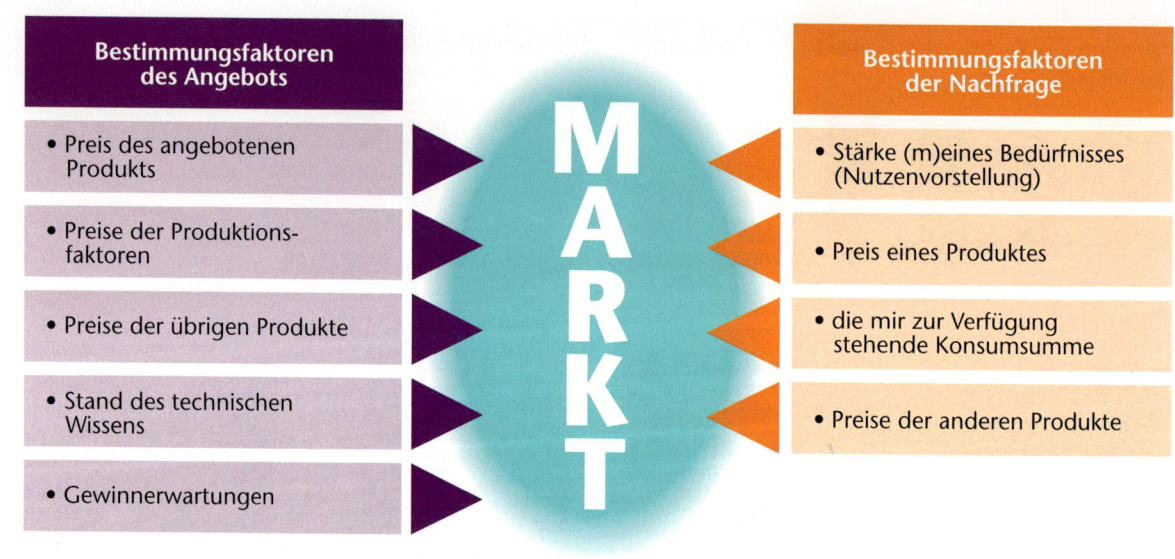

Angebot und Nachfrage

Preisbildung

Es gibt vielfältige Aktivitäten auf dem Markt zu beobachten, wenn Preise festgelegt werden. Nicht selten werden Preise im Gespräch ausgehandelt oder Preise werden einfach festgesetzt, wie bei Benzin. Auch der Staat hat auf die Preisbildung am Markt Einfluss, z.B. legt er Preise für Miet- obergrenzen oder Preise für Grund und Boden fest.

Was sind nun die Bestimmungsfaktoren für An- gebot und Nachfrage? Aus der Abbildung geht hervor, dass aus der Sicht des Anbieters andere Aspekte gelten als beim Nachfrager. Je höher bei- spielsweise der Preis für ein Produkt oder eine Dienstleistung ist, desto größer wird die Bereit- schaft des Anbieters sein, diese zu verkaufen. Die untere Grenze, die ein Anbieter akzeptieren kann, sind die Produktionskosten für die Herstellung eines Produktes oder einer Dienstleistung.

Andererseits, je niedriger der Preis für ein Pro- dukt ist, desto eher wird der Nachfrager bereit sein, dieses Produkt oder die Dienstleistung zu kaufen. Jeder Nachfrager hat nur einen begrenz- ten Teil seines Einkommens, das er konsumieren kann. Steigt das Einkommen, kann der Nach- frager sich mehr leisten, sinkt das Einkommen hingegen, muss er auf Produkte und Dienstleis- tungen verzichten.

Der Preis ist also der in Geldeinheiten ausgedrückte Tauschwert eines Produktes oder einer Dienstleistung, den Anbieter und Nachfrager akzeptieren.

Der Begriff Preis bezieht sich zum einen auf den Tauschwert von Produkten und Dienstleistungen und ist zum anderen ein Oberbegriff für Tausch- werte anderer Faktoren. So ist der Lohn der Preis des Faktors Arbeit und Zins der Preis des Faktors Kapital.

Zur Preisbildung sind mindestens zwei Voraus- setzungen notwendig:

- Ein Produkt oder eine Dienstleistung muss subjektiv Bedürfnisse befriedigen können und damit knapp sein.
- Es muss zu einem Tausch zwischen Anbietern und Nachfragern kommen. Die Preisbildung am Markt aus dem Zusammenspiel von Ange- bot und Nachfrage ist dabei abhängig von der Marktform (z.B. Polypol, Oligopol, Monopol).

Zusammensetzung der Preise

Die Zusammensetzung von Preisen kann sehr unterschiedlich sein. Wie man aus der Grafik erkennen kann, machen die Transport-und Pro- duktionskosten die Hälfte des Bananenpreises aus. Händler, Groß-und Einzelhändler verdienen

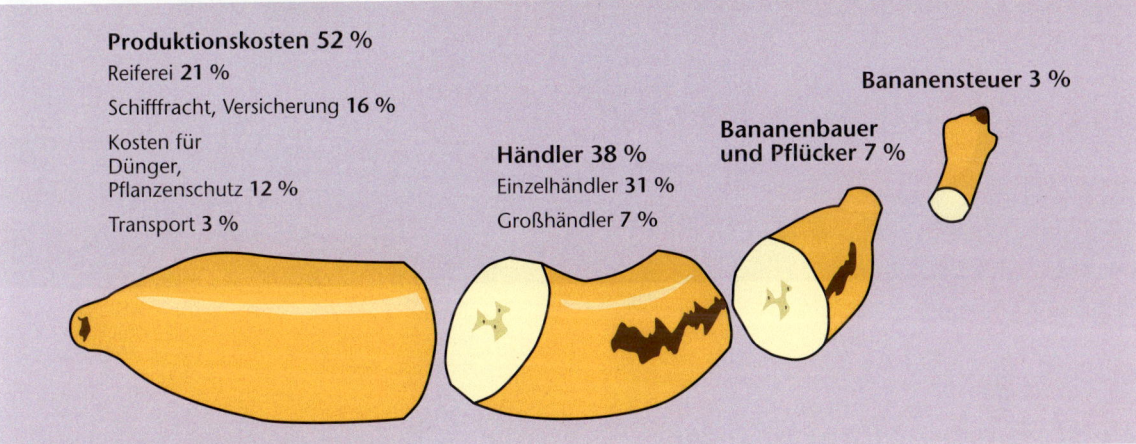

Produktionskosten 52 %
Reiferei **21 %**
Schifffracht, Versicherung **16 %**
Kosten für Dünger, Pflanzenschutz **12 %**
Transport **3 %**

Händler 38 %
Einzelhändler **31 %**
Großhändler **7 %**

Bananenbauer und Pflücker 7 %

Bananensteuer 3 %

Zusammensetzung des Bananenpreises

viel, und zwar viel mehr als die Bananenbauern und Bananenarbeiter.

Auch können wir feststellen: Niedrige Preise signalisieren den Unternehmern, dass es sich nicht mehr lohnt, die Produktionsfaktoren in diesem oder jenem Markt einzusetzen. Umgekehrt zeigen hohe Preise lohnende Märkte auf.

Auf der Nachfragerseite geht es um Nutzenmaximierung. Die nicht konkurrenzfähigen Anbieter mit den zu hohen Preisen werden so lange ausgeschaltet, bis ihre Preise den Gleichgewichtspreis erreicht haben. Auch werden die Nachfrager vom Markt ausgeschlossen, die nicht bereit oder in der Lage sind, den Gleichgewichtspreis zu zahlen.

> Der Preis hat somit auch eine Lenkungs- und Auslesefunktion am Markt.

Ob ein Angebot letztlich als teuer oder günstig wahrgenommen wird, hängt auch von psychologischen Faktoren ab. So hat sich wohl jeder schon einmal spontan zu einem „Schnäppchen" hinreißen lassen, dass bei genauerem Hinsehen (und Nachrechnen) einfach keins war. Unser Un-

terbewusstsein lässt sich nämlich allzu leicht von Werbebotschaften, Rabattversprechen, Zahlen hinter dem Komma und Ähnlichem aufs Glatteis führen.

---

1 Begründe, warum ein Preis nur für ökonomische oder knappe Güter, die einen Nutzen stiften, gezahlt wird.

2 Jemand sagt: „Elektrische Energie aus Solarzellen ist ein freies Gut, weil Sonnenlicht unbegrenzt vorhanden ist." Widerlege diese Aussage.

3 Erkläre anhand eines Beispiels, warum sich die Preise anderer Produkte auf die Nachfrage nach einem bestimmten Produkt auswirken.

4 Wann und wie kann man auf dem Markt am günstigsten Preise aushandeln? Nenne Gründe.

E P 5 Welcher Zusammenhang besteht zwischen Preisgestaltung und Marktformen?

Wettbewerb in Gefahr?

Wettbewerb – Motor unserer Wirtschaft

Das Herzstück einer Marktwirtschaft ist der Wettbewerb. Die Anbieter auf dem Markt konkurrieren mit ihren Produkten und Dienstleistungen um die Gunst der Käuferinnen und Käufer. Der Wettbewerb sorgt dafür, dass die Produktionsfaktoren auf die bestmögliche Weise eingesetzt werden, dass genau die Produkte und Dienstleitungen angeboten werden, die die Kundinnen und Kunden nachfragen, dass die Preise sich auf einem für alle Seiten akzeptablen Niveau einpendeln. Er sorgt auch für Innovation und technischen Fortschritt, indem Produkte, Dienstleistungen und Produktionsverfahren ständig verbessert werden. Schließlich können nur solche Unternehmen am Markt existieren, die wettbewerbsfähig produzieren. So gesehen ist der Wettbewerb der Motor unserer Wirtschaft.

Wettbewerbsbeschränkungen

Doch die Praxis sieht oft anders aus. Der Wettbewerb, so jedenfalls war die Meinung in der Klasse 9, ist in unserer Wirtschaft ständig bedroht. Die Klasse diskutiert über Gründe und Formen von Wettbewerbsbeschränkungen.

Da ist die Rede von den kleinen Einzelhandelsgeschäften, die gegenüber den großen Handelsketten nicht mehr konkurrenzfähig sind und verschwinden. Manche Handwerkerinnen und Handwerker haben in ihrem Bereich geradezu eine Monopolstellung und können ihre Dienste zu ihren Konditionen verkaufen. Je weniger Konkurrenz ein Produkt oder eine Dienstleitung hat, desto freier können die unternehmerischen Entscheidungen getroffen werden.

Hinzu kommen Preisabsprachen. Sie sind zwar verboten, doch gibt es ein Hintertürchen. Einige wenige Großanbieter gestalten ihre Preispolitik durch ein sogenanntes gleich gerichtetes Verhalten: Abwechselnd spielt einer den Preisvorreiter und die anderen ziehen nach – wir alle kennen das vom Benzinmarkt kurz vor Feiertagen.

Dagegen sprechen wir von einem fairen wirtschaftlichen Handeln, wenn Unternehmen friedlich miteinander wetteifern und versuchen, sich in ihren Leistungen für ihre Kunden gegenseitig zu übertreffen. Hier liegt eine wichtige Aufgabe des Staates in der sozialen Marktwirtschaft:

> Der Staat hat dafür zu sorgen, dass genügend Konkurrenz in der Wirtschaft vorhanden ist, sodass keine Marktmacht eines Einzelnen entsteht.

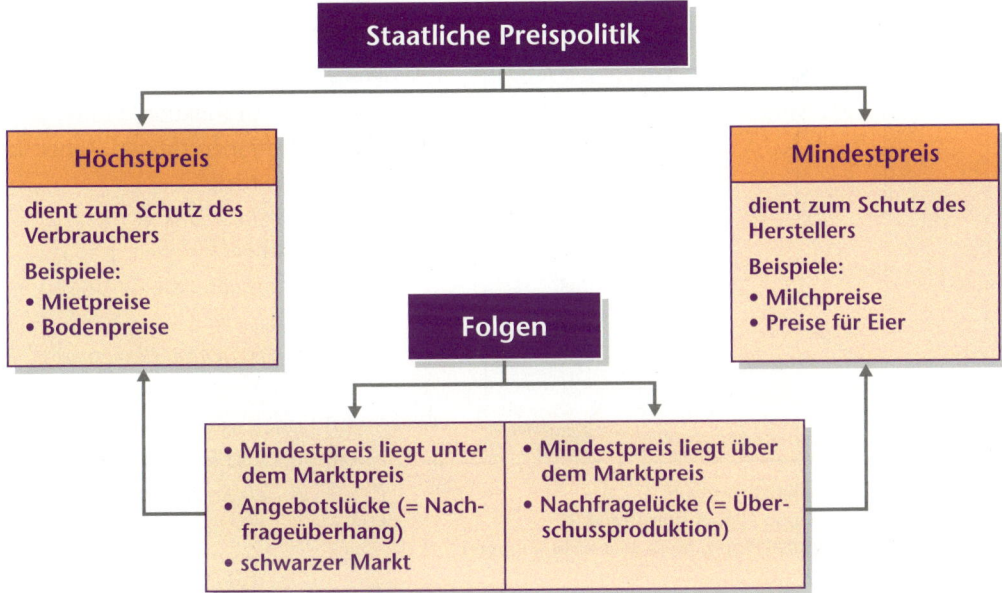

Ein Beispiel für staatliche Eingriffe in den Wettbewerb

Der Staat schützt den Wettbewerb

Wie wir bereits an den Beispielen der Klasse 9 gesehen haben, erhält sich der Wettbewerb nicht von selbst. Er muss durch staatliche Maßnahmen aufrechterhalten werden. Hierzu bedient sich der Staat unterschiedlicher Instrumente:

Gesetz gegen unlauteren Wettbewerb: Beispiel: Ein Produzent bietet seine Produkte zu einem Preis an, der unter den Selbstkosten liegt, um einen kleineren Konkurrenten vom Markt zu drängen. Ist dies gelungen, setzt er den Preis wieder hoch, um seine Verluste auszugleichen. Gegen eine solche Praxis geht der Staat vor.

Gesetz gegen Wettbewerbsbeschränkungen: Der Staat verbietet damit Unternehmensabsprachen (Kartelle) und kontrolliert Unternehmenszusammenschlüsse (Fusionen), die den Wettbewerb gefährden. Zuständig ist das Bundeskartellamt.

Der Staat greift in den Wettbewerb ein

Auch wenn der Wettbewerb funktioniert, können sich Folgen ergeben, die den Interessen der Gemeinschaft schaden. Hier greift der Staat ein:

Subventionen und Fördergelder: Damit unterstützt der Staat notleidende Branchen mit vielen Arbeitsplätzen (z. B. Bergbau) oder Betriebe, die

neue umweltschonende Technologien einführen, oder Unternehmen, die sich umstrukturieren müssen (z. B. Produktion von Elektroautos).

Staatliche Preispolitik: Die freie Preisbildung kann – auch wenn die Märkte im Sinne der Theorie gut funktionieren – „unsozial" sein, d. h. den Produzenten oder den Verbraucher unverhältnismäßig benachteiligen. Daher schreibt der Staat in manchen Fällen Höchstpreise oder Mindestpreise vor (vgl. dazu die Grafik oben).

Mindestlöhne: Die gesetzliche Einführung von Mindestlöhnen sichert betroffenen Arbeitskräften ein Existenzminimum (z. B. Baubranche).

P 1 Der Gemeinderat will für Wohnungsmieten Höchstpreise festlegen. Prüft mögliche Auswirkungen für die Region. Entwerft Fragebögen für die Baubehörde, einen Baumarkt und einen großen örtlichen Arbeitgeber. Wertet sie mithilfe von Tabellen/Diagrammen aus. Diskutiert als Gemeindeversammlung darüber.

E 2 In einer Planwirtschaft existiert kein Wettbewerb. Informiere dich über diese Wirtschaftsform. Orientiere dich am Schema S. 107. Präsentiere dein Ergebnis.

Der Konjunkturzyklus hat vier Phasen

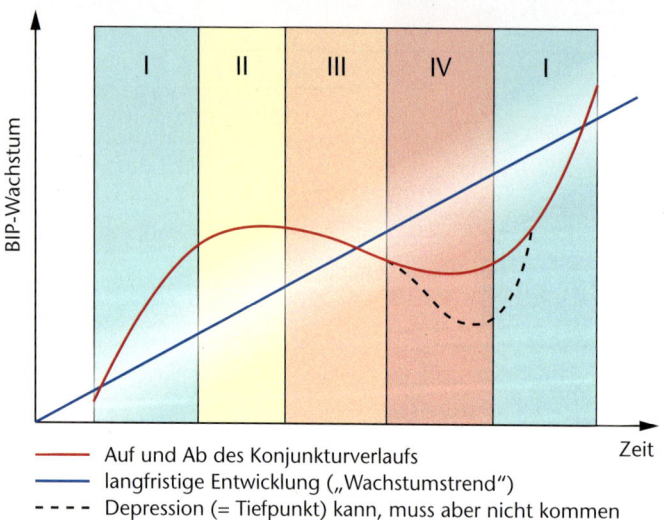

Auf und Ab des Konjunkturverlaufs
langfristige Entwicklung ("Wachstumstrend")
- - - - Depression (= Tiefpunkt) kann, muss aber nicht kommen

Phasen des Konjunkturverlaufs:

Phase I Aufschwung (Expansion):
Nachfrage, Produktion, Preise, Gewinne und Investitionen steigen, Arbeitslosigkeit geht zurück.
Phase II Hochkonjunktur (Boom):
Geringe Arbeitslosigkeit, Kapazitätsauslastung, hohe Preissteigerungen, hohes Zinsniveau.
Phase III: Abschwung (Rezession):
Nachfrage, Preise, Gewinne, Investitionen und Einkommen sinken, Kurzarbeit und Entlassungen.
Phase IV: Tief (Krise, Depression):
Hohe Arbeitslosigkeit, Investitionsstillstand, geringe Zinsen und Nachfrage, sinkende Preise und Löhne.

Die Entwicklung der deutschen Wirtschaft

Veränderung der Wirtschaftsleistung (BIP) jeweils im Vergleich zum Vorjahr (in %)

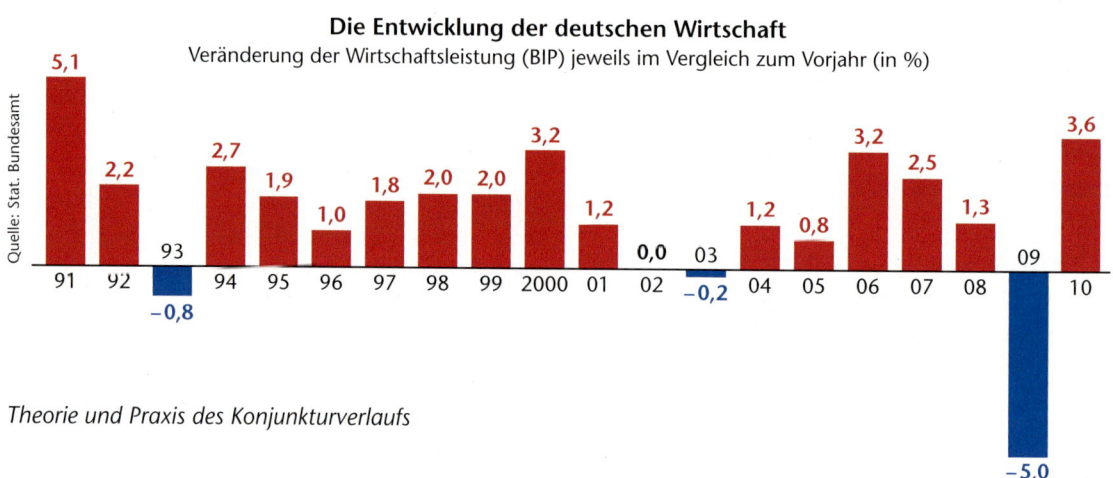

Quelle: Stat. Bundesamt

Theorie und Praxis des Konjunkturverlaufs

Gute Zeiten, schlechte Zeiten – die Konjunktur

Alles läuft rund. Angebot und Nachfrage sind ausgeglichen. Leider ist das nur in der Theorie so. Tatsächlich schwankt die Nachfrage.

Nehmen wir zum Beispiel Brötchen. Mal verzichten einige auf das Frühstück, mal haben andere Besuch und benötigen mehr Brötchen und kaum erscheinen in der Zeitung Fitness-Tipps, schwenken viele auf Müsli um und verzichten ganz auf Brötchen. Außerdem kaufen nicht alle ihre Brötchen beim Bäcker in der Straße. Einige bevorzugen tiefgefrorene Brötchen, die sie im Supermarkt kaufen und morgens selbst aufbacken.

Die Supermarktleiterin wiederum sieht, dass Brötchen an ihrem Standort ein gutes Geschäft sind, und eröffnet einen „Back-Shop" in ihrem Markt. Da sie damit neue Kunden in den Laden zieht, die dann auch andere Dinge kaufen, muss sie ihren Gewinn nicht allein durch die Brötchen erzielen. Sie unterbietet also den Preis des Bäckers, der daraufhin weitere Kunden verliert und zusätzlich mit dem Preis runtergehen muss. Da bietet der Bäcker zusätzlich frisch belegte Brötchen an. Nach einiger Zeit stellen einige Kunden fest, dass die Brötchen des Bäckers zwar etwas teurer sind als im Supermarkt, aber viel besser schmecken … und es geht wieder aufwärts mit der Bäckerei.

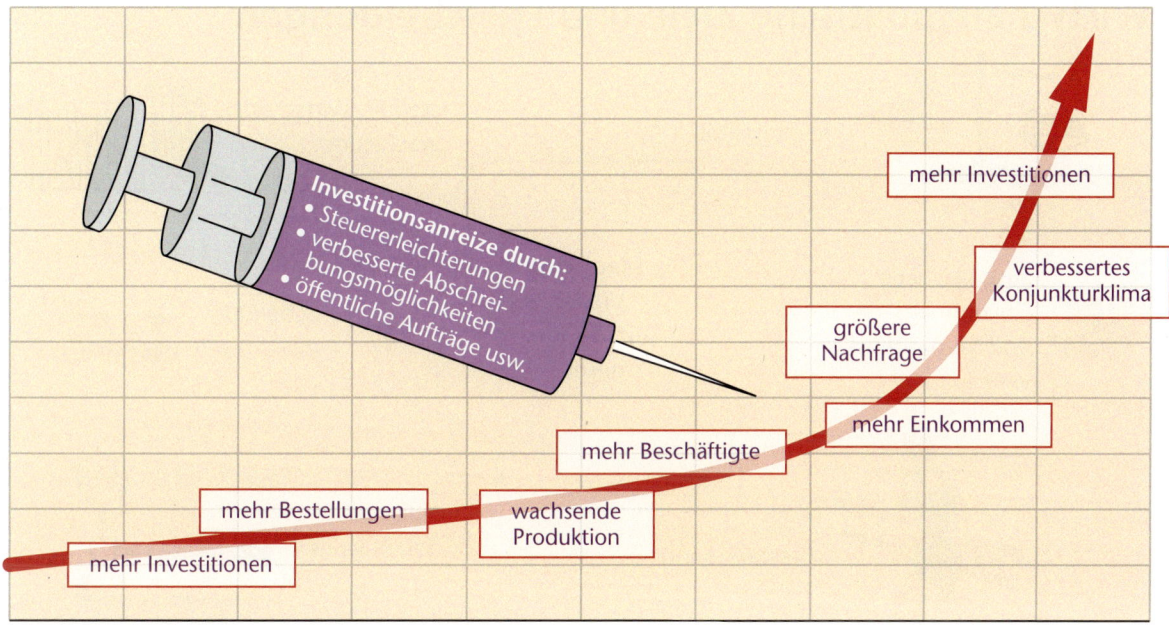

Staatliche „Konjunkturspritzen" sollen die Konjunktur ankurbeln

Ein stetiges Auf und Ab

Die Geschäftslage ist also nie für lange Zeit stabil, sondern entwickelt sich aufwärts (Konjunkturhoch) bis zu einem Punkt, an dem es nicht mehr weiter geht (oberer Wendepunkt), fällt dann zurück (Abschwung), bis sie schließlich an einem unteren Wendepunkt landet. So geht es auch der gesamten Wirtschaft eines Landes.

> Die allgemeine Entwicklung einer Volkswirtschaft nennt man Konjunktur. Die Konjunktur verläuft in Zyklen.

Um die Konjunktur zu messen, brauchen wir zwei Größen, das Bruttoinlandsprodukt und das Produktionspotenzial.

Das Bruttoinlandsprodukt (BIP) ist der Wert aller Sachgüter und Dienstleistungen, die innerhalb eines Landes in einem Jahr produziert worden sind. Um den Begriff „Produktionspotenzial" zu verstehen, vergleichen wir mit einem Moped: Wenn ein Moped 50 km/h schnell sein kann und auch so schnell fährt, ist sein Potenzial ausgeschöpft; fährt es nur 25 km/h, nutzt es die Hälfte seines Geschwindigkeitspotenzials. Das Produktionspotenzial also ist die Menge, die bei maximaler Auslastung der Kapazitäten produziert werden kann.

Um die Konjunktur zu messen, wird das Produktionspotenzial einer Wirtschaft mit dem Bruttoinlandsprodukt verglichen. Es wird also analysiert, wie viele Sachgüter und Dienstleistungen die Volkswirtschaft mit ihren Kapazitäten schaffen könnte und wie viele sie tatsächlich erbracht hat.

> Konjunkturschwankungen sind mehrjährige Schwankungen im Auslastungsgrad der gesamtwirtschaftlichen Produktion.

Um den Wohlstand des Landes zu sichern, versucht der Staat, die Konjunktur zu beeinflussen, (vgl. die Grafik Konjunkturspritzen).

1 a) Sammle Zeitungsmeldungen zur Konjunktur und ordne sie den Konjunkturphasen zu. b) Finde heraus, in welcher Konjunkturphase sich die deutsche Wirtschaft gerade befindet.

2 Erläutere, wie die verschiedenen „Konjunkturspritzen" des Staates auf die Wirtschaft einwirken.

Wirtschaftspolitische Ziele und Entscheidungen

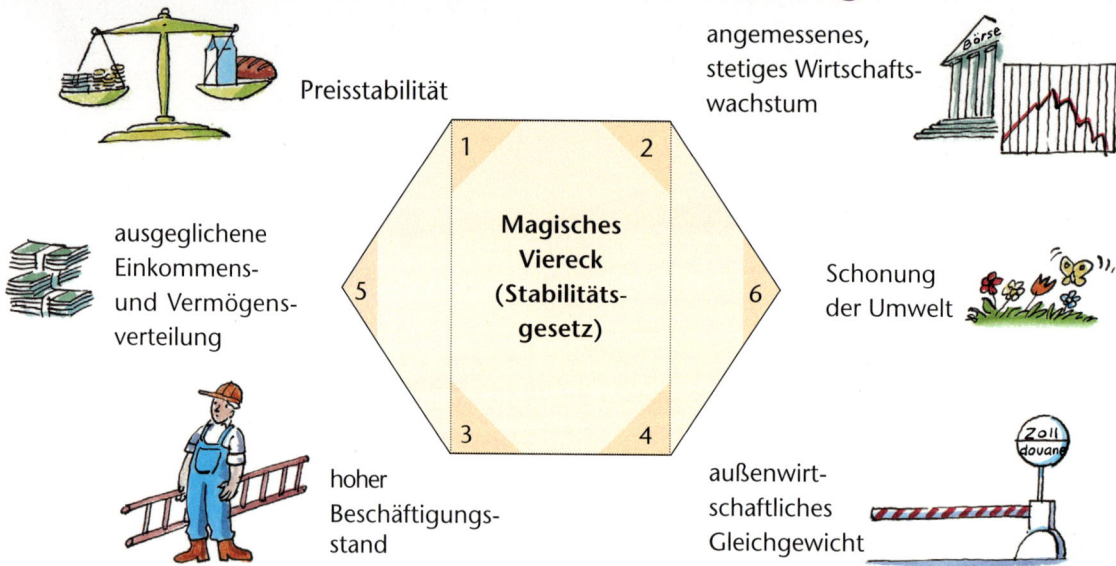

Vom magischen Viereck zum magischen Sechseck

Konjunkturpolitik

Die Gesellschaft muss die Konjunkturschwankungen hinnehmen, aber die Politik versucht, sie zu beeinflussen. Sowohl Überhitzungen als auch das Absacken der Geschäftsentwicklungen sollen verhindert werden. Für diese Konjunkturpolitik gibt es in Deutschland eine gesetzliche Grundlage, das Stabilitätsgesetz von 1967, das die wirtschaftspolitischen Ziele festlegt:

- Preisstabilität (geringe Inflation);
- hoher Beschäftigungsstand (geringe Arbeitslosigkeit);
- außenwirtschaftliches Gleichgewicht (Menge der Importe soll Exporten entsprechen);
- stetiges Wirtschaftswachstum (Bruttoinlandsprodukt soll wachsen).

Diese vier Ziele werden auch „magisches Viereck" genannt, weil die Realisierung eines Ziels die Erreichung eines anderen in Frage stellt. So gefährdet ein hoher Beschäftigungsstand die Preisstabilität, weil durch die gute Arbeitsmarktlage höhere Löhne durchgesetzt werden können. Dies aber führt zu Preissteigerungen bei Produkten und Dienstleistungen.

> Das „magische Viereck" verdeutlicht einen Zielkonflikt: Nicht alle vier wirtschaftspolitischen Ziele können gleichzeitig in gleicher Qualität erreicht werden.

Inzwischen wurde das magische Viereck zum magischen Sechseck erweitert. Die Ziele „gerechte Verteilung von Einkommen" und „Erhaltung der Umwelt" sind hinzugekommen.

Nachfrageorientierte Konjunkturpolitik

Man kann zwei Richtungen der Konjunkturpolitik unterscheiden. Die klassische Konjunkturpolitik ist die nachfrageorientierte Politik. Ihre Grundidee ist folgende: Die Konjunkturflaute entsteht dadurch, dass die Unternehmen zu wenig Waren absetzen. Also müssen zusätzliche Käufe getätigt werden. Da die privaten Konsumenten dies nicht tun und dazu auch nicht verpflichtet werden können, muss der Staat einspringen und die gesamtwirtschaftliche Nachfrage erhöhen.
In der Krise soll der Staat also investieren, Straßen bauen, Bahntrassen verlegen, Krankenhäuser modernisieren. Dadurch wird Nachfrage geschaffen, und zwar nicht nur in den unmittelbar betroffenen Branchen, sondern auch darüber hinaus.

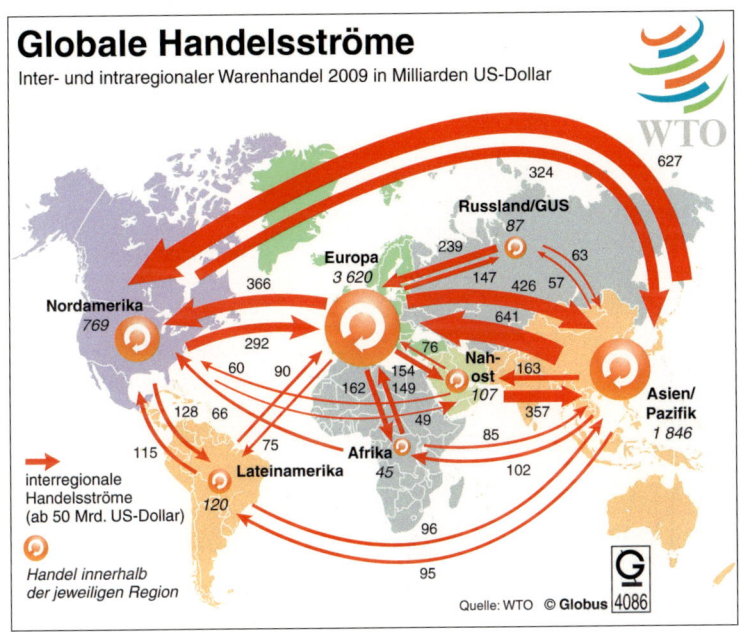

Globale Handelsströme

Inter- und intraregionaler Warenhandel 2009 in Milliarden US-Dollar

WTO

627

324

Russland/GUS
87

239

Europa
3 620

63

366

147

426 57

Nordamerika
769

641

292

76

Nah-ost
107

163

60   90

154
149

162

**Asien/
Pazifik**
1 846

128 66

49

357

115

75

85

Afrika
45

102

→ interregionale
Handelsströme
(ab 50 Mrd. US-Dollar)

Lateinamerika
120

96

Handel innerhalb
der jeweiligen Region

95

Quelle: WTO © **Globus** 4086

Die Wirtschaften sind weltweit verflochten

Was bedeutet Globalisierung?

- weltweiter Austausch von Sachgütern, Dienstleistungen und Kapital
- weltweite Kommunikation
- weltweit wirkende Umweltbelastung
- weltweiter Kulturaustausch
- weltweiter Tourismus

Globalisierung ist der Prozess der weltumspannenden Vernetzung von Volkswirtschaften und Märkten.

Angebotsorientierte Konjunkturpolitik

Diese geht von dem Grundgedanken aus, dass das eingesetzte Kapital zu wenig Gewinn abwirft. Kein Mensch investiert Geld in ein Unternehmen und trägt das damit verbundene Risiko, wenn sich das nicht lohnt und ein einfaches Sparbuch ihm höhere Einnahmen bringt. Wenn man also neue Investitionen anreizen will, muss man die Renditebedingungen, also die Ertragsaussichten der Kapitalanleger, verbessern.

Der Staat hat keine Möglichkeiten, den Unternehmen höhere Preise (und damit Einnahmen) zu garantieren; er kann ihnen jedoch helfen, ihre Produktionskosten zu reduzieren, z. B. durch Steuererleichterungen.

Die Folgen der Globalisierung

Unternehmen vergleichen heute weltweit Löhne, Arbeits- und Produktionsbedingungen. Die Produktion wird ins Ausland verlagert, um dort Kostenvorteile nutzen zu können (z. B. billige Arbeitskräfte, weniger Umweltauflagen). Durch den weltweiten Verkauf ihrer Waren können Unternehmen ihre Produktion ausweiten. Das schafft neue Arbeitsplätze. Börsenbroker vergleichen

weltweit die Anlagemöglichkeiten und veranlassen Transaktionen rund um den Globus.

Diese Prozesse haben für die einzelnen Volkswirtschaften weitreichende Folgen. Die eigene Wirtschaft kann nur schwer vor internationalen Einflüssen geschützt werden. Jede Volkswirtschaft wächst, wenn sie für den internationalen Markt produziert, muss sich aber auch im eigenen Land der ausländischen Konkurrenz stellen. Unternehmer/-innen und Arbeitnehmer/-innen müssen z. B. bereit sein zum lebenslangen Lernen, um nicht den Anschluss zu verlieren.

> Im Zeitalter der Globalisierung ist jede Volkswirtschaft internationalen Einflüssen ausgesetzt.

---

1 Erkläre und begründe, warum aus dem „magischen Viereck" ein „magisches Sechseck" entstanden ist.

2 Recherchiere, welche Vorschläge Regierung und Opposition unterbreiten, um die Konjunktur zu beeinflussen.

P 3 Konjunkturpolitik und Globalisierung – erörtere Chancen und Probleme.

Der Staat sollte sich nicht um die Wirtschaft kümmern. Die Wirtschaft regelt sich von selbst.

Die Wirtschaft ist frei – aber der Staat muss helfend eingreifen, wenn es nötig ist.

Wenn der Staat nicht so viel soziale Unterstützung finanzieren müsste, bräuchten wir nicht so viel Steuern zu bezahlen.

Wenn der Staat nicht so hohe Steuern ansetzen würde, hätten wir mehr von unserem Lohn.

Löhne und Preise werden durch Angebot, Nachfrage und Wettbewerb bestimmt. Betriebe, die nicht wettbewerbsfähig sind, müssen eben vom Markt verschwinden.

Die Wirtschaft funktioniert nicht von selbst. Der Staat muss sie zentral planen und lenken. Löhne und Preise sollte der Staat bestimmen.

Streit um die Rolle des Staates in der sozialen Marktwirtschaft

Dilemmasituationen

„Die soziale Marktwirtschaft vollzieht sich nicht in Gesetzesbüchern, sondern im Denken und Handeln der Menschen."

Dieser Ausspruch eines Politikers unseres Landes macht deutlich, dass die soziale Marktwirtschaft kein festes System ist, sondern durch das Handeln aller Beteiligten im Wirtschaftskreislauf gestaltet wird. Ob jeweils das freie oder das soziale Element überwiegt, entscheiden die Akteure in den verschiedenen Entscheidungssituationen täglich neu. Die Schwierigkeit dabei ist, dass es selten die optimale Entscheidung gibt, die allen Anforderungen und Zielen gerecht wird. Das liegt daran, dass in der sozialen Marktwirtschaft einander widersprechende Interessen wirksam sind und einander widersprechende Ziele verfolgt werden:

• Will man ein berechtigtes Interesse erfüllen, muss man zugleich ein anderes berechtigtes Interesse benachteiligen.
• Strebt man ein wichtiges Ziel an, muss man gleichzeitig ein anderes Ziel vernachlässigen.

Wir befinden uns damit in einer Zwickmühle oder einem Dilemma.

Ein Dilemma – auch Zwickmühle genannt – bezeichnet eine Situation, in der man zwischen zwei oder mehr gleichermaßen unangenehmen Alternativen wählen muss.

Wir alle kennen solche Dilemmasituationen aus dem alltäglichen Leben, es gibt sie aber auch auf der staatlichen Ebene, in der Wirtschaftspolitik:

1. Eine 19-Jährige möchte ein gebrauchtes Auto kaufen. Das Angebot des Händlers beinhaltet eine Garantie, ist aber teuer. Das Angebot von privat (Zeitungsannonce) ist viel günstiger, aber ist das Auto auch wirklich in Ordnung?
2. Eine Jugendgruppe beseitigt den Müll im Stadtpark. In einer groß angelegten Aktion tragen sie viele Säcke Unrat zusammen und entsorgen sie ordnungsgemäß. Jedoch eine Woche später sieht der Stadtpark wieder genauso aus wie vor der Reinigungsaktion. Lohnt sich da Engagement?

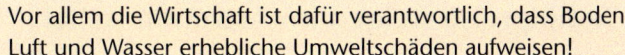

Güterproduktion ist ohne Eingriffe in die Umwelt nicht möglich!

Auch der Umweltschutz ist auf die finanziellen Mittel angewiesen, die im Produktionsprozess erarbeitet werden!

Umweltschutzauflagen können im Wirtschaftsleben als „Jobkiller" wirken!

Der Preis für den von uns allen so geschätzten Wohlstand ist ein gewisses Maß an Umweltzerstörung!

Umweltschutzmaßnahmen erhöhen die Betriebskosten und gefährden unsere Konkurrenzfähigkeit gegenüber ausländischen Anbietern!

Vor allem die Wirtschaft ist dafür verantwortlich, dass Boden, Luft und Wasser erhebliche Umweltschäden aufweisen!

Geld verdienen mit dem Verkauf der hergestellten Produkte wollt ihr. Die Kosten für eine umweltfreundliche Verwertung der ausgedienten Produkte sollen aber alle tragen!

Immer wieder gerät der Schutz von Mensch und Natur unter die Räder von Wirtschaftskrisen und Wachstumsstreben!

Das von euch so geschätzte Wirtschaftswachstum ist eine verlogene Zielsetzung, bedenkt man die hohen Kosten für die anschließend zu beseitigenden Umweltschäden!

Interessiert seid ihr nur an dicken Gewinnen. Die Umwelt bleibt dabei auf der Strecke!

Gemeinsames Bauchweh

3. Die Wirtschaft läuft schlecht. Ein Unternehmer benötigt dringend Aufträge, sonst muss er Mitarbeiter entlassen. Da erhält er eine Anfrage. Der Kunde will jedoch nur die Hälfte des normalen Preises bezahlen; damit sind gerade mal die Produktionskosten gedeckt. Soll der Unternehmer den Auftrag annehmen?

4. Eine Unternehmerin kann ihre Wettbewerbsfähigkeit und ihren Gewinn erheblich steigern, wenn sie billigere Materialien verwendet. Tests haben jedoch ergeben, dass die Produkte dann nur noch die halbe Lebensdauer haben. Soll sie das Vertrauen ihrer Kundinnen und Kunden aufs Spiel setzen?

5. Die Regierung ergreift eine Reihe von Maßnahmen, um die Arbeitslosigkeit zu senken. Bei zunehmender Beschäftigung steigt jedoch die Nachfrage, die Güter werden knapp und die Preise steigen; die Importe nehmen zu. Diese Entwicklung gefährdet ihre anderen Ziele, das stabile Preisniveau und das außenwirtschaftliche Gleichgewicht.

6. Die Regierung hat erfolgreich das Wirtschaftswachstum angekurbelt. Der Straßenbau und die Erweiterung von Fabriken haben allerdings zu verschärften Protesten der Bevölkerung wegen Umweltbelastungen geführt.

7. Die Regierung will die Lebensmittelhersteller zwingen, ihre Produkte nach dem Ampelsystem zu kennzeichnen, um die Gesundheit der Verbraucher zu schützen (Vgl. S. 136). Die Süßwarenhersteller befürchten Umsatzeinbußen und warnen vor der Entlassung von Arbeitskräften und vor Werksschließungen.

1 Erkläre mit einem Beispiel aus deinem Alltag, was eine Dilemmasituation ist.

2 Entwickelt in Gruppen konsensfähige Regeln und Lösungsvorschläge zu einem selbst gewählten oder hier aufgezeigten Dilemma. Präsentiert eure Ideen.

3 Welche Dilemmasituationen könnten aus folgenden Maßnahmen entstehen?
a) Regierung beschließt Atomausstieg.
b) Arbeitnehmer streiken für mehr Lohn.
c) Ein Unternehmen bildet nicht aus, weil Ausbildungsplätze Geld kosten.

Rohölpreise steigen ins Astronomische!

Tausende protestieren gegen den Ausbau des Flughafens

Atomendlagerung immer noch ungeklärt

Die fetten Jahre sind vorbei!

Studie warnt vor zu langer Arbeitswoche
Unternehmer, die pro Woche länger als
48 Stunden arbeiten, riskieren ihre Gesundheit

„Wir haben durch Biotreibstoffe Millionen in
die Armut geschickt!" Der Nestlé-Verwaltungschef
über den Hunger in der Welt

Stress am Arbeitsplatz macht immer
mehr Menschen psychisch krank

Der frühere UN-Generalsekretär und Friedensnobelpreisträger Kofi Annan warnte auf dem UNO-Weltgipfel 2002 vor einem rein mengenmäßigen Wachstum:

„Der Weg, der die Menschen zu Wohlstand führt, aber dabei die Umwelt ruiniert sowie eine Mehrheit der Menschheit in Elend zurücklässt, wird sich schon bald als Sackgasse für jeden von uns erweisen."

Wirtschaftsethik

Wachstum auf dem Prüfstand

Eines der wirtschaftspolitischen Ziele der Bundesregierung ist ein stetiges Wirtschaftswachstum (vgl. S. 124). Man spricht von Wirtschaftswachstum, wenn die Menge der produzierten Produkte und Dienstleistungen, genauer gesagt das Bruttoinlandsprodukt (BIP) (vgl. S. 123), zunimmt. Die Wachstumsrate misst den prozentualen Zuwachs des BIP von Jahr zu Jahr.

Das Wirtschaftswachstum gilt als Maßstab für die Entwicklung des Wohlstands in einer Wirtschaft. Wirtschaftswachstum ermöglicht:

- höhere Lebensqualität durch bessere Ausstattung mit Sachgütern und Dienstleistungen;
- mehr Arbeitsplätze, da mehr Produktion auch mehr Beschäftigung mit sich bringt;
- höheres gesamtwirtschaftliches Einkommen, da mehr Menschen beschäftigt sind;
- leichtere Erfüllung der Staatsaufgaben, da mehr Steuern eingenommen werden und weniger Transferleistungen erforderlich sind.

Grenzen des Wachstums

Das Wachstum hat jedoch Grenzen, denn bei manchen Konsumgütern setzt eine Sättigung ein. Wenn alle Bürger ausreichend mit Waschmaschine, Telefon, Auto usw. versorgt sind, kann die Nachfrage nicht mehr steigen. Es müssen neue Produkte entwickelt werden. Wenn ferner die Produktion wegen günstiger Standortbedingungen ins Ausland verlagert wird, fehlt dieser Anteil im Bruttoinlandsprodukt; dem Land gehen Arbeitsplätze und Steuern verloren.

Wirtschaftswachstum geht zunehmend mit Problemen der Ver- und Entsorgung einher. Knappe Ressourcen werden verbraucht, die dann nachfolgenden Generationen fehlen. Auf der anderen Seite wachsen unsere Müllberge und verseuchen die Umwelt.

Als Verbraucher verantwortlich handeln – Mindmap

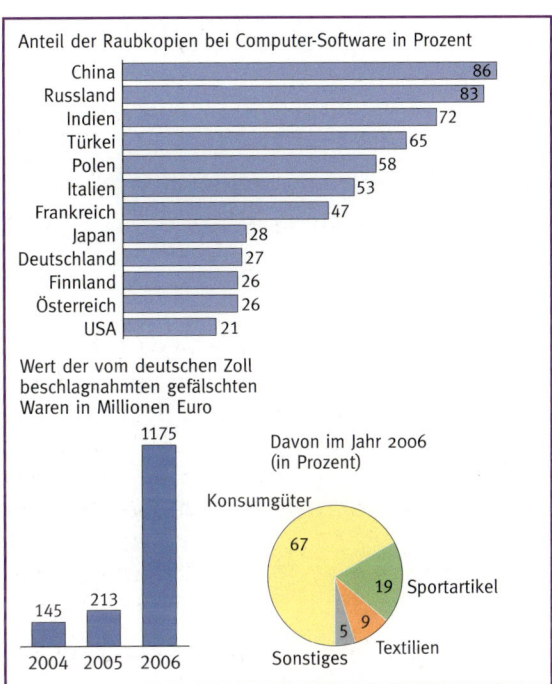

Raubkopien und Markenfälschungen

Unerwünschte Wirtschaftspraktiken

- Umweltverschmutzung: Der massive Ausstoß von Treibhausgasen, vor allem CO_2, führt zu Veränderungen des Weltklimas, unter dessen Folgen die Generationen nach uns zu leiden haben. Giftige Chemikalien, die nicht vorschriftsgemäß entsorgt werden, verschmutzen Wasser, Luft und Erdreich und entziehen Menschen und Tieren die Lebensgrundlage.
- Urheberrechtsverletzung: Jeder Urheber hat das alleinige Recht, sein schöpferisch-geistiges Werk (z. B. Text, Musik, Film, Kunst) zu nutzen, z. B. zu verkaufen. Wer eine CD raubkopiert oder Software illegal aus dem Netz herunterlädt, verletzt das Urheberrecht und kann mit Gefängnis bis zu drei Jahren bestraft werden.
- Markenbetrug: Wer das Produkt einer bestimmten Marke kauft, erwartet, dass er auch das Produkt dieser Marke erhält. Leider werden Markenprodukte oft gefälscht. Äußerlich lassen sich manche Fälschungen kaum erkennen. Preise, die jedoch weit unter dem tatsächlichen Marktpreis liegen, sind oft ein Indiz dafür. Wer solche Produkte kauft, schädigt die Unternehmen, denen Produktion und Ertrag rechtmäßig zustehen. Der Handel mit solchen Produkten ist strafbar.
- Subventionsbetrug: Wer staatliche Transferleistungen in Anspruch nimmt, ohne dass die Voraussetzungen dafür vorliegen, begeht Subventionsbetrug. Sowohl der Staat als auch alle Steuerzahler tragen die Kosten. Auch die Schwarzarbeit eines Arbeitslosen ist Subventionsbetrug, da der Arbeitslose gleichzeitig Gelder aus der Staatskasse erhält und seine Arbeitseinkünfte nicht versteuern lässt.

---

1 Welche Schlagzeilen zum Wirtschaftsgeschehen haben dich in letzter Zeit besonders berührt? Berichte warum.

2 Diskutiert die Zeitungsmeldungen S. 128. Was haben sie mit Wachstum zu tun?

P 3 Welche Möglichkeiten siehst du für dich selbst, umweltschonend zu handeln? Vervollständige die Mindmap.

4 Sollte Markenbetrug bestraft werden? Diskutiert diese Frage in der Klasse.

Verbraucherpolitik und Verbraucherschutz

In der Theorie funktioniert die freie Marktwirtschaft so:

Nachfrager	Markt	Anbieter
Konsumfreiheit	**Wettbewerb**	**Produktionsfreiheit**
Die Nachfrager entscheiden, was sie kaufen.	Steuerung der Produktion entsprechend den Kundenwünschen.	Die Unternehmen entscheiden, was sie produzieren.
Konsumenten-souveränität		**Produzenten-souveränität**

Und so sieht die Praxis für die Kunden aus:

Konsumentensouveränität?

Konsumverhalten

Der Kunde entscheidet?

Josef studiert das Kino-Programmheft, Sissy steht in der Schlange am Schalter. Über den Film, den die beiden sich anschauen wollen, sind sie sich schnell einig. Doch zu der Entscheidung über Knabbereien entbrennt eine lebhafte Diskussion. Sissy schlägt vor, Popcorn zu kaufen.

Josef hat Einwände, weil er gehört hat, dass bei Mais gentechnisch veränderte Sorten angebaut werden. Das ist seiner Ansicht nach ein so großer Eingriff in die Natur, dass er solche Lebensmittel keinesfalls kaufen will. Schließlich möchte Josef, dass auch die folgenden Generation lebenswerte Bedingungen vorfindet.

Sissy versucht Josefs Bedenken auszuräumen. Sie hat einen Bericht darüber gelesen, dass in Deutschland der Anbau gentechnisch veränderter Maissorten verboten ist und auch keine Produkte verkauft werden dürfen, die aus solchem Mais hergestellt wurden.

Lebensmitteleinkauf in Europa

Qualität	42%
Preis	40%
Aussehen/Frische	23%
Geschmack	17%
Gesundheit	14%
Vorlieben der Familie	11%
Gewohnheit	9%
Lebensmittelsicherheit	8%
Herstellungsweise (z. B. ökologische Erzeugung)	7%
Herkunftsland	6%

Quelle: Eurobarometer 2007

Nach welchen Kriterien kaufen die Europäer Lebensmittel ein?

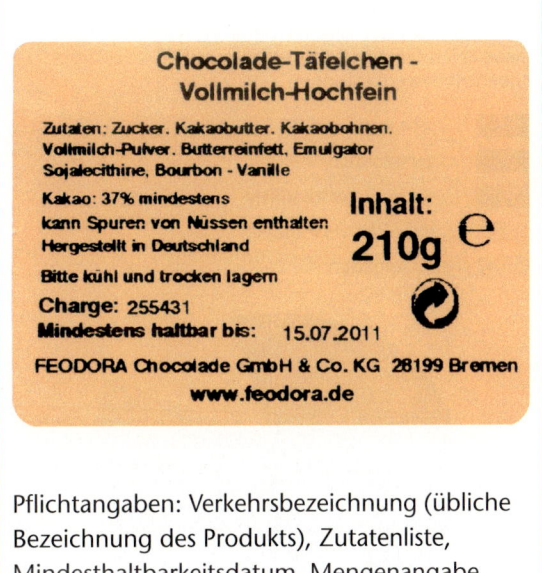

Pflichtangaben: Verkehrsbezeichnung (übliche Bezeichnung des Produkts), Zutatenliste, Mindesthaltbarkeitsdatum, Mengenangabe, Name des Herstellers oder Verpackers.

Verpackte Lebensmittel müssen nach dem Lebensmittelkennzeichnungsgesetz gekennzeichnet werden.

Allerdings weiß sie auch, dass in anderen Teilen der Welt die Gesetze nicht so streng sind wie in Europa. Da liegt die Frage nahe, ob nicht doch Produkte in den Handel gelangen, die gentechnisch veränderten Mais enthalten. „Wer soll denn das kontrollieren?" entgegnet Josef.

> Durch zunehmende Produktvielfalt und Globalisierung werden die Vorgänge bei der Herstellung von Lebensmitteln immer schwerer nachvollziehbar.

Um ein wenig mehr Sicherheit für die Verbraucher zu erreichen, gibt es das Lebensmittelkennzeichnungsgesetz. Wenn ein Lebensmittel während seines Herstellungsprozesses mit Gentechnik in Berührung gekommen ist, muss es auch gekennzeichnet werden, meint Sissy.
Sie schlägt aber vor, sich für Tortillachips zu entscheiden, damit der Streit ein Ende hat. Josef lacht, da sind wir auch nicht besser dran. Die sind zum großen Teil auch aus Maismehl hergestellt und bei den enthaltenen Zusatzstoffen oder dem verwendeten Frittierfett wissen wir erst recht nicht, wie sie hergestellt werden. Wenn der gen-

technisch veränderte Organismus nicht mehr im Endprodukt enthalten ist oder nicht mehr nachgewiesen werden kann, muss nämlich laut Gesetz auch nichts gekennzeichnet werden.

> Nach dem Lebensmittelkennzeichnungsgesetz müssen die Zutaten von Lebensmitteln gekennzeichnet werden. Für Gentechnik gelten besondere Bestimmungen.

Jetzt wird auch Sissy nachdenklich, da kann man ja als Verbraucherin gar nicht entscheiden, ob man gentechnisch veränderte Lebensmittel kauft oder sie ablehnen möchte.

1 Erinnere dich an drei Einkäufe. Notiere, wie du deine Kaufentscheidung jeweils getroffen hast (Einflüsse? Kriterien?).

2 Erkläre den Begriff „Konsumentensouveränität".

3 Erläutere, wodurch die Konsumentensouveränität gefährdet ist. Finde Beispiele aus deinem Alltag dazu.

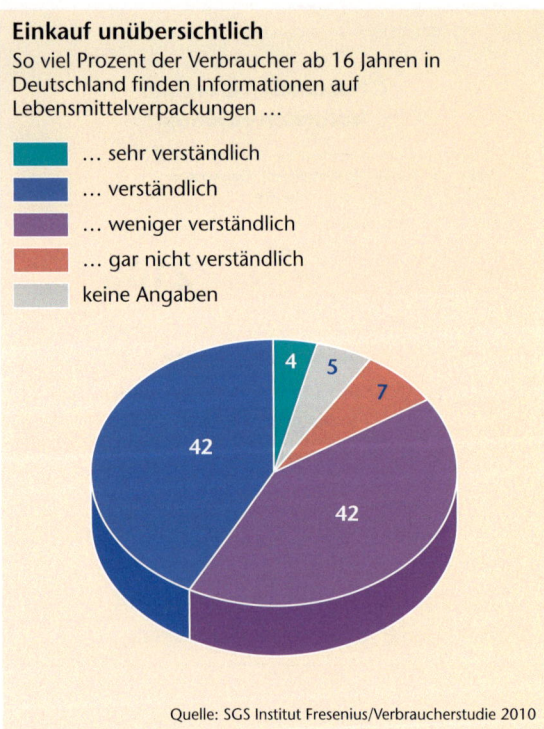

Einkauf unübersichtlich

So viel Prozent der Verbraucher ab 16 Jahren in Deutschland finden Informationen auf Lebensmittelverpackungen …

- ... sehr verständlich
- ... verständlich
- ... weniger verständlich
- ... gar nicht verständlich
- keine Angaben

4
5
7
42
42

Quelle: SGS Institut Fresenius/Verbraucherstudie 2010

Schlechte Lebensmittelkennzeichnung

Markenartikel gewünscht

So viel Prozent der 10- bis 13-Jährigen finden die Marke wichtig bei

Sportschuhen	68,5
Bekleidung	64,3
Handys	61,5
Taschen/Ranzen	60,3
Schulsachen	49,8
MP3-Playern	43,6
Spielsachen	35,5
Armbanduhren	34,6

Quelle: KVA 2009

Marken zählen

Die Macht der Produzenten

Unübersichtlichkeit des Marktes

Auf einem Markt treffen Anbieter und Nachfrager mit unterschiedlichen Interessen aufeinander. Können sich beide Seiten einigen, findet ein Handel statt. Doch die zunehmende Produktvielfalt erschwert den Kunden die Orientierung. Eine Markttransparenz (Durchsichtigkeit, Verstehbarkeit) ist oft nicht gegeben.

Wir Konsumentinnen und Konsumenten können immer nur eine bestimmte Menge an Informationen zu einem Produkt beschaffen und verarbeiten, bevor wir eine Kaufentscheidung treffen. Möchtest du dir beispielsweise einen neuen Drucker kaufen, wird es dir kaum gelingen, zu allen auf dem Markt befindlichen Geräten alle Informationen, vom Preis bis zu den technischen Daten und Funktionen zu beschaffen und auszuwerten. Nach welchen Kriterien triffst du deine Kaufentscheidung? Wie stark bist du darauf angewiesen, den Aussagen des Produzenten oder der Händlerin zu vertrauen?

Raffinierte Marketingstrategien

Hinzu kommt, dass die Produzenten durch Marketingstrategien die Wünsche und Bedürfnisse von Verbrauchern gezielt beeinflussen. Vielfältige Werbeversprechen machen es nicht immer leicht, die eigenen Bedürfnisse zu erkennen und das Nachfrageverhalten daran zu orientieren. Die Fernsehwerbung zu einer elektrischen Zahnbürste verspricht perfekte Zahnreinigung für 120 Euro. Mit Sicherheit finden sich Verbraucher, denen ihre Zahngesundheit das wert ist.

Unternehmensabsprachen

Durch zu wenig Wettbewerb und fehlende Konkurrenz entsteht ebenfalls eine Vormachtstellung der Unternehmen. Das war z. B. auf dem Energiesektor lange der Fall, weil wir unseren Stromanbieter nicht wählen konnten. Erst seit einigen Jahren ist es möglich, den Stromanbieter zu wechseln oder sich bei Ablehnung von Kernkraftwerken für Ökostrom zu entscheiden. Über den freien Wettbewerb wacht das Bundeskartellamt.

**Lebensmittelimitate –
was ist das?**

Als Lebensmittelimitate werden Produkte bezeichnet, bei denen einer oder mehrere Bestandteile durch einen billigeren Rohstoff ersetzt werden.
Um den echten Lebensmitteln sowohl im Geschmack als auch im Aussehen „täuschend" ähnlich zu sein, müssen die Hersteller bei den Imitaten jedoch sehr viele Zusatzstoffe einsetzen.

Sieht aus wie Käse, schmeckt wie Käse – ist aber keiner!

Das Spiel mit den Marken

Markenartikel sind Produkte, denen vom Hersteller bestimmte Eigenschaften zugesagt werden; sie sind daher teurer als markenlose Produkte. Die Kundin kann sich beim Kauf an der Marke orientieren. Entweder sie kauft die Marke wieder oder sie bestraft den Hersteller mit Kaufenthaltung. Dieses System hat für beide Seiten Vorteile: für die Kundin erhöht sich die Markttransparenz, der Hersteller einer erfolgreichen Marke profitiert vom höheren Preis und von der Kundentreue.

Leider wird dieses System auch missbraucht: Es gibt Hersteller, deren Produkte in keiner Weise einhalten, was die Werbung verspricht, und bei denen das Preis-Leistungs-Verhältnis nicht stimmt. Dazu kommt, dass erfolgreiche Marken nachgeahmt oder gefälscht werden, sodass die Kundin den Unterschied kaum bemerkt.

Mode – ein wichtiger Wirtschaftsfaktor

Für jede Saison werden gezielt neue Moden für Kleidung und Accessoires wie Schuhe, Taschen, Schmuck und Make-up kreiert. Farben, Formen und Materialien werden abgeändert und neu erfunden. Damit sichert die Textil- und Kleidungsbranche ihren Absatz. Denn für die Kundinnen und Kunden ist es nicht einfach, sich dem Druck der Mode zu entziehen. Einerseits ist das gesamte Angebot des Handels darauf ausgerichtet, andererseits gehört viel Selbstbewusstsein dazu, den Kleidungsstil der Mehrheit nicht mitzumachen.

Mit Tricks den Gewinn steigern

Das Hauptziel der Unternehmen ist die Gewinnmaximierung. An diesem Ziel richten sie Produktion, Angebot und Preisgestaltung aus. Manche Maßnahmen zur kostengünstigen Produktion führen zu einer Verschlechterung oder Verfälschung von Produkten, die für die Kunden nur schwer oder gar nicht zu durchschauen ist. Dazu gehören z. B. Lebensmittelimitate.

Ungenügende Markttransparenz, Werbeflut, Gewinnstreben und zu wenig Wettbewerb sorgen für eine Übermacht der Unternehmen gegenüber den Verbraucherinnen und Verbrauchern.

1 Bist du schon einmal auf eine Verbraucherfalle hereingefallen? Berichte darüber.

2 Was können Verbraucher tun, um sich vor Tricks der Hersteller zu schützen?

E 3 Informiere dich über Analog-Käse und Schinken-Imitate. Finde heraus, in welchen Produkten deines Supermarktes diese Bestandteile enthalten sind.

Das internationale Kampagnen-Netzwerk der „Clean Clothes Campaign (CCC)" erhöht mit Unterstützung der Konsumentinnen und Konsumenten den Druck auf die großen Markenfirmen und Verteiler, Textilien fair und sauber zu produzieren.

Clean Clothes Campaign

Stromkunden denken um
Juli 2011: Während die Kundenzahl beim Ökostrom-Versorger Naturstrom rasant steigt, verlieren Billigstromanbieter zunehmend weitere Stromkunden. Seit dem Atomunfall um Fukushima in Japan erfährt Ökostrom in Deutschland rasanten Zuspruch.

Greenpeace-Kampagne erfolgreich:
Nestle nimmt „Butterfinger" vom Markt
Hamburg, 14. 7. 1999. Auf Druck von Greenpeace-Jugendlichen nimmt der Lebensmittelkonzern Nestle seinen Gen-Schokoriegel »Butterfinger« vom deutschen Markt.

Fordern Sie ein Smiley-System in Deutschland!
Dänemark macht es vor: Mithilfe von Smiley-Symbolen werden die Ergebnisse von Lebensmittelkontrollen veröffentlicht, direkt im Restaurant oder Geschäft. Fordern Sie Politiker und Verbände auf, ein so leicht verständliches System auch in Deutschland einzuführen!

Verbraucherinnen und Verbraucher werden aktiv

Ohnmacht der Verbraucher?

Sind Verbraucherinnen und Verbraucher der Übermacht von Unternehmen hilflos ausgeliefert? Können Unternehmen allein bestimmen, welche Güter in welcher Qualität und zu welchem Preis sie den Verbrauchern zur Verfügung stellen? Sicher ist das nicht so. Dafür sorgt schon der Wettbewerb. Solange die Verbraucher eine Auswahl haben, solange haben sie auch Einfluss. Wenn wir beim Kauf von Elektrogeräten konsequent auf das Energielabel achten und während der Nutzung auf den Standby-Modus verzichten, lassen sich „Energiefresser" nicht mehr verkaufen, unser Geldbeutel und die Umwelt werden geschont. Entscheiden wir uns für fair gehandelten Kaffee und Kakao, können wir dazu beitragen, dass Familien in Ecuador ein menschenwürdiges Leben führen können.

> Konsumentinnen und Konsumenten können durch ihre bewussten Kaufentscheidungen und ihre Lebensgewohnheiten viel erreichen.

Informationen sind wichtig!

Doch bedeutet das, dass die Macht der Verbraucher/-innen so groß ist, dass sie bestimmen, welche Güter die Unternehmen produzieren und welche nicht? Am Beispiel gentechnisch veränderter Lebensmittel wird deutlich, dass das nicht so ist. Wir Verbraucher/-innen können zwar durch unser Einkaufsverhalten Einfluss darauf nehmen, was angeboten wird und was nicht. Die Unterhaltung von Sissy und Josef (S. 84/85) zeigt uns aber auch, dass wir infolge mangelnder Kenntnisse sowie fehlender Informationen den Unternehmen deutlich unterlegen sind.
Das Ziel muss daher sein, diese Informationslücke zu schließen. Dabei hilft einerseits der Staat und andererseits private Organisationen, die die Interessen der Verbraucher/-innen vertreten.

> Damit Verbraucher/-innen selbstbestimmt am Markt handeln können, muss das Informationsungleichgewicht zwischen ihnen und den Produzenten ausgeglichen werden.

Umfrage Konsumverhalten

sehr wichtig   völlig unwichtig

Qualität
Preis/Leistung
Markenname
Testberichte/Bewertung
Werbung
Aussehen/Design
Lifestyle/Trend
Nutzen, Haltbarkeit, Handhabung
Kundenservice
Gewohnheit
Umweltverträglichkeit
Sozialgerechtigkeit
Imagesteigerung

Darstellung der Umfrageergebnisse

1. Balkendiagramm
So viele Befragte nannten folgende Kriterien:

Qualität — 24
Preis — 18
Gewohnheit — 14
Werbung — 5

2. Tortendiagramm
Einkaufstypen
Beispiel: Staubsauger

55 % kaufen spontan

33 % vergleichen Angebote

12 % informieren sich gründlich vor dem Einkauf

12 % / 33 % / 55 %

Was ist uns beim Einkaufen wichtig?

Ⓜ Umfrage: Konsumverhalten

Legt vorher fest:

- Wer übernimmt welche Aufgabe?
- Überlegt die Fragen gut und formuliert sie klar.
- Formuliert jede Frage eindeutig. Vermeidet die Begriffe UND bzw. ODER (falsch: „Ist Ihnen Qualität ODER Preis wichtig?")
- Verwendet „offene Fragen", bei denen die Antwort frei formuliert wird, sparsam; sie erschweren die Auswertung.
- Legt eine sinnvolle Reihenfolge fest.
- Einigt euch auf Personengruppen, die ihr befragen wollt.
- Bestimmt, wie die Antworten festgehalten werden sollen (schriftlich, Tonträger, Film).
- Diskutiert über eine geeignete Präsentationsform (Artikel für die Schülerzeitung, Plakat, Vortrag …).

Beachtet bei der Befragung:

- Fragt zu Beginn höflich um Erlaubnis und bedankt euch am Ende.
- Erklärt, weshalb ihr die Befragung durchführt.
- Fragt nach, wenn ihr etwas nicht verstanden habt.

1 Nimm Stellung zu dem Satz: „Der Kunde ist König".

2 Erläutere an Beispielen, wie Verbraucher/-innen Macht ausüben können.

3 Sammle in der Tagespresse und im Internet Artikel und Websites, in denen die Macht der Verbraucher/-innen deutlich wird. Stelle deine Ergebnisse der Klasse vor.

Ⓟ **4** Führt bei Mitschülern und Mitschülerinnen eine Umfrage zum Konsumverhalten durch. Geht dabei wie folgt vor:
a) Entwerft einen Fragebogen. Nutzt dazu die Abbildung oben und die nebenstehenden Hinweise.
b) Führt die Umfrage durch.
c) Stellt die Umfrageergebnisse in Form von Balken- und/oder Tortendiagrammen am Computer dar.
d) Wertet die Umfrage aus und zieht Schlussfolgerungen.

Ⓔ **5** Wodurch kann die Marktposition der Verbraucher/-innen gestärkt werden? Diskutiert darüber in der Klasse.

Ziele der Verbraucherpolitik

- Vorsorgender gesundheitlicher Verbraucher- schutz
- Aufklärung und Erziehung der Verbraucher zu nachhaltigem Konsum
- Schutz der wirtschaftlichen Interessen und Stärkung der Rechte der Verbraucher
- Stärkung der Selbstbestimmung der Verbraucher; Förderung ihrer Interessen- vertretungen und Organisationen

Verbraucherpolitik schützt nicht nur die indi- viduellen Interessen der Verbraucher, sondern fördert auch die Selbststeuerungskräfte des Marktes. Damit soll eine nachhaltige gesell- schaftliche Entwicklung erreicht werden.

Ziele der Bundesregierung und der Europäischen Union

Beispiel: Lebensmittelampel

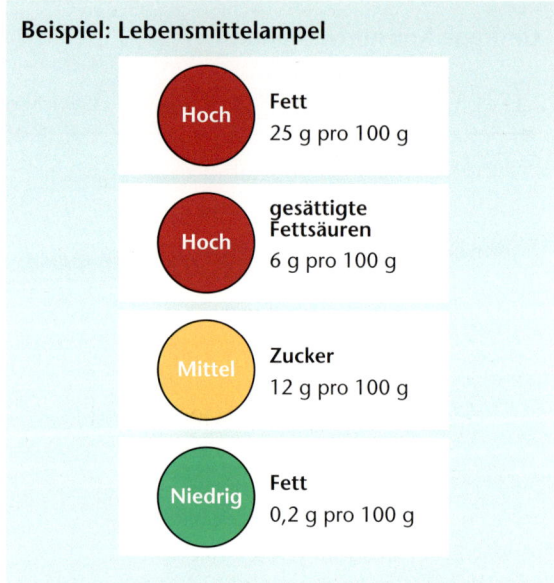

Die Ampel auf Lebensmittelverpackungen sollte die Nährstoffe bewerten, um die Bevölkerung vor Fehlernährung zu schützen.

Ziele der Verbraucherpolitik und des Verbraucherschutzes

Verbraucherpolitik dient der Durchsetzung des Verbraucherinteresses und dem Abbau der Über- macht der Produzenten über die Konsumenten.

> Durch Verbraucherpolitik wird versucht, ein Marktgleichgewicht zwischen Anbietern und Nachfragern herzustellen.

Verbraucherpolitik ist eine europaweite Ange- legenheit, da alle Güter im europäischen Wirt- schaftsraum frei gehandelt werden können. Verbraucherschutz kann daher nur durch euro- paweite Gesetze und Regelungen erreicht werden. Die EU hat dazu zahlreiche Bestimmungen ver- abschiedet, die von der Bundesregierung umge- setzt wurden, z. B. zweijährige Garantie für Pro- dukte des alltäglichen Gebrauchs, Werbeverbot für Zigaretten, Schutz bei Internetgeschäften.

Vorsorgender Gesundheitsschutz

Ein zentrales Anliegen des Verbraucherschutzes ist die Qualität von Lebensmitteln. Die Lebens-

mittelkennzeichnungsverordnung (s. S. 85) war ein erster Fortschritt. Hingegen scheiterte 2010 die Einführung der Lebensmittelampel. Verbrau- cherorganisationen hatten die Kennzeichnung der Inhaltsstoffe Zucker, Fett und Salz mit den Signal- farben rot, gelb und grün gefordert, damit man schneller erkennen kann, ob ein Produkt gesund ist. Die Lebensmittelindustrie lehnte dieses Sys- tem ab und das EU-Parlament votierte dagegen.

Markttransparenz erhöhen

Wir Verbraucherinnen und Verbraucher müssen ausreichend Informationen erhalten. Ein Beispiel hierfür ist die Preisauszeichnungsverordnung. Sie enthält u. a. folgende Vorschriften: Sachgüter, die zum Kauf bereitgehalten werden oder ausgestellt sind, müssen preislich gut sichtbar ausgezeichnet sein. Alle Preise sind einschließlich der Umsatz- steuer und aller sonstigen Zuschläge anzugeben. Für einige Sachgüter ist ein Stückpreis vorge- schrieben, beispielsweise für Eier und Grapefruit. Für andere Sachgüter muss ein Vergleichspreis für 100 Gramm, 100 Milliliter, 1 Kilogramm oder 1 Liter angegeben werden, so z. B. für Wurstwa- ren, Schokolade oder Waschmittel.

Der Staat soll sich nicht in die Wirtschaft einmischen, aber sollte er gentechnisch veränderte Lebensmittel verbieten?

Die Unternehmerin kann nur wirtschaftlich arbeiten, wenn sie alle zur Verfügung stehenden modernen Technologien einsetzt – auch die Gentechnik?

Der Staat muss den Wirtschaftsstandort Deutschland stärken. Gelingt das, wenn die Forschung mit gentechnisch veränderten Organismen eingeschränkt wird?

Unternehmer produzieren entsprechend der Nachfrage. Aber treffen die Verbraucher ihre Kaufentscheidungen immer rational?

Der Staat muss für eine umfassende Information der Verbraucherinnen und Verbraucher sorgen, werden Verbraucher dadurch aber auch verunsichert?

In der Marktwirtschaft ist jeder für sich selbst verantwortlich. Verbraucher müssen sich informieren. Können sie das?

Viele Verbraucher möchten preiswerte und qualitativ hochwertige Produkte, lehnen aber die industrielle Lebensmittelherstellung ab.

Produzenten – Verbraucher – Staat: Konflikte ohne Ende (z. B. Beispiel Popcorn; vgl. S. 130/131)

Verbraucherrechte stärken

Die Rechte der Verbraucherinnen und Verbraucher stärkt z. B. das „Haustürgeschäfte-Widerruf-Gesetz". Es wurde erlassen, weil Geschäfte an der Haustür oder auf der Straße den Verbrauchern nicht viel Zeit lassen, den Kauf einer Ware oder die Inanspruchnahme einer Dienstleistung gut zu überlegen. Dank dieses Gesetzes können Verbraucher binnen zwei Wochen ohne Angabe von Gründen vom Vertrag zurücktreten, wenn sie sich zu einem Geschäft haben überreden lassen.

Selbstbestimmung stärken

Selbstbestimmung der Verbraucherinnen und Verbraucher heißt, dass sie ihren Konsum eigenverantwortlich gestalten können. Dazu benötigen sie Erfahrung, Informationen und Fachkenntnisse. Einrichtungen wie die staatlichen Verbraucherzentralen, die Stiftung Warentest, nichtstaatliche Organisationen (Greenpeace, Attac, …) sowie Verbraucherzeitschriften bieten wertvolle Orientierungshilfen. Auch die Schule vermittelt Kenntnisse über Marktwirtschaft, Bedürfnisse und Konsum, um zu einem kritischen Verbraucherverhalten zu erziehen.

1 Ermittelt im Supermarkt mithilfe der Vergleichspreise die Preisunterschiede für das gleiche Produkt in verschiedenen Packungsgrößen (z. B. Waschpulver, Öl, Pralinen, Nudeln). Berichtet im Unterricht.

2 Sammle in der Presse oder im Internet Berichte zu aktuellen Themen der Verbraucherpolitik und stelle sie der Klasse vor.

E 3 Organisiert ein Rollenspiel: Produzentinnen, Verbraucher und Politikerinnen diskutieren über die Einführung der Lebensmittelampel. Wo könnten sich Konflikte ergeben? Nehmt die Abbildung oben zu Hilfe.

Die Stiftung Warentest stellt sich vor:

Die Stiftung Warentest wurde 1964 auf Beschluss des Deutschen Bundestages gegründet, um dem Verbraucher durch die vergleichenden Tests von Waren und Dienstleistungen eine unabhängige und objektive Unterstützung zu bieten.

- Wir kaufen – anonym im Handel, nehmen Dienstleistungen verdeckt in Anspruch.

- Wir testen – mit wissenschaftlichen Methoden in unabhängigen Instituten nach unseren Vorgaben.

- Wir bewerten – von „sehr gut" bis „mangelhaft", ausschließlich auf Basis der objektivierten Untersuchungsergebnisse.

- Wir veröffentlichen – anzeigenfrei in unseren Zeitschriften test und Finanztest und im Internet unter www.test.de.

Aus der Website der Stiftung Warentest

Nagellack

Berufswahltests

Batterien

Übersetzungsprogramme

Sieger des Jugendwettbewerbs der Stiftung Warentest

Verbraucherorganisationen

Die Verbraucherzentralen

Die 16 Verbraucherzentralen in den einzelnen Bundesländern bieten Verbraucherinnen und Verbrauchern ein System der Beratung und Information, helfen bei der Durchsetzung von Rechten und vertreten die Verbraucherinteressen gegenüber Politik und Wirtschaft.

In den ca. 190 Beratungsstellen gibt es jährlich etwa vier Millionen Beratungen. Dabei können alle Beratungsstellen auf eine zentrale Datenbank zurückgreifen, die Musterantworten für Beratungsschwerpunkte enthält. Das Erfassen der Beratungsvorgänge in der Datenbank ermöglicht es, gezielt gegen wiederkehrende Rechtsverstöße vorgehen zu können, und liefert ein Bild über die Hauptprobleme der Verbraucherinnen und Verbraucher.

Die 16 Verbraucherzentralen und 26 weitere Verbraucherverbände sind in der Dachorganisation „Verbraucherzentrale Bundesverband e. V." (vzbv) zusammengefasst.

Stiftung Warentest

Während die Verbraucherberatungsstellen aus den Länderhaushalten finanziert werden, arbeitet die „Stiftung Warentest" privatwirtschaftlich, wird aber mit Steuermitteln unterstützt.

Sie hat es sich zur Aufgabe gemacht, über die Qualität und Umweltverträglichkeit von Sachgütern und Dienstleistungen zu informieren. Darüber hinaus liefert die Stiftung Warentest allgemeine Informationen zur rationellen Führung des privaten Haushalts sowie zu gesundheits- und umweltbewussten Verhaltensregeln.

Mithilfe ihrer Veröffentlichungen, wie beispielsweise der Zeitschrift „test", erwirtschaftet sie den

Aufgabe Internetrecherche

Wähle eine Organisation aus und stelle mithilfe einer Internetrecherche fest, was sie für den Verbraucherschutz leistet.

Auswahl:

Greenpeace e. V., Attac, Deutscher Mieterbund e. V., EnergieVision e. V., Allgemeiner Deutscher Fahrradclub e. V. (ADFC), …

Rechercheaufträge:

- Sitz der Organisation, Website?
- Ziele der Organisation?
- Arbeitsweise der Organisation?
- Wie finanziert sich die Organisation?
- Vertretung von Verbraucherinteressen?
- Maßnahmen zum Verbraucherschutz?
- Beurteilung der Organisation in der Presse, im Internet?

Recherche zu einer Verbraucherorganisation

Ⓜ Internetrecherche

- Suchbegriff gut überlegen, eventuell zwei oder mehr Suchbegriffe kombinieren.
- Quelle beurteilen:
  - Komme ich schnell zu den gewünschten Informationen?
  - Sind die Seiten übersichtlich gestaltet?
  - Handelt es sich um eine seriöse Quelle?
  - Entstehen für die Informationsbeschaffung keine Kosten? …)
- Wichtige Informationen kopieren und in einem Textdokument zusammenfassen.
- Nicht vergessen: zu jeder Information die Adresszeile der Website kopieren (Strg + c).
- Weitere Quelle nutzen, Informationen vergleichen bzw. ergänzen.
- Textdokument formatieren und drucken.

Schrittfolge für eine erfolgreiche Internetrecherche

---

größten Teil ihres Gewinns. Das ist nur deshalb möglich, weil sich die aufgegriffenen Themen stets an der Interessenlage der Leserinnen und Leser orientieren, denn nur so lassen sich die Zeitschriften auch gewinnbringend verkaufen.

Verbraucherpolitik in allen Bereichen

Verbraucherschutz ist eine Aufgabe, die fast alle Lebensbereiche betrifft und in den verschiedenen Politikbereichen berücksichtigt werden muss. Regelungen des bürgerlichen Rechts (z. B. Vertragsrecht) und des Handels- und Wirtschaftsrechts unterliegen dem Justizministerium. Es ist z. B. zuständig zu klären, welche Rechte Fahrgäste haben, wenn ihr Zug unpünktlich ist. Maßnahmen im Bereich der Energiepolitik fallen in den Bereich des Wirtschaftsministeriums, für die allgemeine Produkt- und Gerätesicherheit ist das Arbeitsministerium verantwortlich und für Lebensmittel das Ernährungsministerium.
Die Bundesanstalt für Finanzdienstleistungsaufsicht kontrolliert alle in Deutschland zugelassenen Kredit- und Finanzdienstleistungsinstitute, Versicherungen und den Wertpapierhandel. Das

Bundesinstitut für Arzneimittel und Medizinprodukte ist zuständig für die Zulassung und Risikobewertung von Arzneimitteln.

1 Erkläre, warum die Stiftung Warentest in ihrer Zeitschrift keine Anzeigen abdruckt (s. links oben).

2 Du möchtest eine Digitalkamera oder ein Handy kaufen. Recherchiere im Internet nach Tests und Verbrauchertipps. Welche Adressen findest du vertrauenswürdig?

3 Suche die Internetseite der Verbraucherzentrale deines Bundeslandes auf.
a) Welche Themen sind dort aktuell?
b) Finde die Adresse der Beratungsstelle in deiner Region heraus.
c) Testet die Beratung der Verbraucherzentrale zu einem euch interessierenden Thema. Entwickelt Test-Kriterien für das Beratungsgespräch.

Ⓔ **4** Informiert euch über den Wettbewerb
Ⓟ „Jugend testet" (www.test.de/jugend testet). Nehmt an dem Wettbewerb teil.

Wirtschaft ist international

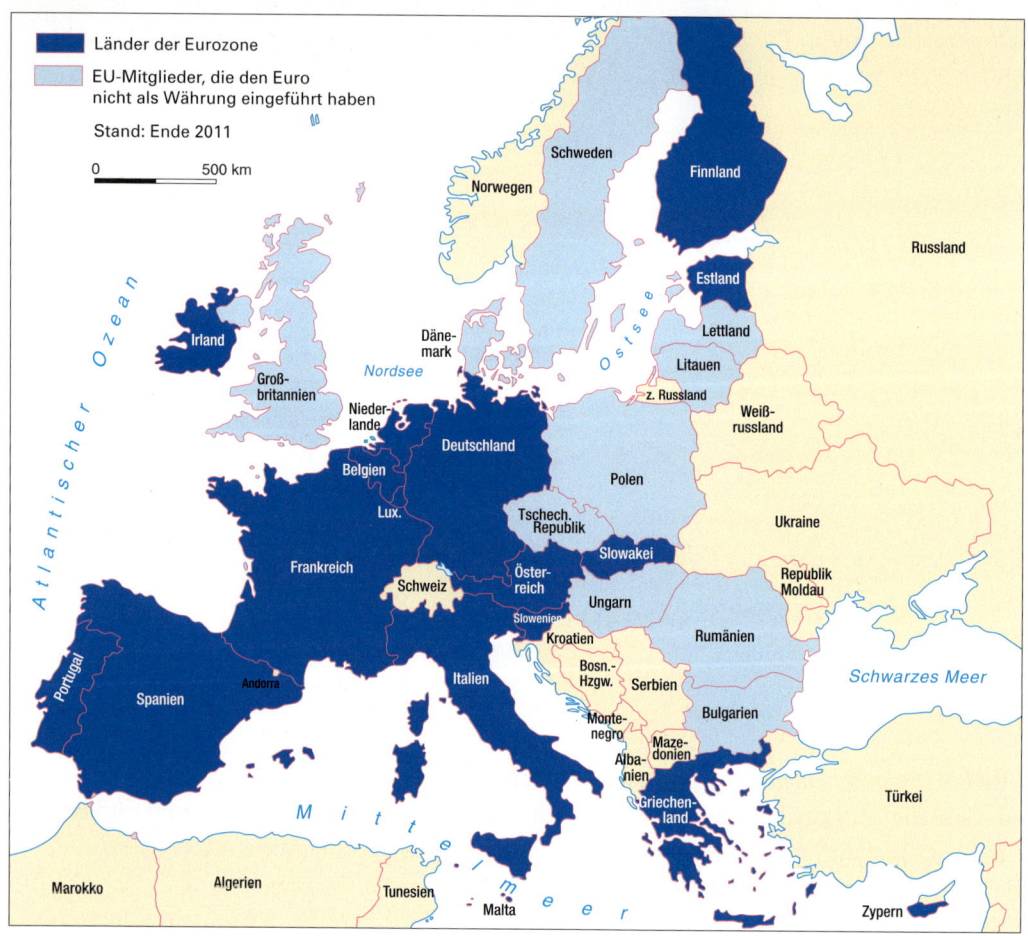

Länder der Eurozone

EU-Mitglieder, die den Euro nicht als Währung eingeführt haben

Stand: Ende 2011

0   500 km

Die Europäische Union

Die Europäische Union – ein Wirtschaftsraum

1957 gründeten sechs europäische Staaten, nämlich Frankreich, Deutschland, Italien, Belgien, die Niederlande und Luxemburg, die Europäische Wirtschaftsgemeinschaft (EWG). Mit dem Vertrag von Maastricht 1992 wurde das Wirtschaftsbündnis zur politischen Union weiterentwickelt und nahm die neue Bezeichnung „Europäische Union" (EU) an. Der EU gehören inzwischen 27 Mitgliedsländer an (Stand: Ende 2011); drei weitere Länder, Kroatien, Mazedonien und die Türkei, haben den Status von Beitrittskandidaten.

Die Länder der EU verfolgen außer der wirtschaftlichen Zusammenarbeit eine gemeinsame Außen- und Sicherheitspolitik und arbeiten in den Bereichen Polizei und Justiz zusammen. Die wahlberechtigten Bürger der Eu wählen seit 1979 ein europäisches Parlament.

> Die Europäische Union (EU) ist ein Zusammenschluss von europäischen Staaten mit dem Ziel, gemeinsam den Wohlstand zu mehren und Frieden, Freiheit, Demokratie und Pluralismus zu erhalten.

Die 27 Staaten der EU bilden einen Wirtschaftsraum, das heißt, sie verfügen seit 1993 über einen gemeinsamen Markt (europäischer Binnenmarkt). Ihm gehören rund 500 Millionen Menschen an. Seit 2002 wurden Euro-Banknoten und Münzen als gemeinsame Währung eingeführt.

Der europäische Binnenmarkt

	Eurozone	USA	Japan	China
Bevölkerung in Mio.	329	310	127	1341
Produktion (Anteil an der Weltwirtschaftsleistung in %)	15,1	20,4	6,0	12,6
BIP pro Kopf in US-Dollar	37.799	45.989	39.738	3.744
Export in % des BIP	36,5	11,2	12,5	26,7
Erwerbstätige in % der Bevölkerung ab 15 Jahren	51,6	65,0	59,5	73,7

Quelle: Eurostat, Stat. Bundesamt, IWF, Weltbank (Stand 2009)

Große Wirtschaftsräume im Vergleich

Der europäische Binnenmarkt

Schon 1968 wurden die Zölle zwischen den einzelnen Staaten abgeschafft (Zollunion). Um aber einen gemeinsamen Markt zu schaffen, mussten „vier Freiheiten" verwirklicht werden: Der freie Personenverkehr erlaubt allen EU-Bürgerinnen und EU-Bürgern, sich in jedem Land der EU aufzuhalten und dort zu arbeiten. Freier Warenverkehr bedeutet, dass innerhalb der EU-Staaten Waren frei gehandelt werden dürfen. Dasselbe gilt für Dienstleistungen. Im Rahmen des freien Kapitalverkehrs wurden EU-weite Geld- und Kapitalbewegungen sowie der Wertpapierverkehr vereinfacht.

> Auf dem europäischen Binnenmarkt ist der freie Verkehr von Personen, Waren, Dienstleistungen und Kapital gewährleistet („Vier Freiheiten").

Kern des Binnenmarktes ist die Eurozone. Damit sind die 17 Staaten gemeint, die seit 1999 den Euro als gesetzliches Zahlungsmittel eingeführt haben (Stand: Ende 2011). Die gemeinsame Währung fördert das Zusammenwachsen der Güter- und Finanzmärkte.

> Die Eurozone umfasst diejenigen Mitgliedsländer der Europäischen Union, die den Euro als gemeinsame Währung eingeführt haben.

Vorteile des Binnenmarktes

Die Unternehmen können für einen größeren Markt produzieren und ihre Kosten senken. Sie können ihre Produktion dorthin verlegen, wo sie günstige Bedingungen vorfinden. Die Konsumentinnen und Konsumenten erhalten durch mehr Wettbewerb ein größeres, günstigeres Angebot. Handelshemmnisse wurden abgebaut. So muss z. B. Deutschland seit 1997 auch Biere zulassen, die nicht nach dem deutschen Reinheitsgebot nur aus Hopfen, Malz und Wasser gebraut sind. Der Kunde hat nun die Wahl.

Auf der anderen Seite entwickelte die EU Mindeststandards zum Schutz der Verbraucher (Sicherheit, Gesundheitsschutz, Rechtsschutz), die jedes Mitgliedsland umsetzen muss (s. S. 136).

> **1** Nenne die Länder, die den Euro eingeführt haben.
>
> **2** Was bedeuten die vier Freiheiten des Binnenmarktes in der alltäglichen Praxis? Finde Beispiele.
>
> **3** Welche Chancen bieten sich für Deutschland im EU-Binnenmarkt?
>
> **E 4** „Der Euro bedeutet für viele international tätige Unternehmen eine enorme Erleichterung der Geschäftsabwicklung." Begründe diese Aussage eines Managers.

Demonstration gegen die Konkurrenz billiger Arbeitskräfte aus der EU

Der Binnenmarkt in Schlagzeilen

Leben und arbeiten in der Europäischen Union

Förderung der Regionen

Der gemeinsame Binnenmarkt bedeutet Wettbewerb zwischen Waren, Dienstleistungen, Unternehmen und Arbeitskräften EU-weit. Innerhalb der EU bestehen aber nicht nur zwischen den Mitgliedsstaaten, sondern auch zwischen Regionen erhebliche Unterschiede im Lebensstandard und der Einkommensentwicklung. Waren die Unterschiede schon früher z. B. zwischen Baden-Württemberg und Sizilien gewaltig, so wurden sie durch die Erweiterungen der EU nach Osten (z. B. Rumänien, Bulgarien) noch verschärft. Unternehmen nutzen diese Situation und verlegen ihre Produktion in Länder mit niedrigerem Lohnniveau. In den reichen Regionen hingegen gehen Arbeitsplätze verloren.

Mit einer gezielten Strukturpolitik versucht die EU dieses Gefälle abzubauen. Mit EU-Mitteln wird wirtschaftlich schwächeren Regionen geholfen, Standortnachteile abzubauen und Anschluss an die allgemeine Wirtschaftsentwicklung zu halten. Im Mittelpunkt stehen dabei der Ausbau der Infrastruktur, die Förderung von Bildungsvorhaben und die Schaffung von Arbeitsplätzen.

Rheinland-Pfalz z. B. erhält für das Ziel „Regionale Wettbewerbsfähigkeit und Beschäftigung" 217,6 Millionen Euro im Förderzeitraum 2007–2013 aus dem europäischen Strukturfonds. Das Geld fließt z. B. in die Projekte Geysir Andernach, Treif Maschinenbau GmbH und Photonik-Zentrum Kaiserslautern e. V.

Als Schülerin oder Azubi ins EU-Ausland

Hast du schon einmal daran gedacht, an einem Schüleraustausch im europäischen Ausland teilzunehmen oder einen Teil deiner Ausbildung dort zu absolvieren? Vieles spricht dafür, diesen Schritt zu wagen. Als Bürger/-in der EU steht dir Europa offen von Norwegen bis Malta und Irland bis Zypern. Was bringt ein Auslandsaufenthalt? Du lernst Jugendliche anderer Nationen kennen und erhältst einen Einblick, wie sie leben und denken und kannst neue Freundschaften schließen. Du lernst andere Kulturen kennen und änderst vielleicht deine eigene Lebenseinstellung. Du entwickelst Selbstvertrauen, wenn du erlebst, wie du in einem fremden Land zurechtkommst. Ganz nebenbei verbesserst du deine Fremdsprachenkenntnisse und erwirbst Erfahrungen und Kompetenzen, die für künftige Arbeitgeber/-innen interessant sein können.

Schulpartnerschaften: EU-Programm COMENIUS

GD Bildung und Kultur
Programm für lebenslanges Lernen

„Schaukel der Freundschaft" war der Name eines Comenius-Projektes. Zwei Berufsschulen aus Deutschland und Lettland stellten gemeinsam Schaukeltiere für Kinder in einem lettischen Kindergarten her. Bei Entwurf und Produktion der Tiere arbeiteten Schülerinnen und Schüler aus Deutschland und Lettland paarweise zusammen. Die Kommunikationssprache war Englisch. Die Schüler/-innen konnten ihre beruflichen, sozialen und sprachlichen Kompetenzen erweitern und die internationale Zusammenarbeit erproben.

Comenius-Projekt „Schaukel der Freundschaft"
Weitere Informationen zu Schulpartnerschaften im Comenius-Programm findest du unter http://www. kmk-pad.org/programme/comenius.html.

Rafaela, angehende Kauffrau für Bürokommunikation, bei ihrem Praktikum in einem Großhandelsunternehmen in Qormi, Malta
Weitere Informationen über das Projekt „Azubi-Mobil" findest du unter http://www.azubi-mobil.de/

Praktikum im europäischen Ausland: LEONARDO DA VINCI

Das Programm Leonardo da Vinci will die grenzübergreifende berufliche Bildung fördern. Azubis, Studenten und Berufseinsteiger sollen ihre Kenntnisse durch einen Auslandsaufenthalt vertiefen können. Azubi-Mobil ist ein Projekt im Rahmen des Programmes Leonardo da Vinci, das Azubis bundesweit Auslandspraktika vermittelt. Träger der Maßnahme ist die IHK-Projektgesellschaft mbH in Frankfurt/Oder. Die EU zahlt den Teilnehmenden einen Zuschuss zu Fahrt- und Lebenshaltungskosten.

Die EU unterstützt mit Bildungsprogrammen das Lernen und Arbeiten in Europa.

So fördert beispielsweise das Comenius-Programm Partnerschaften zwischen Schulen verschiedener europäischer Länder, Schüleraustausch sowie fächerübergreifende Schulprojekte, an denen Partnerschulen aus mindestens zwei weiteren europäischen Ländern teilnehmen. Wer hingegen als Azubi im europäischen Ausland Berufserfahrung sammeln und seine Fremdsprachenkenntnisse verbessern möchte, kann Fördermittel aus dem EU-Programm Leonardo da Vinci erhalten.

1 Sammle Zeitungsartikel, die den EU-Binnenmarkt betreffen. Welche Themen sind zurzeit aktuell?

E 2 Warum können soziale Ungleichheiten in einer Gemeinschaft auf Dauer nicht hingenommen werden? Diskutiert.

3 Erkläre den Begriff EU-Strukturpolitik.

4 Recherchiere, wie in Rheinland-Pfalz EU-Fördergelder verwendet werden.

5 Was hältst du von einem Praktikum im Ausland? Informiere dich über die Förderprogramme der EU im Internet.

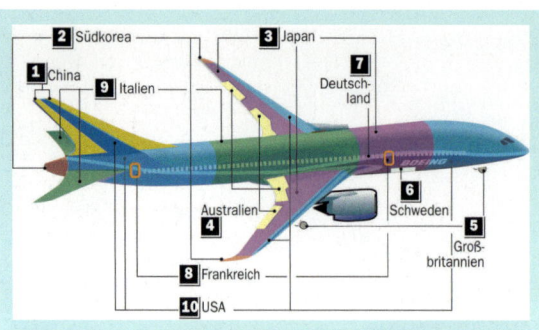

China: Seitenruder und Flügelteile; **Südkorea:** Tragflächenteile; **Japan:** Tragflächen, Rumpfmittelteil; **Australien:** bewegliche Flügelteile, Teile aus dem Flugzeuginneren; **Großbritannien:** Fahrwerke; **Schweden:** Frachtraumtüren; **Deutschland:** Innenbeleuchtung; **Frankreich:** Passagiertür; **Italien:** Rumpf, Höhenleitwerk; **Kanada:** Rumpf-Flügelverbindung; **USA:** Cockpit, Rumpfvorderteil, Seitenleitwerk, Endmontage

Die Boeing wird in vielen Ländern der Welt gefertigt

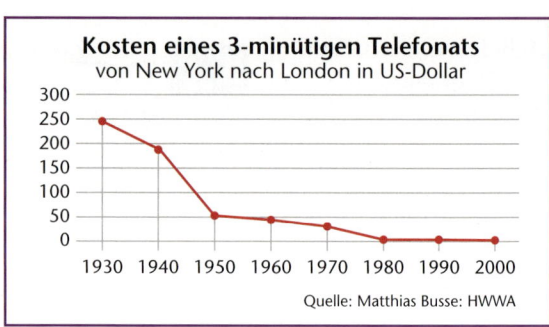

Weltweite Kommunikation

McDonald's in China

Was ist Globalisierung?

Morgens um sechs klingelt der Wecker der 16-jährigen Schülerin Lena. Er wurde in Rumänien hergestellt. Lena duscht und wäscht sich die Haare mit Shampoo aus Frankreich. Sie zieht ihr Lieblings-T-Shirt an, „Made in China", und ihre Jeans, eine Lewis. Zum Frühstück gibt es Kaffee aus Brasilien, italienische Mortadella und Gouda aus Holland. Ihr Vater fährt sie im Toyota zur Schule. In der ersten Stunde hat Lena Informationstechnologie. Computer und Software kommen aus Indien. Am Nachmittag geht sie mit ihren Freundinnen shoppen. Im Einkaufszentrum läuft die Musik von Justin Bieber. Im Café trinken sie noch einen Milchshake mit Bananen aus Afrika.

All dies sind Erscheinungsformen der Globalisierung. Ursprünglich kommt der Begriff aus dem Bereich der Wirtschaft und bedeutet, dass die Welt zu einem großen Marktplatz zusammengewachsen ist. Die Volkswirtschaften der Länder sind weltweit miteinander vernetzt (s. S. 143). Globalisierung findet jedoch auch in anderen Bereichen statt: Eine deutsche Ingenieurin arbeitet in China, über das Internet hast du Kontakt zu einer Freundin in Argentinien. Die Fußball-WM in Südafrika wird live im Fernsehen gezeigt. In Japan jubeln die Fans Madonna zu. Die Regierungschefs treffen sich zum Klimagipfel.

> Globalisierung im weiteren Sinne ist die weltweite Vernetzung in allen Bereichen: Wirtschaft, Politik, Kultur, Umwelt usw.

Voraussetzungen der Globalisierung

Stabile politische Rahmenbedingungen, Demokratien mit freier Marktwirtschaft fördern den Prozess der Globalisierung. Technische Innovationen (z. B. Internet) haben die Kosten für Transport, Information und Kommunikation gesenkt. Industrien und Dienstleistungen sind nicht mehr an einen Standort gebunden, Arbeit und Produktion können über die Welt verteilt werden. So treten ganze Staaten in wirtschaftlichen Wettbewerb.

Pro und Kontra Globalisierung

Unternehmerinnen und Unternehmer sehen in der Globalisierung große Chancen, ihre Geschäfte auszuweiten und ihre Gewinne zu steigern. Wirtschaftsfachleute erhoffen sich durch die In-

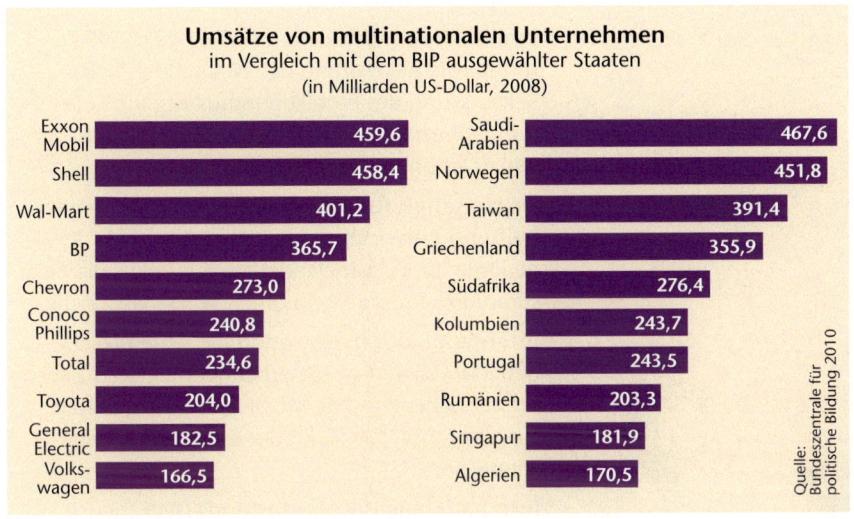

Umsätze von multinationalen Unternehmen
im Vergleich mit dem BIP ausgewählter Staaten
(in Milliarden US-Dollar, 2008)

Unternehmen	Umsatz		Staat	BIP
Exxon Mobil	459,6		Saudi-Arabien	467,6
Shell	458,4		Norwegen	451,8
Wal-Mart	401,2		Taiwan	391,4
BP	365,7		Griechenland	355,9
Chevron	273,0		Südafrika	276,4
Conoco Phillips	240,8		Kolumbien	243,7
Total	234,6		Portugal	243,5
Toyota	204,0		Rumänien	203,3
General Electric	182,5		Singapur	181,9
Volkswagen	166,5		Algerien	170,5

Quelle: Bundeszentrale für politische Bildung 2010

Die weltweit wertvollsten Marken in Milliarden US-Dollar (Stand 2008):

	Marke	Wert
1.	CocaCola	66,67
2.	IBM	59,03
3.	Microsoft	59,01
4.	General Electric	53,09
5.	Nokia	35,94
6.	Toyota	34,05
7.	Intel	31,26
8.	McDonald's	31,05
9.	Disney	29,25
10.	Google	25,59
11.	Mercedes	25,58

Quelle: Globus

tensivierung von Handel und Arbeitsteilung einen Rückgang der weltweiten Armut. Befürworter betonen außerdem, dass der Austausch über Ideen, Meinungen, Rechtsnormen und Innovationen über Ländergrenzen hinweg eine Weltkultur entstehen lasse, die dem einzelnen Menschen neue Chancen und Freiheiten eröffne.

Kritiker bemängeln, dass sich die Globalisierung nur auf die Wirtschaft konzentriere und Menschenrechte, Arbeitnehmerrechte, Umweltschutz und Demokratie dabei nicht genügend berücksichtigt würden. Auch habe die Politik zu wenig Einfluss gegenüber der Macht großer Konzerne.

Produktion in Länder, die günstigere Standortbedingungen bieten. Dazu zählen

- geringere Lohnkosten und direkten Zugang zu Rohstoffen,
- Konsumentennähe und Umgehung von protektionistischen Maßnahmen (z. B. Einfuhrzölle),
- eine bessere Konkurrenzsituation, z. B. durch technischen Vorsprung vor den Konkurrenten.

Die global agierenden Unternehmen gewinnen an Wettbewerbsfähigkeit, allerdings häufig auf Kosten der Arbeitsplätze im Stammland, die reduziert werden oder ganz wegfallen.

Global Player

Die Badische Anilin und Sodafabrik SE, ein Chemieunternehmen mit Stammsitz in Ludwigshafen/Rhein, hat weltweit ca. 110 000 Beschäftigte und ist in 80 Ländern mit 390 Produktionsstandorten vertreten. 2010 setzte die BASF SE 64 Milliarden Euro um und erzielte einen Gewinn vor Zinsen und Steuern von 7,8 Milliarden Euro.

> Unternehmen, die Zweigniederlassungen im Ausland unterhalten, heißen multinationale Unternehmen oder „Global Player".

Global agierende Unternehmen nutzen die Vorteile internationaler Zusammenarbeit bei Forschung und Entwicklung. Sie verlegen ihre

P 1 Welche ausländischen Produkte benutzt du? Recherchiere Lebens- und Arbeitsbedingungen in den betreffenden Ländern.

2 Zeige anhand eines sozialen Netzwerks (aktive Nutzer und Nutzerländer) die Globalisierung im Kommunikationssektor auf.

3 Große Unternehmen tragen große Verantwortung. Formuliere kritische Fragen an den Vorstand in einer Hauptversammlung. Tipp: www.kritischeaktionaere.de.

4 Nenne Vor- und Nachteile, in einem globalen Unternehmen beschäftigt zu sein.

Oben: Karikatur zur Globalisierung
Rechts: Internationale Wirtschaftsorganisationen

Welthandelsorganisation (WTO, gegr. 1995): tritt für die Ausweitung des Welthandels und Bekämpfung des Protektionismus ein, um Lebensstandard und Beschäftigung in den Mitgliedsstaaten zu erhöhen.

Organisation für wirtschaftliche Zusammenarbeit und Entwicklung (OECD, gegr. 1961): Ihr gehören 30 Industrieländer an. Ihr Ziel ist die Abstimmung einer gemeinsamen Wirtschaftspolitik.

Internationale Organisation für Arbeit (ILO, gegr. 1919): vertritt die Arbeitnehmer, setzt sich für menschenwürdige Arbeitsbedingungen und eine gerechte Verteilung der Globalisierungsgewinne ein.

Internationaler Währungsfonds (IWF, gegr. 1945): fördert die internationale Zusammenarbeit in der Finanz- und Währungspolitik sowie der Entwicklungshilfe, vergibt langfristige Darlehen an Staaten.

Chancen und Risiken der Globalisierung

Die Globalisierung eröffnet durch den transnationalen Wettbewerb den Ländern neue Aufstiegschancen, die z. B. die EU-Länder Polen, Ungarn und Tschechien genutzt haben. Das Gleiche trifft in größerem Ausmaß auf die neuen „Asian Giants" China und Indien zu. Ihr enormes Wirtschaftswachstum hat auch den Lebensstandard der Bevölkerung verbessert und die Armut reduziert.

Gleichzeitig birgt der Globalisierungsprozess Risiken und Abstiegsgefahren für Länder, die im internationalen Wettbewerb nicht mithalten können und deren Bevölkerung daher verarmt. Als Verlierer gilt z. B. Afrika südlich der Sahara wegen seiner unsicheren politischen Lage.

Welthandel – nicht für alle von Vorteil

Die zunehmende Arbeitsteilung zwischen den Ländern hat zu einem Anwachsen des Welthandels geführt. Güter werden dort produziert, wo dies am kostengünstigsten ist. Produkte und Dienstleistungen werden dort verkauft, wo die Menschen einen guten Preis dafür bezahlen.

Leider profitieren nicht alle Regionen der Welt gleichermaßen davon. Dort, wo die Bedingungen ungünstig sind (z. B. extremes Klima, Mangel an Rohstoffen und Bildung), haben die Menschen nur wenig Anteil an den Gewinnen der Globalisierung. Fachleute haben festgestellt, dass der Welthandel die Kluft zwischen Arm und Reich eher verschärft als beseitigt, da er in manchen Ländern die einheimische Wirtschaft zerstört.

Protektionismus

Einige Industrieländer (Norden) schützen ihren Agrar- und Industriesektor vor Konkurrenz aus Entwicklungs- und Schwellenländern (Süden) durch hohe Zölle und Subventionen. Nordamerikanische Baumwolle z. B. ist nur durch die Subventionen der Regierung konkurrenzfähig. Das afrikanische Land Burkina Faso hingegen kann seine sehr hochwertige Baumwolle unter diesen Bedingungen auf dem Weltmarkt nicht verkaufen und zählt zu den ärmsten Ländern der Erde.

Unter Protektionismus versteht man Maßnahmen zum Schutz der inländischen Produktion, z. B. Zölle, Subventionen etc.

Aktiv gegen Kinderarbeit

215 Millionen Kinder unter 15 Jahren arbeiten, davon 115 Millionen unter ausbeuterischen Bedingungen. 91 Millionen sind jünger als 12 Jahre. Diese Zahlen veröffentlichte die ILO im Jahr 2010.
Die Kampagne „Aktiv gegen Kinderarbeit" informiert, was man dagegen tun kann, welche Produkte aus ausbeuterischer Kinderarbeit stammen und wie namhafte Firmen zu Kinderarbeit stehen.

Öl oder Leben?

Im weltweit einzigartigen Yasuní-Nationalpark in Ecuador wollen Konzerne nach Öl bohren. Da machte 2007 der Präsident von Ecuador, Rafael Correa, der Welt ein Angebot:
„Wir wären bereit, das Öl im Yasuní nicht anzutasten, wir wären bereit, auf die Hälfte unserer Einnahmen [aus dem Öl] zu verzichten, wenn uns die Welt die andere Hälfte erstattet."

Mikrokredite gegen Armut

Der Wirtschaftswissenschaftler Muhammad Yunus wurde in Bangladesh, einem der ärmsten Länder der Welt, geboren. Dort gründete er die Grameen Bank, eine Bank für die Armen. Mit der Vergabe von Kleinstkrediten hilft sie unzähligen Menschen, in ein besseres Leben zu starten. Ein Mikrokredit ist ein Kleinstkredit von einem bis unter 1000 Euro. Yunus erhielt 2006 den Friedensnobelpreis.

Fairer Handel – faire Preise

Menschen wollen von ihrer Arbeit leben können, in Deutschland und überall auf der Welt. Die Strukturen des Welthandels sind jedoch zum Teil nicht gerecht und große Konzerne wollen ihre Produkte zu möglichst niedrigen Preisen anbieten. Produkte aus fairem Handel tragen daher ein Siegel, sodass Kunden den fairen Handel und die Menschen in den Erzeugerländern unterstützen können.

Die Millenniumsziele

„Jeder Mensch hat Anspruch auf eine Lebenshaltung, die seine und seiner Familie Gesundheit und Wohlbefinden, einschließlich Nahrung, Wohnung, ärztlicher Betreuung und der notwendigen Leistungen der sozialen Fürsorge, gewährleistet." (Allgemeine Erklärung der Menschenrechte, Art. 25, Abs. 1)
Um dieses Ziel zu verwirklichen, hat die Staatengemeinschaft im Jahr 2000 in der Millenniumserklärung acht Ziele festgeschrieben, darunter die Halbierung der Zahl in absoluter Armut lebender Menschen bis 2015. Die neue Partnerschaft zwischen Industrie- und Entwicklungsländern sollte in drei Bereichen zum Tragen kommen: Abbau der Handelshemmnisse, Schuldenerleichterung sowie Entwicklungshilfe.
Ein weiteres Ziel ist die ökologische Nachhaltigkeit. Die gesteigerte weltweite Mobilität und die damit verbundenen Emissionen an Schadstoffen sowie die Senkung der Umweltstandards in der Produktion haben große Umweltprobleme verursacht wie den Rückgang der Ozonschicht, den Verlust fruchtbarer Böden und die zunehmende Wasserknappheit.

P 1 Stelle Vor- und Nachteile der Globalisierung gegenüber. Entwirf auf Basis dieser Gegenüberstellung ein Zukunftsszenario für die Welt in 20 Jahren (s. Methode S. 85).

2 Informiere dich über die weiteren Ziele der Millenniumserklärung sowie die Maßnahmen zu ihrer Umsetzung.

3 Bildet Arbeitsgruppen und recherchiert die oben vorgestellten Projekte im Internet. Setzt euch kritisch mit ihnen auseinander.

P 4 Erstelle eine Collage zum Thema Kinderarbeit. Informiere dich zuvor darüber, in welchen Ländern und Wirtschaftssektoren sowie unter welchen Bedingungen Kinder arbeiten müssen.

M Meine persönliche Entscheidungsmatrix

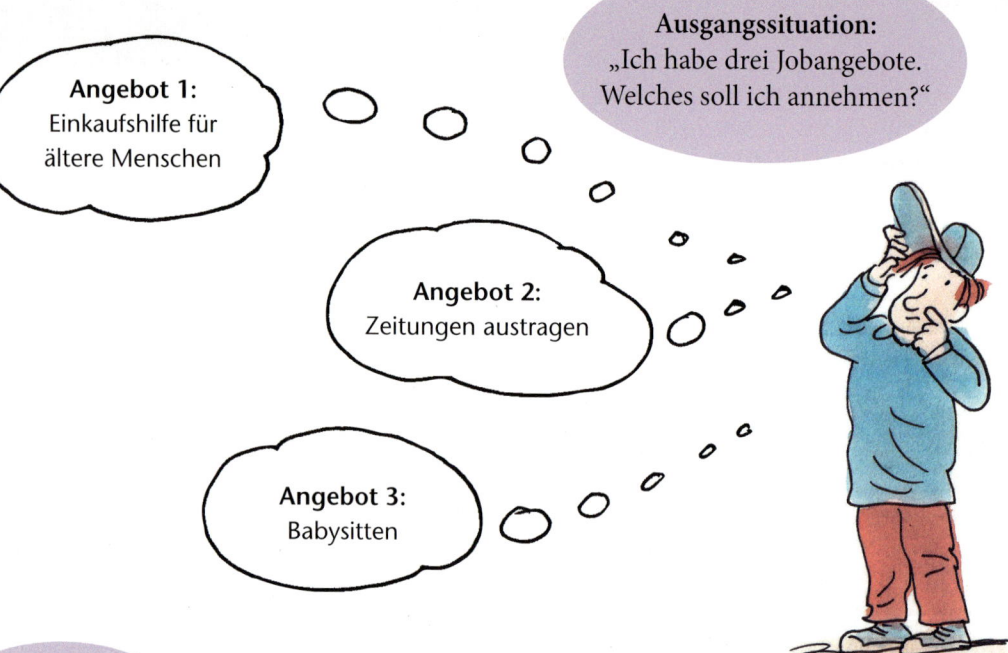

Ausgangssituation:
„Ich habe drei Jobangebote.
Welches soll ich annehmen?"

Angebot 1:
Einkaufshilfe für
ältere Menschen

Angebot 2:
Zeitungen austragen

Angebot 3:
Babysitten

Kriterien:	Angebot 1 Note	Angebot 2 Note	Angebot 3 Note
Spaß an der Arbeit	6	4	4
Entgelt	4	6	2
Gewährung einer Probezeit	3	6	2
Gestaltungsspielraum/Zeiteinteilung	2	1	4
Arbeitsumgebung	4	3	1
Arbeitsbedingungen	3	3	4
Summe	**22**	**23**	**17**
Note	**3,7**	**3,8**	**2,8**

Und so gehst du vor:

Und so gehst du vor:

1. Kriterien suchen
2. Noten vergeben: 1 → voll erfüllt … 6 → gar nicht erfüllt
3. Summen bilden und durch die Anzahl der Kriterien teilen

5 Strukturwandel und Zukunft der Arbeit

Mein Traum ist es, Karriere und Familie zu verbinden.
Özlem, Schülerin

Es ist nicht die stärkste Spezies, die überlebt, auch nicht die intelligenteste, es ist diejenige, die sich am ehesten dem Wandel anpassen kann.
Charles Darwin (1809–1882), englischer Naturforscher

Es ist nicht unsere Aufgabe, die Zukunft vorauszusagen, sondern auf sie gut vorbereitet zu sein.
Perikles (5. Jh. v. Chr.), attischer Staatsmann

Die Frage ist: Kriegen Frauen noch Kinder? Und das hängt davon ab, ob es uns gelingt, das berufliche, gesellschaftliche und private Zeitmanagement so flexibel zu gestalten, dass Frauen wie Männer ihre Pflichten und Rechte innerhalb der Familie wahrnehmen können.
Ursula von der Leyen, Bundesministerin für Arbeit (seit 2009)

Die Welt verändert sich – wie wird unsere Zukunft aussehen?

Weniger Kinder, später in den Beruf, früher raus, länger leben, länger Rente zahlen: Wenn man das nebeneinanderlegt, muss man kein Mathematiker sein, da reicht Volksschule Sauerland, um zu wissen: Das kann nicht gehen.
Franz Müntefering, Bundesminister für Arbeit (2005–2007)

Atomkraft geht nicht. Im 21. Jahrhundert kommt der Strom aus Solarzellen.
Ludwig Bölkow (1912–2003), deutscher Ingenieur

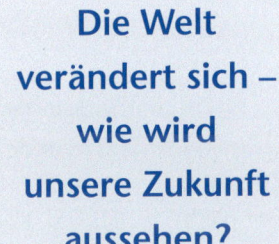

Globalisierung ist für unsere Volkswirtschaften das, was für die Physik die Schwerkraft ist. Man kann nicht für oder gegen das Gesetz der Schwerkraft sein – man muss damit leben.
*Alain Minc (*1949), französischer Ökonom*

Ich habe ein wenig Angst vor der Zukunft: Wird es noch genug Arbeit für alle geben?
Benjamin, Schüler

Strukturwandel und neue Trends

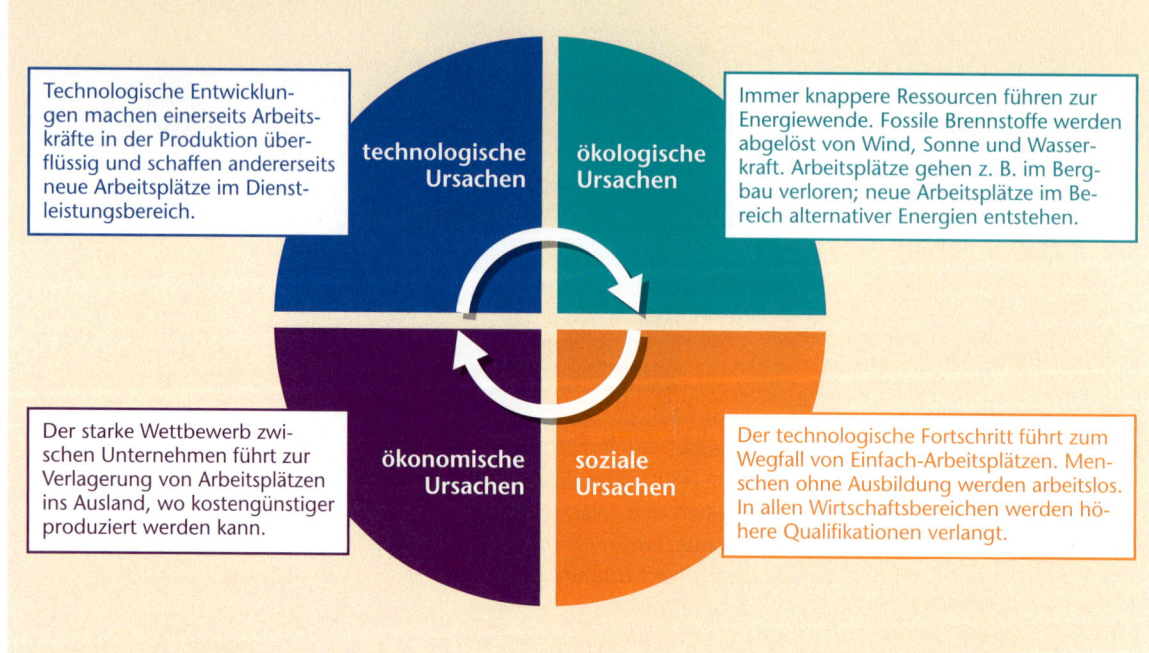

Der Strukturwandel hat viele Ursachen

Zukunft der Arbeit

Matthias Hurrx ist Zukunftsforscher. Zukunftsforscher sind Wissenschaftler, die darüber nachdenken, wie unser Leben und Arbeiten in der Zukunft aussehen wird, das heißt, wie im Zeitablauf bestimmte wirtschaftliche und soziale Veränderungen entstehen. Dies nennt man Strukturwandel.

> Man spricht von Strukturwandel, wenn sich soziale und wirtschaftliche Bedingungen in einer Region oder einem Land stark verändern, z. B. wenn aus der Industriegesellschaft eine Dienstleistungsgesellschaft wird.

Im Folgenden führt Isabell aus der Klasse 10a mit Herrn Hurrx ein Interview.

Isabell: Für welchen Zeitraum stellen Sie Nachforschungen an?

Hurrx: Wir beschäftigen uns mit Fragen, wie die Zukunft in 30 bis 50 Jahren aussehen wird.

Isabell: Das ist aber ein langer Zeitraum. Kann man da überhaupt sinnvolle Prognosen abgeben?

Hurrx: Klar, unsere Vorstellungen beruhen auf einer Vielzahl von unterschiedlichen Daten und Untersuchungen. Zukunftsforschung ist kein Kaffeesatzlesen, sondern ernste Wissenschaft.

> Prognosen sind wissenschaftlich fundierte Aussagen über zukünftige Ereignisse, z. B. die Wetterprognose oder die Prognose der Arbeitslosenzahlen.

Isabell: Ich habe gehört, Sie beschäftigen sich mit sogenannten Megatrends. Was ist denn das?

Hurrx: Megatrends sind große gesellschaftliche Entwicklungen, die unser Leben aller Voraussicht nach stark beeinflussen werden.

Isabell: Welche wird es in der Zukunft geben?

Hurrx: Es gibt einen Trend zur Individualisierung, einen anderen zur Gesundheit. Aber dich interessiert wohl das Thema Arbeit am meisten?

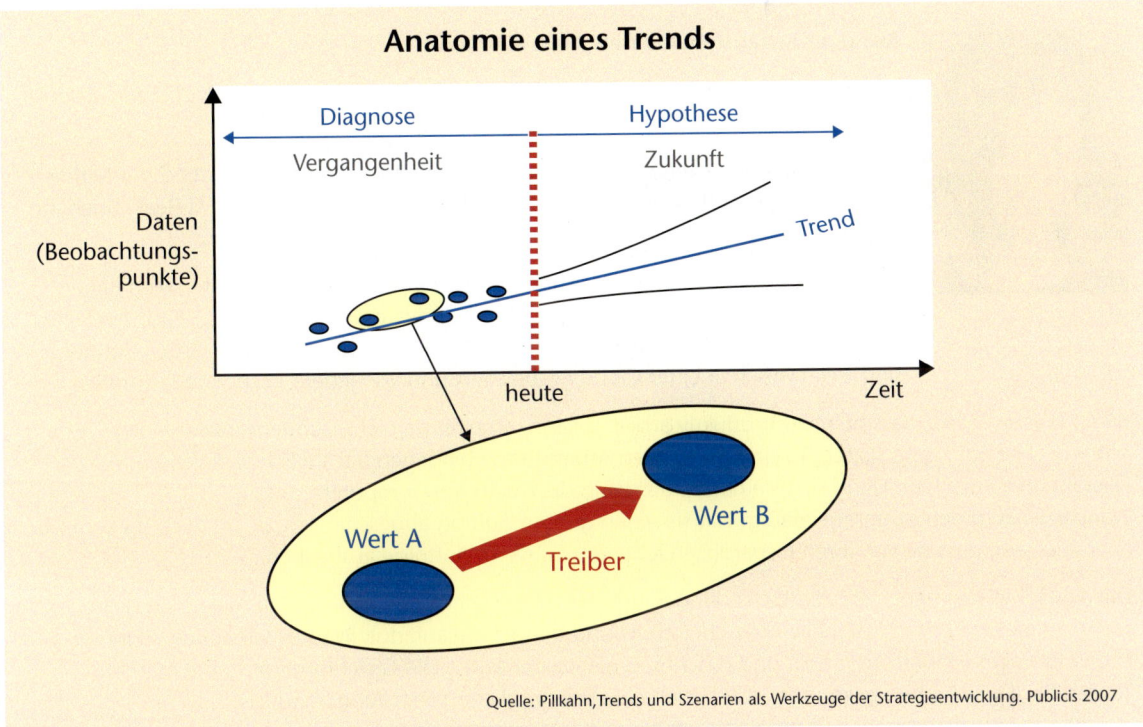

Anatomie eines Trends

Quelle: Pillkahn, Trends und Szenarien als Werkzeuge der Strategieentwicklung. Publicis 2007

Wie man Trends erforscht

Isabell: Ja, klar!

Hurrx: Da gibt es einen Trend, den man als *New Work* bezeichnet, übersetzt als *Neue Arbeit.*

Isabell: Was ist denn damit gemeint?

Hurrx: *New Work* bedeutet z. B., dass wir nicht mehr in einer Firma arbeiten, sondern unser Arbeitsplatz flexibel ist. Schon heute arbeiten viele Menschen aus der Medienwelt in Cafés oder in der freien Natur. Man bezeichnet diese Menschen als *Creative Workers.*

Ein Trend ist eine neue Auffassung in Gesellschaft, Wirtschaft oder Technologie, die der gesellschaftlichen Entwicklung eine neue Richtung gibt.

Isabell: Wie kommt es zu diesen Veränderungen?

Hurrx: Eine große Rolle spielt dabei das Internet. In den Zeiten von Web 2.0 sind ganz andere Formen der Kommunikation möglich. Beispielsweise kann man heute ein Meeting abhalten, obwohl alle Teilnehmer an anderen Orten sitzen.

Isabell: Wie sieht denn das Familienleben der *New Workers* aus?

Hurrx: Das ist auch ein ganz wichtiges Thema. Frauen sind immer besser ausgebildet und wollen Karriere machen. Das stellt die Familie, Unternehmen und Staat vor große Herausforderungen.

Isabell: Vielen Dank für das Gespräch!

1 Sammle weitere Ursachen für den Strukturwandel und finde Beispiele dazu.

2 a) Erkläre mithilfe der Grafik oben, wie Trends erforscht werden. b) Diskutiert in der Klasse, welchen Sinn es hat, sich Gedanken über die Zukunft zu machen.

3 Leite aus den beschriebenen Trends positive und negative Auswirkungen auf dein zukünftiges Berufsleben her.

E 4 Lege dar, in welchen Bereichen du schon über in der Zukunft notwendiges Wissen verfügst und wo du noch dazulernen musst.

Aus dem Arbeitsleben einer „New Workerin"

Wanda ist selbstständig. Sie berät Privatpersonen und Unternehmen als „Interneterklärerin" über die strategische Nutzung des Internets.

Morgens zwischen 7 und 8 Uhr: Aufwachen ohne Wecker; im Bett sitzend mit Kaffee und Notebook surft Wanda durch Nachrichtenportale und Blogs, liest Reaktionen auf ihre Arbeit, schreibt Mails und informiert sich über aktuelle Themen.

Vormittags: Meeting mit einem Kunden im Café. Wandas Arbeitsmaterialien haben auf dem Tischchen Platz: berufliches Handy, privates iPhone, Laptop, iPad, zwei elektronische Bücher; ein Büro ist überflüssig. Die Daten, die sie für ihre Arbeit benötigt, sind elektronisch in einer Cloud gespeichert und von jedem Rechner aus abrufbar.

*Wanda, 30 Jahre
Interneterklärerin
und Autorin*

Wenn Wanda merkt, dass sie nicht produktiv arbeiten kann, arbeitet sie nicht, sondern macht einen Mittagsschlaf oder geht skaten. In einer intensiven Arbeitsphase hingegen hat sie Schwierigkeiten, richtig Feierabend zu machen. Dann sitzt sie häufig bis tief in die Nacht am Computer.
Wandas Einkommen ist unregelmäßig. Hat sie einen großen Auftrag abgeschlossen, ist sie reich. Es kommt aber auch vor, dass sie von ihren Ersparnissen leben muss, wenn Aufträge ausbleiben.

Die Arbeit hat sich tief in Wandas Leben eingeprägt. Sie ist so sehr mit ihr verwachsen, dass man nicht sagen kann, wo der professionelle Mensch aufhört und der private anfängt. Wanda war einmal in ihrem Leben für sechs Monate angestellt und möchte es nie wieder sein: „Die Gleichförmigkeit, die man im Tausch für die Sicherheit bekommt, ist für mich eine unerträgliche Vorstellung", sagt sie.

Web-2.0-Arbeitsplätze und Work-Life-Balance

Das Internet verändert die Arbeit

Das Internet ist mittlerweile fester Bestandteil unser Arbeits- und Berufswelt. Die Möglichkeiten, sehr große Datenmengen in kürzester Zeit auszutauschen, haben einen erheblichen Einfluss auf unsere tägliche Arbeit. Eine Folge ist, dass unsere Freizeit und unsere Arbeitszeit immer mehr miteinander verschmelzen.
Früher ist man in den Urlaub gefahren und war für niemanden greifbar. Heute ist man zu Hause, bei Krankheit oder sogar im Urlaub zu erreichen. Immer mehr Menschen stehen ständig und überall für berufliche Aufgaben zur Verfügung. In einigen Berufen ist die körperliche Anwesenheit eines Mitarbeiters gar nicht mehr notwendig.
Für die Zukunft wird entscheidend sein, wie man die nicht mehr aufzuhaltende Entwicklung von Videokonferenzen, Intranet, Wikis und sozialen Netzwerken (Facebook) gestaltet. Die Unternehmen können durch die neuen Technologien Einsparungen erzielen, ihre Arbeitsproduktivität erhöhen und Mitarbeitern mehr Freiräume geben, über Hierarchie- und Fachgrenzen hinweg an gemeinsamen Projekten zu arbeiten.

> Web 2.0 ist ein Ausdruck für die interaktive Nutzung des Internets. Diese Möglichkeiten haben auch die Berufswelt verändert.

Arbeiten im Home Office

Sehr viele Menschen wünschen sich flexiblere Arbeitszeiten und möchten auch von zu Hause arbeiten können. Laptop, Handy und drahtlose Internetverbindungen machen dies möglich. Familie und Beruf können unter einen Hut gebracht werden, indem der Arbeitsplatz ins eigene Wohnzimmer verlegt wird. Intensivere Kontakte zu anderen Menschen allerdings ergeben sich nicht mehr so leicht über die Arbeit, sondern müssen privat aufgebaut und gepflegt werden.
Diese neuen Arbeitsformen verlangen bestimmte Kompetenzen: Disziplin, Teamarbeit, Kommunikationsfähigkeit, Verlässlichkeit. Die ständige Erreichbarkeit kann aber auch zum Problem werden.

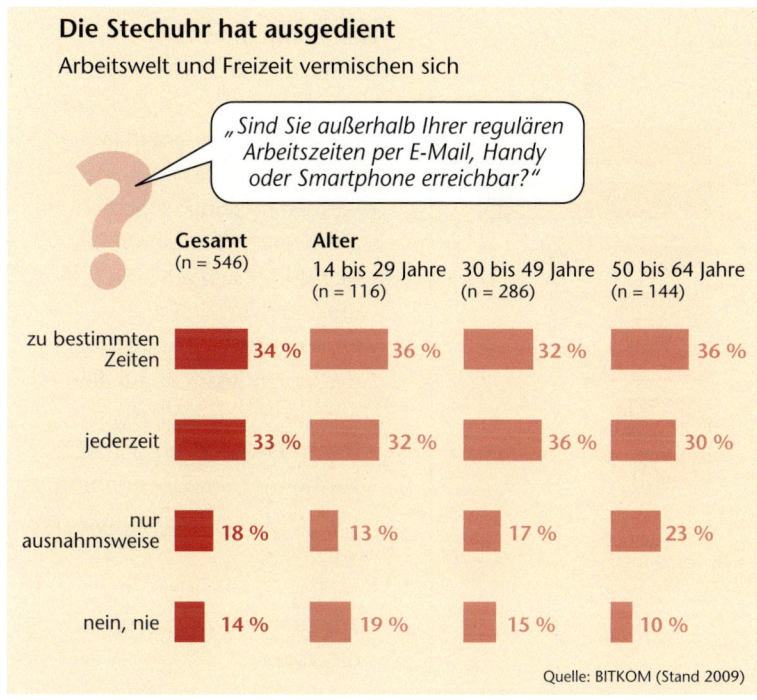

Immer erreichbar?

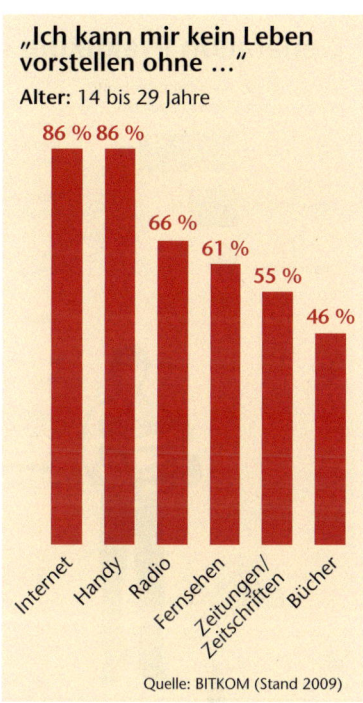

Kein Leben ohne Internet?

Work-Life-Balance

Anton: Was versteht man unter Work-Life-Balance?

Psychologin: Work-Life-Balance bedeutet, die richtige Mischung von Arbeit und Freizeit herzustellen.

Anton: Warum wird das immer wichtiger?

Psychologin: In vielen Bereichen bestimmt nur noch die Arbeit unser Leben und drängt unser Privat- und Familienleben immer mehr zurück.

Anton: Welche Rolle spielt das Internet dabei?

Psychologin: Internet und Handys führen dazu, dass wir ständig erreichbar sind. So kann schnell aus einem Familienessen eine Projektbesprechung werden.

Anton: Was ist denn dabei das Problem?

Psychologin: Nicht nur unser Körper, sondern auch unser Geist muss sich täglich erholen. Wenn der Kopf sich aber in einer ständigen Alarmbereitschaft befindet, löst dies ganz schnell Stress aus. Wenn der Stress zu groß wird, kann man davon richtig krank werden. Diese Krankheit nennt man Burnout.

> Work-Life-Balance bedeutet ein ausgeglichenes Verhältnis von Arbeit und Freizeit im Leben zu haben.

1 Wie findet ihr es, ständig erreichbar zu sein? Diskutiert die Auswirkungen von Handy und Internet auf euer Privat- und Familienleben.

2 Wodurch unterscheidet sich das Arbeitsleben von Wanda vom Arbeitsleben einer Angestellten? Liste die Unterschiede auf.

E 3 Überlege, über welche für eine *New Workerin* notwendige Kompetenzen du verfügst und wo du noch dazulernen musst.

E P 4 Entwirf einen eigenen Work-Life-Balance-Plan für ein Schulhalbjahr.

5 Recherchiere die Begriffe Wiki, Intranet, soziales Netzwerk und Cloud im Internet und notiere Erklärungen für sie.

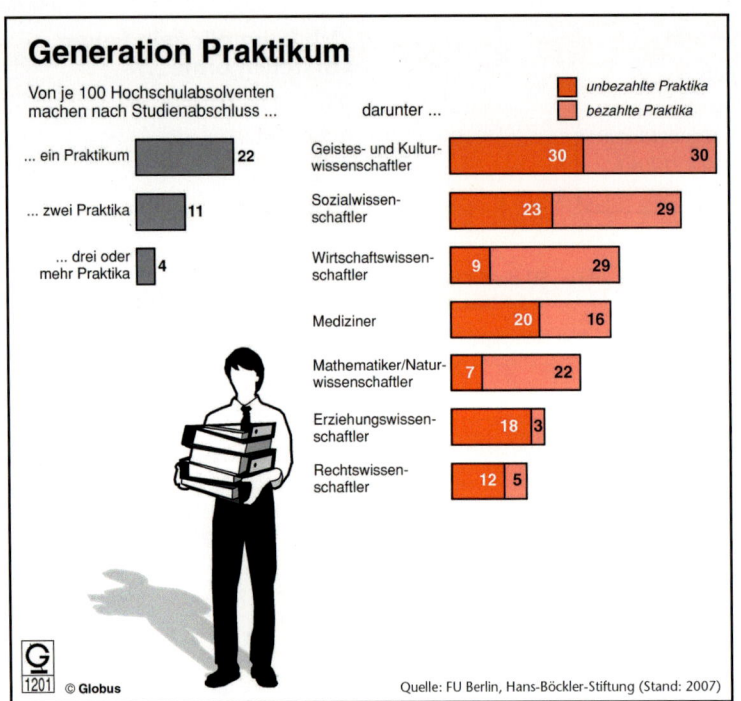

Generation Praktikum

Von je 100 Hochschulabsolventen machen nach Studienabschluss ...

... ein Praktikum — 22

... zwei Praktika — 11

... drei oder mehr Praktika — 4

darunter ...

Legende: ■ unbezahlte Praktika ■ bezahlte Praktika

Fachrichtung	unbezahlte Praktika	bezahlte Praktika
Geistes- und Kulturwissenschaftler	30	30
Sozialwissenschaftler	23	29
Wirtschaftswissenschaftler	9	29
Mediziner	20	16
Mathematiker/Naturwissenschaftler	7	22
Erziehungswissenschaftler	18	3
Rechtswissenschaftler	12	5

G 1201   © Globus

Quelle: FU Berlin, Hans-Böckler-Stiftung (Stand: 2007)

Statt Arbeitsplatz ein unbezahltes Praktikum?

Fair Companies ...
- ersetzen keine Vollzeitstellen durch Praktikanten, Volontäre, Hospitanten oder Dauer-Aushilfen,
- vertrösten keinen Hochschulabsolventen mit einem Praktikum, der sich auf eine feste Stelle beworben hat,
- ködern keinen Praktikanten mit der vagen Aussicht auf eine anschließende Vollzeitstelle,
- bieten Praktika vornehmlich zur beruflichen Orientierung während der Ausbildungsphase an,
- zahlen Praktikanten eine adäquate Aufwandsentschädigung.

Die fünf Regeln für Fair Companies

Chancen und Risiken in einer sich wandelnden Arbeitswelt entdecken

Mein Name ist Taifun. Ich habe Wirtschaft studiert und danach erst mal ein Praktikum in einer großen Werbeagentur absolviert, um meine Jobchancen zu erhöhen. Der folgende Bericht gibt dir einen Einblick in meine Praktikumsarbeit.

Praktikum: Von früh bis spät

Mein Arbeitstag begann jeden Tag um 9 Uhr und endete um 19 Uhr. Häufig waren abends schon viele Mitarbeiter nach Hause gegangen. Ich hatte dann Telefondienst zu machen.

Zu Beginn des Praktikums musste ich zuerst für alle Kaffee kochen und dann für die ganze Abteilung die Kopierarbeit machen oder schnell mal etwas bei einem Kunden mit meinem privaten Auto vorbeibringen. Teilweise musste ich auch für einige Mitarbeiter private Dinge erledigen. Hemden aus der Wäscherei abholen. Als ich mich darüber beschwerte, wurde mir gesagt, ich könne ja wo anders arbeiten.

Nach einer Woche ist eine Mitarbeiterin ausgefallen. Auf einmal durfte ich selbstständig Anzeigentexte entwerfen, neue Kundenkontakte herstellen und kleine Werbeprojekte vollständig abwickeln. Geholfen wurde mir dabei allerdings nur wenig.

Ach ja, zu Beginn des Praktikums hatte man mir eine Stelle in Aussicht gestellt und mich deshalb gefragt, ob ich denn auf ein Praktikumsgeld verzichten würde. Als die Mitarbeiterin wieder gesund war, durfte ich wieder für alle die niedrigste Arbeit machen.

Als ich nochmal nach einem festen Arbeitsvertrag fragte, wurde mir mit Bedauern mitgeteilt, dass momentan keine Stelle frei sei. Da bin ich dann gegangen!!!

Der Begriff „Praktikum" bedeutet, erworbene theoretische Kenntnisse durch praktische Anwendung zu vertiefen oder neue Kenntnisse und Fähigkeiten zu erlernen. Meist geschieht dies durch praktische Mitarbeit in einer Organisation oder einem Betrieb.

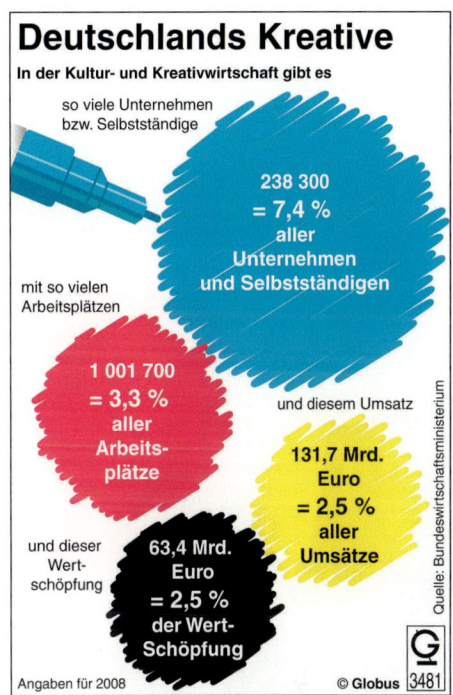

Karikatur von Taylor

Creative Workers in Deutschland

Creative Workers

Bereits heute arbeiten 3,3 Prozent aller Beschäftigten in kreativen Arbeitsbereichen. Dazu zählen Verlage, Medienunternehmen, PR und Werbeagenturen. Creative Workers entwickeln Homepages, Werbestrategien, Slogans oder neue Konzepte. Ihr Anteil wird in den nächsten Jahren wahrscheinlich erheblich ansteigen. Creative Workers arbeiten nicht da, wo ein Unternehmen seine Zentrale hat, sondern an Plätzen, wo man sich wohlfühlt: im Lieblingscafé oder auf einer grünen Wiese. Das Internet macht dies möglich.

Creative Workers sind Menschen, die mit ihren eigenen Ideen Geld verdienen.

Häufig sind sie selbstständig und teilen sich ihre Zeit frei ein. Dabei ersetzen befristete Projekte den Job auf Lebenszeit.
Das durchschnittliche Einkommen der Creative Workers ist gering, viele arbeiten ohne soziale Absicherung und sind von den Unternehmen abhängig, die ihre Leistungen verwerten. „Entsteht hier ein neues Proletariat, eine Art Tagelöhnertum im Zeitalter von Web 2.0. – selbstständig, aber doch nicht frei?", lautet eine kritische Frage.
Eine Zukunftsforscherin meint, dass sich durch diesen neuen Trend unsere Arbeitskultur ändern wird. Die Erfolgsfaktoren werden nicht mehr analytische Fähigkeiten wie rationales Handeln sein, sondern die Fähigkeit, sich zu vernetzen und viele Talente in einem Projekt zu bündeln.

1 a) Was bedeutet Arbeitszufriedenheit für dich? Analysiere den Bericht des Praktikanten Taifun. b) Recherchiere die Rechte von Praktikanten im Internet.

2 Warum spielt die Gestaltung des Arbeitsplatzes für deine Leistung eine Rolle? Diskutiert in der Klasse!

3 Welche Probleme und Chancen siehst du in den Arbeitsverhältnissen des Praktikanten und des Creative Worker? Vgl. auch das Beispiel von Wanda auf Seite 152.

4 Erläutere den Begriff „Proletariat".

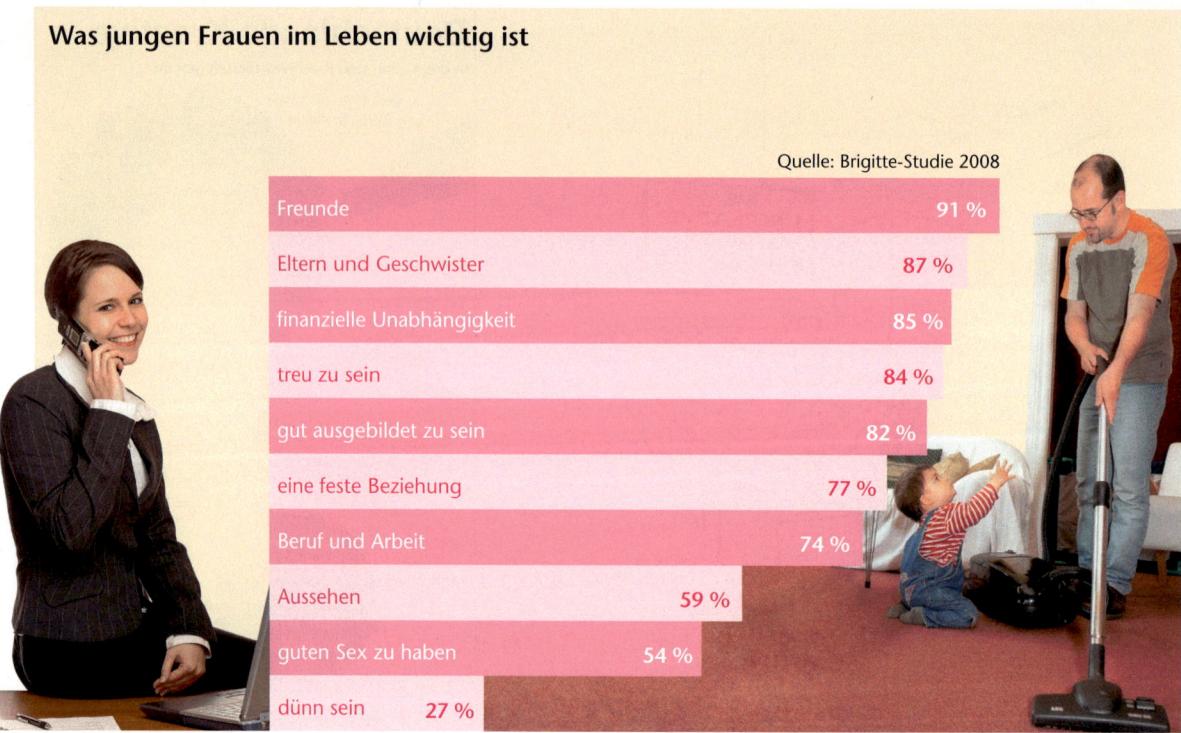

Was jungen Frauen im Leben wichtig ist

Quelle: Brigitte-Studie 2008

Freunde	91 %
Eltern und Geschwister	87 %
finanzielle Unabhängigkeit	85 %
treu zu sein	84 %
gut ausgebildet zu sein	82 %
eine feste Beziehung	77 %
Beruf und Arbeit	74 %
Aussehen	59 %
guten Sex zu haben	54 %
dünn sein	27 %

Straßenumfrage unter jungen Frauen

Frauen als Bosse und Männer als Familienväter

Die Chancen für Männer und Frauen, Karriere zu machen, sind ungleich verteilt. In Deutschland arbeiten nur 28 Prozent aller Frauen in Führungspositionen. In den dreißig größten Unternehmen besetzen Frauen nur sieben der 190 Vorstandsposten (Stand: 2011). Eine Ursache ist das Problem, Familie und Beruf zu vereinbaren.

> Chancengleichheit bedeutet, egal ob Mann oder Frau, schwarz oder weiß oder ... – jeder soll die gleichen Chancen auf Gesundheit, Bildung und berufliche Karriere haben.

Frauen sind auf dem Vormarsch

Ein großes Zukunftsforschungsinstitut hat festgestellt, dass Frauen auf dem Vormarsch sind. Dies betrifft beispielsweise die Bildungsabschlüsse. In Deutschland sind mittlerweile über 60 Prozent aller Abiturienten Frauen. Eine Folge davon ist, dass Frauen stärker beteiligt werden wollen. Sie

möchten mitgestalten, egal ob in der Politik, in Umwelt- und Gesundheitsfragen oder in Unternehmen. Einige Forscher warnen vor einem Konflikt zwischen Männern und Frauen, wenn beide Partner um attraktive Stellen konkurrieren. Außerdem sind bisher viele Angebote eher auf Männer ausgerichtet. So ist es für Frauen beispielsweise schwerer einen Kredit für ein Haus zu bekommen. Hier besteht Entwicklungsbedarf.

Vorbild Skandinavien

In vielen skandinavischen Ländern sind gesetzliche Frauenquoten schon lange Pflicht. Deshalb arbeiten dort viel mehr Frauen in Führungspositionen. Außerdem gibt es in diesen Ländern bessere Angebote, um Familie und Beruf zu vereinbaren. Die Angebote reichen von einem sehr guten Kinderbetreuungsnetz bis zur finanziellen Unterstützung während der Elternzeit. Davon profitieren schließlich alle. Untersuchungen haben ergeben, dass in Ländern, wo Frauen besser verdienen, die Wirtschaft stabiler ist.

Verschiedene Kinderbetreuungsmodelle

Elternzeit = Elternstreit?

Patrick: Ich möchte nicht nur arbeiten, arbeiten. Ich wünsche mir auch Zeit für meine Kinder zu haben und sie großzuziehen!

Stefanie: Ich weiß nicht Patrick, du kannst ja nicht mal richtig Wäsche waschen. Ich finde es besser, mich selbst um die Kleine zu kümmern.

Patrick: Wäschewaschen lerne ich schon noch. Ich könnte doch halbtags arbeiten und du auch. Schließlich hast du ja studiert!

Stefanie: Ja, Betriebswirtschaft, da arbeitest du entweder Vollzeit oder gar nicht und wenn beide halbtags arbeiten, bedeutet dies auch nicht unbedingt weniger Stress.

Patrick: Wie meinst du das denn?

Stefanie: Hast du noch nie etwas von der Teilzeitfalle gehört? Wenn beide arbeiten, muss man so viel organisieren, dass man am Ende kaputter ist, als wenn man ganztags gearbeitet hätte!

Patrick: Ich habe dasselbe Recht auf die Kinder wie du. Außerdem glaube ich, dass ich Lena viel entspannter erziehen kann. Wenn ich mit ihr zusammen bin, gibt es viel weniger Geschrei.

Stefanie: So ist das beim Wochenend-Papa und dabei sollten wir es belassen.

---

1 a) Lest das Gespräch von Stefanie und Patrick mit verteilten Rollen. b) Nehmt Stellung dazu.

2 Wie stellst du dir dein Berufs- und Familienleben später einmal vor?

3 Nenne Gründe dafür, warum viel weniger Frauen als Männer berufliche Karriere machen.

4 Erläutere anhand der Grafik, wie die Kinderbetreuung in den verschiedenen Ländern organisiert ist. Welches Modell findest du am besten?

E P 5 a) Wann ist ein Land familienfreundlich? Entwickle Kriterien dafür. b) Was können Familien, Staat und Unternehmen dazu beitragen?

Lecek, 53 Jahre

Lecek ist Saisonarbeiter und arbeitet im Frühling bei der Spargelernte und im Sommer bei der Obst- und Gemüseernte mit.

Sabine, 35 Jahre

Sabine arbeitet als Lehrerin. Sie hat eine Vollzeitstelle an einer Sekundarschule. Als Beamtin ist sie vor Arbeitslosigkeit geschützt.

Benjamin, 33 Jahre

Benjamin arbeitet Teilzeit an der Universität. Er muss 20 Stunden die Woche arbeiten. Den Rest der Zeit kümmert er sich um die Kinder.

Franzi, 22 Jahre

Franzi hat einen Job auf 400-Euro-Basis. Sie arbeitet in einem Supermarkt abends an der Kasse, um ihr Studium zu finanzieren.

Verschiedene Arbeitszeitmodelle

Vielfalt der Beschäftigungsverhältnisse

Die Arbeitswelt befindet sich in einem ständigen Wandel. Technologien, Orte und die Formen von Arbeitsverhältnissen verändern sich. Man unterscheidet zum Beispiel „Normalarbeitsverhältnisse" und neue Formen der Beschäftigung.

Unter einem Normalarbeitsverhältnis versteht man eine Arbeit, bei der man ca. 30 bis 40 Stunden pro Woche ohne zeitliche Befristung für einen Arbeitgeber arbeitet. Diese Arbeitsverhältnisse gibt es immer weniger. Stattdessen nehmen Formen wie befristete Arbeit, Teilzeitarbeit, Arbeit auf Abruf, geringfügige Beschäftigung, Leiharbeit bzw. Zeitarbeit und Scheinselbstständigkeit zu.

Ein Normalarbeitsverhältnis hat Vorteile. Man kennt seine Arbeit und seine Kolleginnen und Kollegen ganz genau. Um die Zukunft muss man sich wenig Sorgen machen. Schließlich bekommt man bis zur Rente ein festes Einkommen.

> Ein Normalarbeitsverhältnis ist eine unbefristete Beschäftigung bei einem festen Arbeitgeber mit einer Stundenzahl von ca. 30 bis 40 Stunden in der Woche.

Neue Arbeitsformen: Leiharbeit

Bei den neuen Beschäftigungsformen ist das anders, wie man am Beispiel der „Leiharbeit", auch „Zeitarbeit" genannt, sehen kann.

Eine Leiharbeitsfirma nutzt die Arbeitskraft ihrer Angestellten nicht selbst, sondern leiht sie gegen eine Gebühr an andere Unternehmen aus. Die Gebühr ist oft doppelt so hoch wie der Arbeitslohn, den der Leiharbeiter erhält. Für das entleihende Unternehmen ist der Leiharbeiter zwar teurer als ein Angestellter, es kann den Einsatz des Leiharbeiters aber sofort beenden, wenn es ihn nicht mehr braucht.

Eine Leiharbeiterin verdient grundsätzlich weniger als eine festangestellte Arbeitnehmerin. Auch weiß sie nie genau, bei welcher Firma sie arbeiten wird und wie lange. Ihre gesellschaftliche Anerkennung ist gering, gelten Leiharbeiter doch oft als Arbeitnehmer zweiter Klasse. Da sie den Arbeitsplatz ständig wechseln, haben sie es schwer, dauerhafte Kontakte zu Kollegen aufzubauen. Dies kann zu psychischen Problemen führen.

> Leiharbeit bedeutet, dass dein Arbeitgeber (die Leiharbeitsfirma), dich an andere Firmen für eine bestimmte Zeit ausleiht und an jeder Arbeitsstunde, die du leistest, mitverdient.

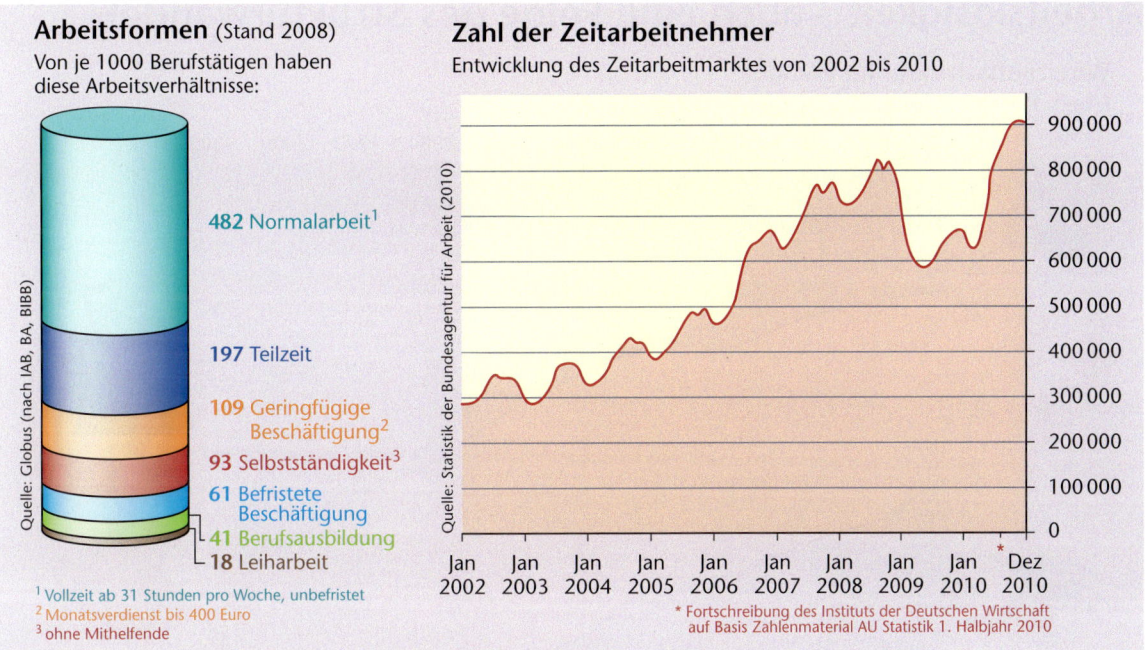

Arbeitsformen (Stand 2008)

Von je 1000 Berufstätigen haben diese Arbeitsverhältnisse:

- 482 Normalarbeit[1]
- 197 Teilzeit
- 109 Geringfügige Beschäftigung[2]
- 93 Selbstständigkeit[3]
- 61 Befristete Beschäftigung
- 41 Berufsausbildung
- 18 Leiharbeit

[1] Vollzeit ab 31 Stunden pro Woche, unbefristet
[2] Monatsverdienst bis 400 Euro
[3] ohne Mithelfende

Zahl der Zeitarbeitnehmer

Entwicklung des Zeitarbeitsmarktes von 2002 bis 2010

900 000
800 000
700 000
600 000
500 000
400 000
300 000
200 000
100 000
0

Jan 2002 · Jan 2003 · Jan 2004 · Jan 2005 · Jan 2006 · Jan 2007 · Jan 2008 · Jan 2009 · Jan 2010 · Dez 2010

* Fortschreibung des Instituts der Deutschen Wirtschaft auf Basis Zahlenmaterial AU Statistik 1. Halbjahr 2010

Befristete Beschäftigungsverhältnisse und Leiharbeit (= Zeitarbeit) nehmen zu

Zeitarbeit schafft Arbeitsplätze?

Eine Unternehmerin, eine Gewerkschafterin, ein Kirchenvertreter und ein Schüler diskutieren über den Nutzen von Leiharbeit bzw. Zeitarbeit:

Unternehmerin: In Zeiten globalisierten Wirtschaftens müssen Unternehmen flexibel sein. Deshalb braucht es auch flexible Beschäftigungsformen wie Zeitarbeit!

Gewerkschafterin: Ich bin der Meinung, jeder Mensch hat das Recht auf gleichen Lohn für gleiche Arbeit. Wir steuern immer mehr in eine Zwei-Klassen-Gesellschaft!

Unternehmerin: Mit Ihrer Meinung stürzen Sie unser Land in eine Krise, in der am Ende alle arbeitslos werden!

Gewerkschafterin: Viele Menschen verdienen heute weniger als fünf Euro pro Stunde. Zum Beispiel die Gebäudereiniger! Es ist gesellschaftlich nicht vertretbar, dass ein Mensch Vollzeit arbeitet und von seiner Arbeit nicht leben kann.

Kirchenvertreter: Sie als Unternehmerin haben auch eine soziale Verantwortung! Untersuchungen zeigen, welche sozialen Folgen Leiharbeit haben kann. Die dauernde Unsicherheit erhöht das Risiko für psychische Krankheiten.

Schüler: Ich wünsche mir eine Arbeit, auf deren Grundlage ich auch eine Familie gründen kann, ohne ständig Sorgen haben zu müssen, wo nächsten Monat das Geld herkommt.

Kirchenvertreter: Es gibt mittlerweile weit mehr als 600 000 Zeitarbeiter, welche mehr und mehr reguläre Arbeitsplätze verdrängen. Arbeit gehört zur Menschenwürde, würdige Arbeit für alle ist eine Forderung der Kirche.

---

1 Welche Arbeitszeitmodelle kennst du? Notiere sie und überlege dir Kriterien zur Bewertung der einzelnen Modelle.

2 Recherchiere und erläutere die Begriffe „Arbeit auf Abruf", „geringfügige Beschäftigung" und „Scheinselbstständigkeit".

3 Bereitet ein Rollenspiel vor: „Zukunft der Arbeit: Leiharbeit?" Spielt eine Talkshow, in der über Zeitarbeit diskutiert wird. Überlegt, welche Rollen zu vergeben sind.

Arbeitslosigkeit – auch eine Folge des Strukturwandels

Wirtschaftsstruktur im Wandel
Erwerbstätige nach Wirtschaftsbereichen in %

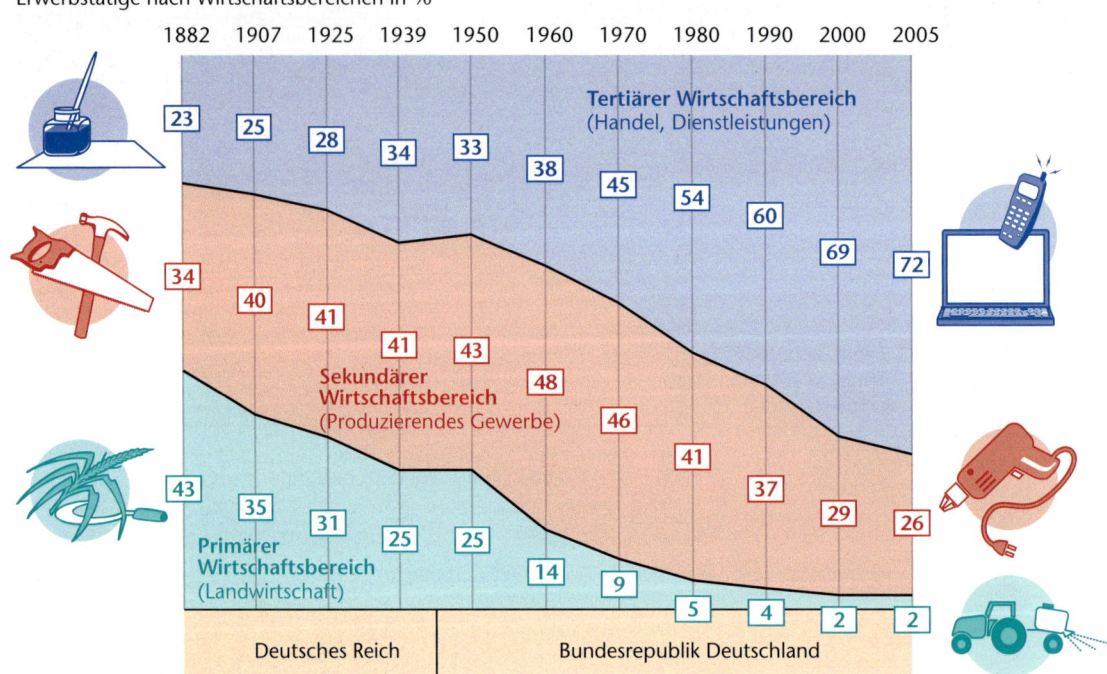

Der Strukturwandel und seine Folgen für die Arbeit

Arbeitslosigkeit hat viele Gesichter

Ursachen von Arbeitslosigkeit

Ralf, 23 Jahre alt, ist seit seinem Schulabschluss arbeitslos. Anne ist 45 und seit einem halben Jahr arbeitslos, hat aber eine befristete Stelle in Aussicht. Jürgen wurde mit 55 Jahren entlassen und hat wenig Hoffnung auf eine neue Arbeit. Arbeitslosigkeit hat viele Gesichter und Ursachen. Friktionelle Arbeitslosigkeit entsteht beim Wechsel von einer Arbeitsstelle zur nächsten, wenn sich eine Lücke ergibt. Bauarbeiter sind häufig nur im Winter arbeitslos, das nennt man saisonale Arbeitslosigkeit. Wenn Menschen entlassen werden, weil es der Wirtschaft schlecht geht, spricht man von konjunktureller Arbeitslosigkeit. Diese Formen von Arbeitslosigkeit sind meist zu beheben.
Kritisch hingegen ist die strukturelle Arbeitslosigkeit, wenn sich aufgrund eines wirtschaft-

lichen Wandels das Arbeitsplatzangebot, die Produktionsbedingungen oder die Qualifikationsanforderungen ändern.
Durch die Einführung computergestützter Verfahren können z. B. viele Menschen mit geringer Ausbildung nicht mehr eingesetzt werden. Eine wichtige Rolle spielt auch die Globalisierung. In Deutschland sind in den letzten Jahren ca. 200 000 Arbeitsplätze weggefallen, da die Produktion ins Ausland verlagert wurde, wo die Löhne niedrig sind und an den Arbeits- und Umweltschutz keine hohen Ansprüche gestellt werden.

> Arbeitslosigkeit hat viele Ursachen. Man unterscheidet friktionelle, saisonale, konjunkturelle und strukturelle Arbeitslosigkeit.

Allgemeine Folgen von Arbeitslosigkeit

Die Folgen von Arbeitslosigkeit sind weit reichend und schwer wiegend.

Ölkrise 1973

Stillgelegte Fabrik in Ostdeutschland, 2004

BMW-Werk in Shenyang, China

Demonstration von Mitarbeitern eines Betriebes

Die Steuereinnahmen gehen zurück, da weniger Menschen über ein steuerpflichtiges Einkommen verfügen. Dadurch hat der Staat weniger Geld, um seine Aufgaben zu erfüllen. Die Sozialversicherungskassen werden belastet, da aus bisherigen Beitragszahlern nun Leistungsempfänger werden und weniger Sozialabgaben abgeführt werden. Der Konsum geht zurück, da die privaten Haushalte über weniger Geld verfügen. Dadurch wiederum sinkt die Nachfrage, was zu einem weiteren Stellenabbau führt.

Persönliche Folgen von Arbeitslosigkeit

Die wirtschaftlichen Folgen der Arbeitslosigkeit werden im Rahmen der Arbeitslosenversicherung zu einem gewissen Teil aufgefangen. Arbeitslose haben für eine bestimmte Zeit Anspruch auf Versicherungsleistungen, die auf der Grundlage des bisherigen Einkommens, des Familienstandes und weiterer Kriterien berechnet werden.

Schlimmer als die wirtschaftlichen Folgen sind die seelischen Belastungen. Ein Arzt sagt dazu: „Arbeitslosigkeit ist eine besondere Form der psychologisch-sozialen Zermürbung. Das ist den wenigsten bewusst, die sich eines sicheren Arbeitsplatzes erfreuen. Denn Untätigkeit ist nicht Freizeit. Man kann nicht gegen seinen Willen ‚ausspannen' – und zwar endlos. Sonst droht man körperlich inaktiv, geistig träge, seelisch instabil zu werden und schließlich sogar Kontaktfähigkeit und Selbstachtung zu verlieren."

1 Erläutere die Ursachen von Arbeitslosigkeit, die in der Grafik S. 160 dargestellt sind.

2 Betrachte die Fotos. Was haben sie mit dem Thema Arbeitslosigkeit zu tun?

3 Nimm Stellung zu dem Satz: „Die Arbeitslosen wollen gar nicht arbeiten; sie genießen ihre Freizeit."

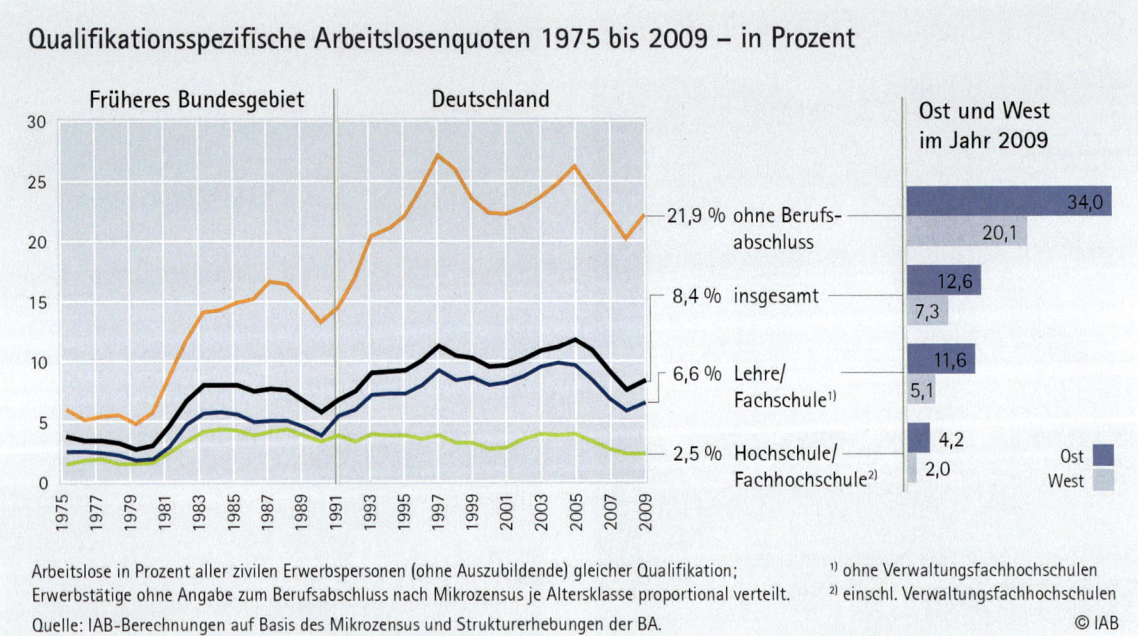

Qualifikationsspezifische Arbeitslosenquoten 1975 bis 2009 – in Prozent

Arbeitslose in Prozent aller zivilen Erwerbspersonen (ohne Auszubildende) gleicher Qualifikation;
Erwerbstätige ohne Angabe zum Berufsabschluss nach Mikrozensus je Altersklasse proportional verteilt.
Quelle: IAB-Berechnungen auf Basis des Mikrozensus und Strukturerhebungen der BA.

1) ohne Verwaltungsfachhochschulen
2) einschl. Verwaltungsfachhochschulen
© IAB

Besser ausgebildet, seltener arbeitslos

Hilfe, ich will nicht arbeitslos werden!

Immer mehr Jugendliche haben Angst, nach der Schule arbeitslos zu sein. Nach der Shell-Jugendstudie lag ihr Anteil bei über 60 Prozent. Was kann man aber dagegen tun? Der Staat, die Unternehmen und jeder Einzelne können dazu beitragen, dass Arbeitslosigkeit vermieden wird.

Was die Unternehmen tun können

Wenn Unternehmen feststellen, dass sie ihre Produkte nicht mehr verkaufen, müssen sie darüber nachdenken, ihre Produktpalette zu verändern. So standen Autobauer vor dem Problem, dass sie aufgrund der steigenden Benzinpreise ihre großen, Benzin fressenden Modelle immer schlechter absetzen konnten. Die Lösung war die Konzeption kleiner energiesparender Autos und die Entwicklung von Motoren, die mit Ersatzbrennstoffen betrieben werden können. Dies kurbelte die Nachfrage wieder an und schuf neue Arbeitsplätze.

Die Entwicklung neuer Produkte, die Umstellung der Produktion und Einführung besserer Produktionsverfahren erfordern Investitionen, d.h. es muss Geld für Forschung und Entwicklung oder neue Anlagen ausgegeben werden. Dies schmälert kurzfristig den Gewinn eines Unternehmens, zahlt sich aber langfristig aus.

> Investitionen, neue Produkte, bessere Produktionsverfahren und die Erschließung neuer Absatzmärkte sind Maßnahmen der Unternehmen, um Entlassungen zu vermeiden.

Was der Staat tun kann

Der Staat kann die Unternehmen unterstützen, indem er die Unternehmenssteuern senkt und finanzielle Zuschüsse (Subventionen) für die Umstellung der Produktion gewährt. Er kann auch gezielt den Absatz fördern, indem er den privaten Haushalten Kaufanreize bietet, wie z. B. während der Wirtschaftkrise 2009/10, als die Verschrottung des alten Autos und der Kauf eines neuen mit einem staatlichen Zuschuss unterstützt wurde („Abwrackprämie").

Außerdem kann der Staat selbst Aufträge an die Unternehmen vergeben und z. B. Straßen bauen und öffentliche Gebäude sanieren lassen.

Steckbrief Benjamin

Alter: 19 Jahre
Schule: dreimal gewechselt,
kein Abschluss

Hobbys: mit Freunden rum-
hängen

Momentane Lebenssituation:
dritte Maßnahme zum
Nachholen des Hauptschul-
abschlusses

Steckbrief Adam

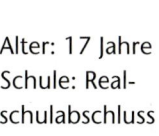

Alter: 21 Jahre
Schule: Abitur

Hobbys: WebDesign

Momentane Lebenssituation:
freiwilliges soziales Jahr, später
Ausbildung zum Webdesigner

Steckbrief: Stefanie

Alter: 17 Jahre
Schule: Real-
schulabschluss

Hobbys: Reiten, Freunde
treffen

Momentane Lebenssituation:
möchte Mechatronikerin
werden

Arbeitslosigkeit bei Jugendlichen: drei Beispiele

Wenn Unternehmen vorübergehend aufgrund der schlechten Wirtschaftslage in Schwierigkeiten geraten, kann der Staat ihnen Kurzarbeitergeld anbieten. D.h. der Staat bezahlt einen Teil der Löhne, damit das Unternehmen seine Angestellten nicht entlässt.

> Subventionen, Steuererleichterungen, staatliche Investitionen, Konsumanreize und Kurzarbeitergeld sind Maßnahmen des Staates, um Arbeitslosigkeit zu bekämpfen.

Was du selbst tun kannst

Auf die Maßnahmen des Staates und der Unternehmen hast du keinen Einfluss. Daher sind die wichtigsten Maßnahmen diejenigen, die du selbst ergreifen kannst.
Mobil sein: Wenn du bereit bist, auch in einer anderen Region oder sogar im Ausland zu arbeiten, erhöht dies deine Chancen auf einen Arbeitsplatz.
Flexibel sein: Wenn du bereit bist, ein Praktikum zu machen, an verschiedenen Orten und zu unterschiedlichen Zeiten zu arbeiten oder einen anderen als deinen Traumberuf zu wählen, bist du bei Arbeitgebern gefragt!

Fleißig sein: Bildung ist das Wichtigste! Nicht nur ein guter Schulabschluss erhöht deine Chancen auf einen Arbeitsplatz, sondern insbesondere deine Bereitschaft, dich ständig weiterzubilden.

> Vor Arbeitslosigkeit schützen dich eine gute Schulbildung, Mobilität, Flexibilität und lebenslanges Lernen.

1 Finde heraus, welche Maßnahmen die Bundesregierung gegen Arbeitslosigkeit ergreift. Nutze dazu die Zeitung oder das Internet.

2 Recherchiere, mit welchen Maßnahmen die Arbeitsagentur Menschen, die Arbeit suchen, unterstützt.

3 Sieh dir die Steckbriefe der Jugendlichen an. a) Welche Gründe siehst du für die Arbeitslosigkeit junger Erwachsener?
b) Entwickle Ideen, um einen der drei Jugendlichen in Ausbildung oder Arbeit zu bringen.

E 4 Entwickelt in Gruppen eine Grafik, die zeigt, welche Strapazen und Risiken ihr für einen Ausbildungsplatz eingehen würdet und wo eure Grenzen sind.

Ⓜ Lernlandkarten gestalten

Du kannst dir dein Wissen wie Inseln vorstellen, die auf einer Seekarte eingetragen sind. Manche Inseln sind voller Tiere und Pflanzen, auf anderen stehen komplexe Gebäude. Manche Inseln bestehen nur aus einem Strand und manchmal verschwindet eine Insel im Meer. Lernen ist wie das Segeln von einem Lerngegenstand (= Insel) zum nächsten: Eine Zeitlang setzt man sich mit ihm auseinander, dann segelt man zum benachbarten Gegenstand und erforscht ihn.

Eine Lernlandkarte ist eine individuell gestaltete Karte. Sie zeigt dein Wissen über die einzelnen (Lern-) Inseln und das, was du noch erforschen willst. Deine Reise kannst du mit Pfeilen auf der Landkarte eintragen. Dabei sind deiner Kreativität keine Grenzen gesetzt!

Fünf Schritte zur Lernlandkarte

1. *Brainstorming*: Was weiß ich? Was möchte ich lernen? Woher bekomme ich die Informationen?
2. *Informationen sortieren*: Welches Wissen soll auf meine Lernlandkarte?
3. *Skizze anfertigen*: Überlege dir im Vorfeld, wie deine Lernlandkarte aussehen soll:
   Welche Inseln gibt es auf deiner Karte? Wie sind die Inseln miteinander verbunden?
   Tipp: Eine Mischung aus Text, Bildern und Merksätzen hilft beim Einprägen von Wissen.
4. *Arbeitsmaterialien bereitstellen*: Womit möchte ich meine Lernlandkarte gestalten?
5. *Lernlandkarte gestalten*: Du wirst sehen, wie viel du schon beim Anfertigen deiner Karte lernst!

Beispiel: Eine Lernlandkarte zum Thema „Work-Life-Balance"

Abgaben (S. 108): sind gesetzlich festgelegte Zahlungen der Bürger an den Staat. Das können Steuern, Gebühren oder Beiträge sein.

Ablauforganisation (S. 63): steuert den Ablauf der betrieblichen Arbeitsprozesse und das räumliche und zeitliche Zusammenwirken von Mensch, Betriebsmitteln und Werkstoffen.

Aktie (S. 14 f., 18): ist ein Wertpapier. Sie dokumentiert einen Anteil am Grundkapital einer Aktiengesellschaft. Der Besitzer hat Anspruch auf einen Teil des Ertrages des Unternehmens, ist aber auch an dessen Verlusten beteiligt.

Äquivalenzprinzip (S. 27): wird meist bei privaten Versicherungen angewendet. Es bedeutet, dass die Beitragshöhe in Abhängigkeit vom Risiko ermittelt wird. Bei einer Berufsunfähigkeitsversicherung beispielsweise kann der Beitrag vom Geschlecht, vom Beruf, dem Eintrittsalter, dem Gesundheitszustand, den Leistungen und weiteren Faktoren abhängen.

Arbeitslosenquote (S. 162): ist der prozentuale Anteil der Arbeitslosen an den Erwerbspersonen.

Arbeitslosigkeit (S. 160): Arbeitslos sind Personen, die keine bezahlte Beschäftigung finden, um ihre eigene bzw. die Existenz ihrer Familien zu sichern. Arbeitslos in Deutschland können auch Personen sein, die eine Erwerbstätigkeit von bis zu 15 Stunden in der Woche ausüben.

Arbeitsmarkt (S. 82): ist der Ort, auf dem das Angebot von und die Nachfrage nach Arbeitskräften zusammentreffen.

Arbeitsproduktivität (S. 41): ist das Verhältnis der produzierten Menge und der Arbeitsstunden innerhalb des Produktionsprozesses.

Arbeitszeitmodelle (S. 158): Durch Arbeitszeitmodelle werden die Lage und die Verteilung der Arbeitszeit geregelt. Damit wird die konkrete Arbeitszeit eines Arbeitnehmers geregelt.

Arbeitszeugnis (S. 101): ist eine vom Arbeitgeber erstellte Urkunde über ein Arbeitsverhältnis. Der Arbeitgeber ist gesetzlich dazu verpflichtet. Das Zeugnis muss klar und verständlich und wohlwollend formuliert sein, um dem Arbeitnehmer eine Chance auf dem Arbeitsmarkt zu geben.

Assessment Center (S. 96): ist das Gremium in einem Personalauswahlverfahren, das unter mehreren Bewerbern diejenigen ermittelt, die den Anforderungen eines Unternehmens und einer zu besetzenden Stelle (am besten) entsprechen.

Aufbauorganisation (S. 63): regelt die dauerhaft wirksame Aufteilung der Aufgaben auf verschiedene Abteilungen und Arbeitsplätze.

Ausbildungsvertrag (S. 100): wird zwischen dem Ausbildungsbetrieb und dem Auszubildenden bzw. dessen gesetzlichen Vertretern schriftlich abgeschlossen. Der Ausbildungsvertrag legt die Rechte und Pflichten beider Vertragsparteien bei der Ausbildung fest.

Aussperrung (S. 58): ist die Gegenmaßnahme der Arbeitgeber zum Streik der Arbeitnehmer. Bei einer Aussperrung wird den Arbeitnehmern der Zutritt zum Betrieb verweigert. Damit ruht das Arbeitsverhältnis für die Zeit der Aussperrung.

Auswahlinterview (S. 96, 98) s. Vorstellungsgespräch

Auswahlverfahren (S. 96): Mithilfe von Auswahlverfahren will der Arbeitgeber den Mitarbeiter/die Mitarbeiterin ermitteln, der/die am besten für die zu bewältigenden beruflichen Aufgaben geeignet ist.

Berufsberater (S. 70): verfügen über wichtige Informationen zu Berufen, Ausbildungsstellen und Ausbildungswegen.

Berufsbildungsgesetz (BBiG) (S. 103): regelt den Rahmen der Ausbildung. In diesem sind u. a. die Rechte und Pflichten der Ausbilder und Auszubildenden festgelegt.

Berufsinformationszentrum (BiZ) (S. 72): Hier können sich Berufssuchende sowie Lehrkräfte und Eltern umfassend über alle Fragen von Ausbildung, Berufswahl und Studium informieren. Es gibt Berufsinformationszentren in allen Agenturen für Arbeit. Zusätzlich gibt es mobile Berufsinformationszentren.

Berufsorientierung (S. 68): umfasst alle Informationen und Maßnahmen, die einem Menschen helfen, einen Beruf zu finden.

Betriebe (S. 34): sind technisch-organisatorische Wirtschaftseinrichtungen, die Produkte herstellen und Dienstleitungen anbieten.

Betriebliche Ziele (S. 36): beschreiben einen zukünftigen Zustand eines Betriebes, den die zuständigen Entscheidungsträger anstreben sollen. Hierbei geht es nicht nur um wirtschaftliche Ziele (Gewinn), sondern auch um menschengerechte Ziele und Umweltziele.

Betriebsklima (S. 52 f.): ist die allgemeine Stimmungslage, die von Mitarbeitern eines Unternehmens erlebt wird und als gut oder schlecht empfunden werden kann. Das Betriebsklima beeinflusst die Mitarbeiter im Hinblick auf ihre Arbeitszufriedenheit und Leistungsbereitschaft.

Betriebsrat (S. 53): vertritt die Interessen der Arbeitnehmer im Betrieb. Die Zusammensetzung, Wahl, Amtszeit und Aufgaben regelt das Betriebsverfassungsgesetz (BVG).

Betriebsverfassungsgesetz (BetrVG) (S. 53): regelt unter anderem die Rechte und Pflichten der Arbeitgeber und Arbeitnehmer sowie die Mitwirkung und Mitbestimmung der Arbeitnehmer im Betrieb.

Bewerbungsgespräch (S. 96, 98) s. Vorstellungsgespräch

BGB (S. 26): Abkürzung für „Bürgerliches Gesetzbuch". Das BGB regelt die wichtigsten Rechtsbeziehungen zwischen Privatpersonen in Deutschland. Es bildet mit seinen Nebengesetzen (z. B. Wohnungseigentumsgesetz, Versicherungsvertragsgesetz) das allgemeine Privatrecht.

Binnenmarkt (S. 141): Die Länder der Europäischen Union bilden einen gemeinsamen Wirtschaftsraum mit einheitlicher Währung, in dem die „Vier Freiheiten" (freier Waren-, Personen-, Dienstleistungs- und Kapitalverkehr) gelten.

Börse (S. 14 f.): ist ein Markt für verschiedene Güter (u. a. Getreide, Metalle, Baumwolle) und Wertpapiere. Die Aufgabe der Börsen ist die Preis- oder Kursbildung, die von den Börsenmaklern vorgenommen wird, da das gesamte Angebot und die gesamte Nachfrage bei ihnen zusammenläuft.

Brainstorming (S. 66): ist eine Kreativitätstechnik zur Förderung innovativer Lösungen im Rahmen einer Gruppensitzung. Dabei gilt es, bestimmte Regeln und Prinzipien einzuhalten. So ist Kritik strengstens verboten und der Fantasie ist freier Lauf zu lassen. Spontane Ideen sollen geäußert werden.

Bruttoinlandsprodukt (BIP) (S. 123, 128): ist die Summe aller im Inland hergestellten Güter und Dienstleistungen. Es wird für jedes Jahr berechnet. Mit dem BIP kann die wirtschaftliche Leistung eines Landes beurteilt und mit den Vorjahren verglichen werden.

Bruttolohn (S. 113): ist der Gesamtlohn vor Abzug der Steuern und Sozialabgaben.

Buchführung (S. 44): ist das zentrale Teilgebiet des betrieblichen Rechnungswesens. Sie stellt eine planmäßige, zeitlich und sachlich geordnete Aufzeichnung aller Geschäftsvorgänge in einem bestimmten Zeitraum dar.

Businessplan (S. 60): ist ein Geschäftsplan, der alle Bereiche der zukünftigen Geschäftstätigkeit schriftlich umfasst. Dazu gehören die Geschäftsidee, Marktanalysen, Personalplanung und anderes mehr.

Chancengleichheit (S. 156): bedeutet unabhängig vom Geschlecht, Alter, Hautfarbe oder der Religion, gleiche Chancen auf Bildung, berufliche Karriere und Gesundheit zu haben.

Coporate Identity (S. 39): ist das nach innen und außen schlüssig dargestellte Selbstverständnis eines Unternehmens, das sich äußert im Erscheinungsbild, im Verhalten und in der Kommunikation der Mitarbeiter.

Creative Workers (S. 155): sind selbstständige bzw. freischaffende Menschen, die mit ihren Ideen Geld verdienen.

Deflation (S. 116 f.): ist die der Inflation entgegengesetzte Störung des Geldkreislaufes. Dabei sinken die Preise und die Kaufkraft des Geldes steigt. Die angebotene Menge an Gütern und Dienstleistungen ist größer als die Geldmenge.

Demografische Entwicklung (S. 82): nennt man die Bevölkerungsentwicklung, d. h. Zunahme, Stagnation oder Abnahme der Bevölkerung eines Landes.

Devisen (S. 10): Ausländische Währungen werden als Devisen bezeichnet.

Dilemma (S. 126): bezeichnet eine Situation, in der man zwischen zwei oder mehr gleichermaßen unangenehmen Alternativen wählen muss. Oft gebrauchen wir dafür den Begriff der Zwickmühle.

Dispokredit (S. 20): Ein Girokonto darf bis zu einer vereinbarten Geldsumme überzogen werden. Die Zinsen dafür sind sehr hoch.

Duale Ausbildung (S. 73): Die Berufsausbildung im dualen System findet in einem Betrieb und in einer Berufsschule statt.

Einkommensteuer (S. 113): ist eine gesetzliche Abgabe an den Staat, berechnet auf der Grundlage aller Einkünfte, die ein Bürger hat. Niedrige Einkommen sind von der Einkommensteuer befreit.

Elternzeit (S. 157): Als Elternzeit bezeichnet man in Deutschland einen Zeitraum unbezahlter Freistellung von der Arbeit nach der Geburt eines Kindes. In dieser Zeit ruhen die beiderseitigen Pflichten von Arbeitnehmer und Arbeitgeber im Arbeitsverhältnis. Für den Arbeitnehmer besteht jedoch ein besonderer Kündigungsschutz. Die Elternzeit umfasst insgesamt höchstens drei Jahre.

Erwerbspersonen (S. 82): sind alle Erwerbstätigen und Erwerbslosen. Ab 15 Jahre ist man erwerbsfähig.

Erwerbsquote (S. 82): ist der prozentuale Anteil der Erwerbsperson an der gesamten Wohnbevölkerung.

Europäische Union (S. 140): heißt der Zusammenschluss von 27 Staaten (Stand 2011) in Europa zur Gestaltung gemeinsamer Politik auf verschiedenen Gebieten.

Europäische Zentralbank (EZB) (S. 115): ist ein Organ der Europäischen Union und damit die gemeinsame Währungsbehörde der Mitgliedsstaaten der Europäischen Währungsunion.

Eurozone (S. 141): ist ein Sammelbegriff für die Länder der EU, die den Euro als gesetzliches Zahlungsmittel eingeführt haben.

Fabrik (S. 34): ist eine vorherrschende Form des Industriebetriebes, der durch eine maschinelle bis automatische Fertigung gekennzeichnet ist.

Fachhochschule (S. 74): ist eine Form der Hochschulausbildung, die die Lehre und Forschung auf wissenschaftlicher Grundlage mit anwendungsorientiertem Schwerpunkt betreibt.

Feedback (S. 69): ist eine Reflexion über die eigene Arbeit bzw. über das eigene Verhalten durch außenstehende Dritte. Dabei gilt es, Feedbackregeln zu beachten.

Finanzierung (S. 42): ist die Beschaffung von Kapital, das zur Produktion und zum Absatz der betrieblichen Leistung benötigt wird.

Fonds (S. 15, 17 f.): bedeutet so viel wie Schatz oder Vorrat. Damit wird eine Geldanlage bezeichnet, die verschiedene Vermögenswerte beinhaltet. Kursschwankungen werden dadurch minimiert.

Freie Marktwirtschaft (S. 106): ist eine Wirtschaftsordnung, in der Privateigentum an Produktionsmitteln herrscht und die Abstimmung aller wirtschaftlichen Handlungen über den Markt geregelt wird.

Geldpolitik (S. 115 ff.): umfasst alle Maßnahmen der Europäischen Zentralbank, die Einfluss auf die Geldversorgung haben. Oberstes Ziel ist dabei, den Wert des Geldes stabil zu halten.

Geldwertstabilität (S. 115): ist eine Bezeichnung für die gleich bleibende Kaufkraft des Geldes. Wenn die Geldwertstabilität gegeben ist, erfüllt das Geld seine Funktionen als Zahlungsmittel, Wertaufbewahrungsmittel, Tauschmittel und Recheneinheit besonders gut.

Geschäftsfähigkeit (S. 28): bedeutet, gültige Rechtsgeschäfte abschließen zu können, z. B. einen Kauf- oder Mietvertrag.

Gewinn (S. 40): Wenn wir ein Produkt oder eine Dienstleistung verkaufen, erzielen wir Einnahmen. Erst wenn wir von diesen Einnahmen die entstandenen Kosten abziehen (z. B. Miete, Löhne, Materialkosten), erhalten wir unseren Gewinn (Überschuss). Wenn die Ausgaben höher sind als die Einnahmen, sprechen wir von Verlust.

Girokonto (S. 10 ff.): Das Girokonto (von ital. giro: Kreislauf) ist ein von Geldinstituten für Bankkunden geführtes Konto zur Abwicklung des bargeldlosen Zahlungsverkehrs. Zahlungen werden zu Gunsten oder zu Lasten des Girokontos gebucht.

Global Player (S. 145): nennt man multinationale Unternehmen und Betriebe, die Tochterfirmen im Ausland haben und weltweit agieren. Sie sind die Hauptakteure der Globalisierung.

Globalisierung (S. 125, 144 ff.): Als Globalisierung bezeichnet man das Entstehen weltweit ausgerichteter Märkte und die damit verbundene internationale Verflechtung der Wirtschaft.

Haushaltsplan (S. 109): Er wird auch Etat oder Budget genannt und ist die Grundlage für die Haushaltswirtschaft des Bundes, des Landes, der Stadt oder der Gemeinde. Er enthält alle im Haushaltsjahr zu erwartenden öffentlichen Einnahmen und alle geplanten öffentlichen Ausgaben.

Individualversicherung (S. 24 f.): wird auch Privatversicherung genannt. Das Versicherungsverhältnis kommt zwischen Versicherungsunternehmen und Versicherungsnehmer durch einen privatrechtlich geschlossenen Versicherungsvertrag zustande. Beispiele sind: Lebensversicherung, Privathaftpflichtversicherung, Berufsunfähigkeitsversicherung.

Inflation (S. 117): Bei einer Inflation steigt das allgemeine Preisniveau und der Wert des Geldes sinkt. Die angebotene Menge an Gütern und Dienstleistungen ist kleiner als die Geldmenge.

Investition (S. 42, 162): ist die Ausgabe von größeren Geldsummen für zu beschaffende Gegenstände, die zur dauerhaften Nutzung in einem Unternehmen bestimmt sind. Dazu gehören Sachinvestitionen (Maschinen, Anlagen), Finanzinvestitionen (Wertpapiere) und immaterielle Investitionen (Bildung, Qualifizierung).

Job/jobben (S. 73): Ein Job ist eine regelmäßige Tätigkeit gegen Entgelt, die nicht zwingend einen Berufsabschluss erfordert.

Jugendarbeitsschutzgesetz (JArbSchG) (S. 103): dient dem Schutz von Kindern und Jugendlichen im Arbeitsleben. Diese sollen durch das Gesetz vor Überforderung, Überbeanspruchung und weiteren Gefahren am Arbeitsplatz geschützt werden.

Kapital (S. 42): Unter Kapital versteht man ganz allgemein das Geld.

Kaufkraft (S. 115 ff.): Die Kaufkraft des Geldes zeigt, wie viele und welche Güter und Dienstleistungen wir für eine bestimmte Summe Geld kaufen können.

Kommunen (S. 108): sind Gemeinden und Städte, die unterste Ebene im Staatsaufbau.

Kompetenzen (S. 76, 88): sind Fähigkeiten und Fertigkeiten, um in bestimmten Gebieten und Situationen Probleme lösen zu können. Man erwirbt sie durch Bildung, Weiterbildung oder Erfahrungen.

Konjunktur (S. 122): Mit Konjunktur bezeichnet man die allgemeine Entwicklung einer Volkswirtschaft. Sie beschreibt die wirtschaftliche Lage eines Landes und kann nach Konjunkturphasen eingeteilt werden. So gibt es neben dem Aufschwung, Boom (Höhepunkt), auch den Abschwung (Rezession) und ein Tief (Krise, Depression).

Konsum (S. 114, 116, 130 f., 134 f.): Unter Konsum (lat. consumere – „verbrauchen") versteht man den Verbrauch oder die Nutzung von Gütern. Im volkswirtschaftlichen Sinne steht der Begriff für den Kauf von Gütern des privaten Ge- oder Verbrauchs durch Konsumenten (Haushalte).

Konsument (S. 130 ff.): Die privaten Haushalte werden Konsumenten oder Verbraucher genannt, da sie Produkte und Dienstleistungen konsumieren bzw. verbrauchen.

Kosten (S. 44): entstehen durch die Bezahlung bzw. den Verbrauch von Produktionsfaktoren. Das sind z. B. Lohnkosten, Kosten für Betriebsmittel und Werkstoffe.

Kredit (S. 20 f.): Ein Kreditgeber überlässt einem Kreditnehmer zeitlich befristet eine Geldsumme. Nach Ablauf der Frist muss der Kreditnehmer diese Summe mit Zinsen zurückzahlen.

Kurs (S. 14 f.): ist Preis einer Aktie. Die Preise von Aktien schwanken, daher spricht man von Kursschwankungen.

Lebenslauf (S. 90 ff.): ist die geordnete Darstellung wichtiger Lebensabschnitte einer Person. Hier werden u.a. Schulabschlüsse, Berufserfahrungen und Kompetenzen aufgezeigt.

Leiharbeit/Leiharbeiter (S. 158): Das sind Arbeitnehmer, die mit einer Zeitarbeitsfirma einen Vertrag abgeschlossen haben und von dieser an andere Unternehmen für eine bestimmte Zeit ausgeliehen werden. Die Leihfirma verdient an jeder Arbeitsstunde, die der Arbeitnehmer leistet, mit.

Leitzins (S. 116): Unter Leitzins versteht man den von der Europäischen Zentralbank festgelegten Zinssatz zur Steuerung des Geld- und Kapitalmarkts.

Lernlandkarte (S. 164): visualisiert mögliche Lernwege und Themenschwerpunkte. Lernlandkarten können genutzt werden, um einen Lernabschnitt in eine anschauliche und optisch an-

sprechende Form zu bringen. Sie bieten darüber hinaus einen Überblick, welche Themen noch anstehen bzw. bereits erarbeitet wurden.

Liquidität (S. 19, 42 f.): gibt das Verhältnis der verfügbaren Mittel zu den kurzfristigen Verbindlichkeiten (Zahlungsverpflichtungen) eines Unternehmens oder einer Privatperson an und ermöglicht damit eine Analyse der Zahlungsfähigkeit.

Lohn/Gehalt (S. 54, 111): wird vom Arbeitgeber an den Arbeitnehmer gezahlt. Dafür muss der Arbeitnehmer eine Leistung erbringen. Lohn und Gehalt sind Arbeitseinkommen und bilden die finanzielle Grundlage im privaten Haushalt.

Lohnsteuer (S. 111): Sie wird dem Arbeitnehmer vom Bruttolohn abgezogen und durch den Arbeitgeber direkt an das Finanzamt überwiesen. Ihre Höhe richtet sich nach der Steuerklasse.

Magisches Sechseck (S. 124): Das magische Sechseck ist eine Erweiterung des magischen Vierecks um die Ziele „gerechte Einkommensverteilung" und „lebenswerte Umwelt".

Magisches Viereck (S. 124): Das magische Viereck ist eine Bezeichnung für die vier wirtschaftspolitischen Ziele Vollbeschäftigung, Preisstabilität, außenwirtschaftliches Gleichgewicht und angemessenes Wirtschaftswachstum. Der Begriff „magisch" drückt aus, dass nicht alle Ziele gleichermaßen umgesetzt werden können und Konflikte entstehen.

Marktanalyse (S. 61): stellt ein systematisches Sammeln von Informationen über den Markt dar. Informationen können dabei durch Befragungen, Beobachtungen oder durch das Auswerten von Bilanzen und Firmendokumenten gewonnen werden.

Miete (S. 28, 30): Durch einen Vertrag verpflichtet sich der Vermieter, dem Mieter eine Sache gegen einen vereinbarten Mietzins zum Gebrauch zu überlassen. Der Vertrag wird nach Ablauf der vereinbarten Mietzeit oder nach Kündigung mit gesetzlicher Frist beendet.

Mietkaution (S. 29): ist ein zur Absicherung hinterlegtes Pfand in Form von Geld.

Millenniumsziele (S. 147): nennt man die acht globalen Entwicklungsziele der Vereinten Nationen, die im Jahr 2000 verabschiedet wurden, um die Armut in der Welt bis zum Jahr 2015 zu halbieren.

Mindestlohn (S. 54 f., 142): ist ein in der Höhe durch eine gesetzliche Regelung oder durch einen Tarifvertrag festgeschriebenes Arbeitsentgelt, das Arbeitnehmern als Minimum zusteht.

Mitbestimmung (S. 52 f.): stellt eine Beteiligung von Mitarbeiterinnen bzw. Mitarbeitern an Willensbildungs- und Entscheidungsprozessen im Unternehmen dar. Das betrifft soziale, personelle und arbeitsplatzbezogene Angelegenheiten.

Multinationale Unternehmen (S. 145) s. Global Player

Nachhaltigkeit (S. 46): bedeutet, mit den Ressourcen der Natur sinnvoll umzugehen, sodass die Lebenschancen kommender Generationen nicht verschlechtert oder gefährdet werden.

Nettolohn (S. 113): ist die Lohnsumme, die nach Abzug der Steuern und Sozialabgaben dem Arbeitnehmer auf das Girokonto überwiesen wird.

Normalarbeitsverhältnis (S. 158): Darunter versteht man eine Arbeit, bei der man 30 bis 40 Stunden pro Woche ohne zeitliche Befristung für einen Arbeitgeber arbeitet.

Ökobilanz (S. 47): In einer Ökobilanz werden die Auswirkungen von Produkten, Dienstleistungen oder Produktionsverfahren auf die Umwelt erfasst. Ziel der Ökobilanz ist es, die Umweltverträglichkeit zu verbessern.

Onlinebanking (S. 13): nennt man die Abwicklung der Bankgeschäfte (z. B. Überweisung) über das Internet.

Onlinebewerbung (S. 81, 95): Darunter versteht man alle Bewerbungsformen, bei denen die Übermittlung der Daten an einen möglichen Arbeitgeber über das Internet erfolgt.

Organisation (S. 62): ist im Betrieb ein System von Regelungen zur Erfüllung der betrieblichen Ziele. Mit der Organisation kann also auch eine Struktur bzw. Ordnung entstehen.

Personalpolitik (S. 50 f.): umfasst alle Grundsätze und Entscheidungen, die sich auf die Beziehungen zwischen Vorgesetzten und Mitarbeitern, zwischen Mitarbeitern untereinander und zwischen den Mitarbeitern und ihrer Arbeit beziehen.

Praktikum (S. 154): gibt Einblicke in den Berufsalltag. Praktika dienen entweder der Berufswahlvorbereitung oder dem Erwerb von Berufserfahrung. Praktika sind zwar keine Berufsausbildung, aber eine gute Möglichkeit, den Ausbildungs- oder Berufseinstieg vorzubereiten.

Preis (S. 118): Der Preis eines Gutes ist sein Tauschwert. Er wird am Markt durch Angebot und Nachfrage bestimmt.

Preisstabilität (S. 115, 124): Die Preise einzelner Produkte und Dienstleistungen verändern sich in der Marktwirtschaft. Wichtig ist: Wenn bei einzelnen Gütern die Preise steigen, sollte sie bei anderen absinken, damit das allgemeine Preisniveau (Durchschnitt aller Preise) gleich bleibt.

Produktlebenszyklus (S. 48): zeigt die Entwicklung eines Produktes im Zeitablauf. Er umfasst eine Einführungs-, Wachstums-, Reife-, Sättigungs- und Rückgangsphase. Im Produktlebenszyklus wird auch die Entwicklung des Umsatzes und des Gewinnes deutlich.

Profil/Profilanalyse (S. 69): Ein Profil ist eine realistische Einschätzung von eigenen Stärken und Schwächen.

Prognosen (S. 150): sind wissenschaftlich begründete Aussagen über die zukünftige Entwicklung von Unternehmen, Arbeitsplätzen oder Lohn- und Gewinnerwartungen.

Proletariat (S. 155): ist eine Art Sammelbezeichnung für die Klasse der Arbeiter.

Provision (S. 29): ist das Entgelt für eine Verkaufstätigkeit oder eine Vermittlung und wird beispielsweise bei Versicherungs- oder Mietverträgen fällig. Ein anderer Begriff dafür ist Courtage.

Rechnungswesen (S. 44): Im Rechnungswesen werden alle Geschäftsvorgänge in einem Unternehmen erfasst, dokumentiert und kontrolliert. Dazu ist eine ordnungsgemäße Buchführung notwendig.

Rentabilität (S. 18 f., 40 f.): wird durch das Verhältnis des Gewinns zum eingesetzten Kapital ausgedrückt. Ein größtmöglicher Gewinn, der mit kleinstmöglichem Kapitaleinsatz erwirtschaftet wird, bedeutet eine hohe Rentabilität sowohl bei Unternehmen als auch bei Geldanlagen.

Schulden (S. 20 f.): entstehen, wenn das Geld nicht reicht und ein Kredit bei Banken, Sparkassen oder privaten Personen aufgenommen wird.

Schülerfirma (S. 60 ff.): ist eine Methode zur Simulation betrieblicher Prozesse. In einer Schülerfirma müssen z. B. die betrieblichen Grundfunktionen Beschaffung, Produktion und Absatz von den Schülerinnen und Schülern selbst gestaltet werden.

Soft Skills (S. 76): sind in erster Linie soziale Kompetenzen, aber auch Kompetenzen wie Zeitmanagement oder Teamfähigkeit.

Solidarprinzip (S. 22): gilt vorwiegend bei gesetzlichen Versicherungen und bedeutet, dass allen Versicherten die gleichen Leistungen zustehen – unabhängig davon, welchen Beitrag sie zahlen.

Sozialabgaben (S. 51, 111): sind Beiträge zur Sozialversicherung, die Arbeitgeber und Arbeitnehmer tragen.

Soziale Marktwirtschaft (S. 106): bedeutet die Freiheit auf dem Markt da einzuschränken, wo sie den Schwachen benachteiligt oder den Interessen der Gesellschaft schadet. Der Staat darf dabei den Wirtschaftsprozess nicht behindern und schafft dazu entsprechende rechtliche Bedingungen.

Sozialversicherung (S. 22 f.): Das System der gesetzlichen Kranken-, Renten-, Pflege-, Arbeitslosen- und Unfallversicherung.

Sparen (S. 16 ff.): ist der Verzicht auf die Verwendung eines Teils des verfügbaren Einkommens für Konsumzwecke.

Steuern (S. 110): sind vom Staat auferlegte Zwangsabgaben vom Bruttoeinkommen. Sie sind von Arbeitnehmern und Arbeitgebern zu zahlen.

Streik (S. 58): ist eine Maßnahme im Arbeitskampf. Arbeitnehmer legen vorübergehend ihre Arbeit nieder, um höhere Löhne und Gehälter oder bessere Arbeitsbedingungen einzufordern.

Strukturpolitik (S. 142): nennt man die Förderung von wirtschaftlichen Aktivitäten der Unternehmen in bestimmten Branchen oder Regionen durch den Staat.

Strukturwandel (S. 150): So nennt man grundlegende Veränderungen in Wirtschaft und Gesellschaft. Den Strukturwandel kann man auf die Zusammensetzung der Produktion eines Landes beziehen, aber auch auf Regionen oder Wirtschaftsräume. Hierfür gibt es technologische, ökologische, ökonomische sowie soziale Ursachen.

Subventionen (S. 42, 162): sind Zuwendungen, z. B. Finanzhilfen oder Steuervergünstigungen, die der Staat bestimmten Unternehmen oder Wirtschaftssektoren ohne Gegenleistung gewähren kann. Mit Subventionen an Unternehmen soll ein wirtschaftliches Verhalten gefördert werden, z. B. die Einführung energiesparender Produktionsverfahren.

Szenario-Methode (S. 82): Mit dieser Methode entwirft man detaillierte Zukunftsbilder, z. B. über den Arbeits- und Finanzmarkt.

Tarifautonomie (S. 56 f.): bedeutet, dass sich in die Verhandlungen von Arbeitgebern und Arbeitnehmern über Tarifverträge kein Dritter (auch nicht der Staat) einmischen darf.

Tarifvertrag (S. 56): ist ein zwischen Gewerkschaften und Arbeitgeberverbänden abgeschlossener Vertrag, in dem alle Rechte und Pflichten von Arbeitnehmern und Arbeitgebern enthalten sind.

Tests (S. 97): überprüfen die Fähigkeiten und Fertigkeiten einer Person bzw. eines Bewerbers/ einer Bewerberin. Sie sind wichtige Entscheidungshilfen des Arbeitgebers.

Trend (S. 151): bezeichnet allgemein den zeitlich messbaren Verlauf einer Entwicklung.

Umweltschutz (S. 47): umfasst alle Maßnahmen zur Erhaltung der Umwelt, um die natürlichen Grundlagen aller Lebewesen zu sichern.

Unternehmen (S. 34): Mit dem Begriff Unternehmen wird vor allem die rechtlich organisatorische und finanzielle Seite bezeichnet. Im Alltag werden die Begriffe Unternehmen, Betrieb und Fabrik gleichbedeutend verwendet.

Unternehmensführung (S. 38): hat die Aufgabe, den Prozess der betrieblichen Leistungserstellung und -verwertung so zu gestalten, dass das oder die Unternehmensziele auf höchstmöglichem Niveau erreicht werden. Dazu zählen planende, leitende, koordinierende und kontrollierende Tätigkeiten der Unternehmensleitung.

Unternehmensgründung (S. 37): ist ein mehrstufiger Prozess, der alle Aktivitäten umfasst, um eine Geschäftsidee in ein wettbewerbsfähiges Unternehmen umzusetzen. Ziel ist, dass der Unternehmer bzw. die Unternehmerin eine auf Dauer angelegte Existenz für sich und seine/ihre Familie aufbaut.

Unternehmenskultur (S. 38): ist die Gesamtheit betrieblicher Normen, Werte und Einstellungen, die die Entscheidungen und das Handeln aller Unternehmensangehörigen beeinflussen bzw. prägen.

Unternehmensleitbild (S. 39): stellt einen Handlungsrahmen der Unternehmensleitung dar. Hier wird versucht die Unternehmensphilosophie in eine verständliche und motivierende Zielsetzung des Unternehmens zu übersetzen, die den Mitarbeitern Antrieb verleihen soll.

Verbraucher (S. 130 ff.) s. Konsument

Verbraucherorganisationen (S. 138 f.): staatliche und nichtstaatliche Institutionen, die für den Verbraucherschutz und Verbraucherrechte eintreten und die Verbraucher informieren und beraten. Beispiele sind die Verbraucherzentralen und die Stiftung Warentest.

Verbraucherpolitik (S. 136 f.): Darunter versteht man staatliche Maßnahmen, um die Verbraucher zu schützen, aufzuklären, ihre Rechte und ihre Selbstbestimmung zu stärken. Ziel ist es, ein Gleichgewicht zwischen Produzenten und Verbrauchern herzustellen.

Verbraucherschutz (S. 136 f.): Maßnahmen zum Schutz der Gesundheit der Verbraucher und zur Stärkung ihrer Rechte als Konsumenten.

Vertrag (S. 26, 28): ist ein Rechtsgeschäft zwischen zwei oder mehreren Partnern. Rechtsgeschäfte kommen durch Willenserklärungen zustande. Der Wille kann mündlich oder schriftlich, durch eine Handlung oder Geste oder durch Schweigen zum Ausdruck gebracht werden.

Volkswirtschaft (S. 35, 123 ff.): ist die Gesamtheit des wirtschaftlichen Zusammenwirkens privater Haushalte, Unternehmen und staatlicher Einrichtungen innerhalb eines bestimmten Wirtschaftsraumes (Staatsgebiet) mit einer einheitlichen Währung.

Vorstellungsgespräch (S. 96, 98): auch Auswahlinterview oder Bewerbungsgespräch genannt, ist eine Form der Bewerberauswahl für eine Ausbildung oder einen Arbeitsplatz. Es dient auch dem persönlichen Kennenlernen sowie der gegenseitigen Information zwischen Betrieb und Bewerber.

Web 2.0 (S. 152): ist ein Ausdruck für die interaktive Nutzung des Internets.

Wettbewerb (S. 120): Selbstständige und voneinander unabhängige Unternehmen streben danach, ihre Mitbewerber durch die bessere Leistung (z. B. Qualität, günstigere Preise) zu übertreffen.

Wirtschaftlichkeit (S. 41): bedeutet, dass die Produktionsfaktoren so eingesetzt werden, dass möglichst geringe Kosten entstehen und keine Verluste erzielt werden.

Wirtschaftsethik (S. 128): Das sind sowohl Umgangsformen zwischen den Wirtschaftssubjekten als auch Richtlinien für zukunftsorientiertes, gerechtes und nachhaltiges wirtschaftliches Handeln.

Wirtschaftskreislauf (S. 35, 114): Zur Lebenserhaltung werden Produkte und Dienstleistungen benötigt. Durch den Einsatz menschlicher Arbeitskraft gegen Lohn bzw. Gehalt sind wir in der Lage, Produkte und Dienstleistungen herzustellen oder zu beschaffen. Somit entsteht ein Kreislauf, in dem der Mensch Produzent und Konsument zugleich ist. Dieses wirtschaftliche Handeln wird durch den Staat, die Banken und das Ausland erweitert.

Wirtschaftswachstum (S. 128): Wirtschaftswachstum beschreibt die Zunahme einer wirtschaftlichen Größe, z. B. Umsatz, Eigenkapital, Einkommen, Geldvermögen. Es wird meist angegeben als prozentuale Veränderung im Zeitablauf im Sinne von monatlichen, vierteljährlichen oder jährlichen Wachstumsraten.

Work-Life-Balance (S. 153): bedeutet ein ausgeglichenes Verhältnis von Arbeit und Freizeit.

Zahlungsverkehr (S. 9 ff.): Darunter versteht man alle Zahlungsvorgänge, die zwischen den privaten Haushalten, Unternehmen, dem Staat, den Banken und dem Ausland stattfinden.

Zinsen (S. 16, 20): sind einerseits der Preis, den man für geliehenes Geld bezahlen muss. Andererseits sind Zinsen die Vergütung, die man für Spareinlagen von einem Geldinstitut erhält. Kreditzinsen sind immer höher als Sparzinsen.

Methoden

Bildquellenverzeichnis

Cover: (1) ecopix Fotoagentur; (2) blickwinkel/ mm-images; (3) iStockphoto.

Seite 5, 149: (1) BilderBox.com; (2, 3) akg-images; (4) Matthias Lüdecke; (5) Nils Bahnsen; (6) ullstein bild/ Karoly Forgacs; (7) Baltel/ Sipa; (8) Alimdi.net/ Uwe Umstätter. **Seite 10:** (Stempel, Geld, Gespräch) bilderbox; (Riesterformular) vario-images. **Seite 11:** (1) A1Pix/ BIS; (2) Jochen Zick/ Keystone. **Seite 13:** Hans Hlavacek. **Seite 14:** (1) ullstein Business Picture; (2) ullstein/ ddp; (3) D. Seidensticker. **Seite 15:** Deutscher Sparkassen Verlag GmbH. **Seite 19:** BilderBox.com. **Seite 23:** Mester/ Baaske Cartoons. **Seite 29:** (1) ullstein bild/ Probst; (2) ullstein bild/ Hick/ Joker. **Seite 37:** (1) akg-images; (2) Teutopress; (3) ullstein bild/ dpa; (4) Ute Grabowsky/ photothek.net; (5) Süddeutsche Zeitung/ Rue desArchives/ AGIP. **Seite 46:** (1) mauritius images; (2) Jörg Böthling/ agenda; (3) Bernd Euler/ Visum. **Seite 48:** (1) Altmann Mauritius Images; (2) Werner Bachmeier, Ebersberg; (3) Getty Images; (4) Clopert/ REA/ laif. **Seite 49:** (1) M. Nascimento/ REA/ laif; (2) E. Fink; (3) Schreiber-Braun/ Photopool; (4) MEV-Verlag, Augsburg. **Seite 56:** (1) bpk; (2) ullstein bild/ Ilona Studre. **Seite 65:** Andreas Prüstel. **Seite 70:** (1, 2, 4, 5, 6) Bundesagentur für Arbeit; (3) ullstein bild/ ecopix. **Seite 71:** Baaske Cartoons. **Seite 73:** A. Bacall/ CartoonStock.com. **Seite 75:** (1) Thomas Trutschel/ photothek; (2) Joker. **Seite 78:** Deutsche Bahn AG, Foto Max Lautenschläger. **Seite 81:** Foto,Torsten Schulz, Hamburg. **Seite 86:** picture alliance/ dpa. **Seite 109, 110:** picture alliance/ dpa-Infografik. **Seite 115:** BilderBox.com. **Seite 117:** (1) ullstein bild/ Caro/ Bastian; (2) ullstein bild. **Seite 119:** (1) ALIMDI.NET/ Achim Schmidt; (2) Rainer Hackenberg/ VISUM; (3) stockmaritime.com/ Hans Genthe. **Seite 125:** picture-alliance/ dpa-infografik. **Seite 128:** AP Photo. **Seite 130:** (1) ullstein bild; (2) Jens Schicke; (3, 4) allesalltag. **Seite 132:** (1, 2) picture-alliance/ dpa-infografik. **Seite 133:** picture-alliance/ dpa. **Seite 134:** (1) Clean Clothes Campaign; (2) www.atomausstieg-selber-machen.de Naturfreunde Deutschlands e. V. **Seite 138:** Stiftung Warentest. **Seite 142:** picture alliance/ dpa. **Seite 143:** (1) Berufsschule Malpils, Lettland; (2, 3) IHK-Projektgesellschaft mbH Ostbrandenburg. **Seite 144:** ullstein bild/ Meißner. **Seite 146:** Gerhard Mester/ Baaske Cartoons Müllheim. **Seite 147:** (1) A1Pix; (2) fotolia; (3) picture alliance/ dpa; (4) ddp images. **Seite 149:** siehe Seite 5. **Seite 152:** sodapix/ F1online. **Seite 154:** picture-alliance/ Globus Infografik. **Seite 155:** (1) Taylor/ CartoonStock.com; (2) picture-alliance/ dpa-infografik. **Seite 156:** (1) vario images; (2) Caor/ Dobiey. **Seite 161:** (1) SV Bilderdienst; (2) ullstein/ Köhler; (3) ullstein bild/ phalanx Fotoagentur; (4) imago/ Bernd Friedel. **Seite 162:** IAB-Aktuell 10.2.2011.